本书为2021年国家社会科学基金项目（21XZJ009）
2019年甘肃政法大学重大科研项目（GZF2019XZD01）
2023年兰州市人民检察院检察理论课题（LZJC2023-93-02）
2023年度甘肃省人文社会科学一般项目（*30）阶段性成果

新时代社会主义法治文化建设研究

XINSHIDAI SHEHUI ZHUYI FAZHI WENHUA JIANSHE YANJIU

王 喆 著

图书在版编目（CIP）数据

新时代社会主义法治文化建设研究 / 王喆著. 兰州 : 兰州大学出版社, 2025. 8. -- ISBN 978-7-311-06928-5

Ⅰ. D920.0

中国国家版本馆 CIP 数据核字第 20257E4D31 号

责任编辑　马继萌　梁建萍
封面设计　汪如祥

书　　名　新时代社会主义法治文化建设研究
作　　者　王　喆　著
出版发行　兰州大学出版社　（地址:兰州市天水南路222号　730000）
电　　话　0931-8912613(总编办公室)　0931-8915384(营销中心)
网　　址　http://press.lzu.edu.cn
电子信箱　press@lzu.edu.cn
印　　刷　甘肃发展印刷公司
开　　本　710 mm×1020 mm　1/16
成品尺寸　170 mm×240 mm
印　　张　14.25(插页2)
字　　数　254千
版　　次　2025年8月第1版
印　　次　2025年8月第1次印刷
书　　号　ISBN 978-7-311-06928-5
定　　价　60.00元

前 言

“奉法者强则国强，奉法者弱则国弱。”法治文化建设是提升社会治理现代化水平、推动国家发展进步的重要环节。随着我国迈入新时代，法治文化建设更是承载着前所未有的历史使命与重大意义。从法治体系构建的角度来看，新时代社会主义法治文化作为一种先进的文化形态，其对人民的影响积极而深远。若要建设法治国家，首先要培育守法、懂法、尊法的良好风气，为法治建设筑牢社会根基。从文明发展水平提升角度看，新时代社会主义法治文化推动社会向着更加理性、民主、和谐的方向发展。构建法律体系与法治体系固然至关重要，但社会主义法治文化对人民的引领作用无可替代。法治文化中所蕴含的平等、公正等价值理念是对法律体系与法治体系的重要补充与精神升华，发挥着关键的引导作用。可以说，新时代社会主义法治文化建设关乎国家治理能力的提升与中国式现代化的实现，具有不容忽视的重要作用。

当前，我国关于法治文化建设的研究成果颇丰，涵盖了法治文化内涵分析、法治文化建设路径以及依法治国与法治文化建设的耦合性分析等相关议题，形成了较为完善的理论图谱。但是，学界的研究重点多集中于理论的抽象推导以及案例分析，对法治文化建设的理论阐释与实践路径整合研究仍显不足。“新时代社会主义法治文化”与“社会主义法治文化”虽在词句构成上具有相近之处，但在内涵上二者仍有诸多不同，而现有研究存在着一定的概念混用现象，这从侧面体现了对新时代社会主义法治文化建设精准把握的欠缺。基于此，本书对新时代社会主义法治文化建设展开体系化论述，构建起贯穿理论、实践、战略三个层面的研究结构，以期为新时代法治文化建设提供逻辑严密、贴近现实的学术方案。

第一部分为理论层面研究，包含了本书的第一、二、三章。此部分通过对新时代社会主义法治文化的核心内涵、主要特征以及理论基础的深入剖析，为后续研究奠定理论基础。首先，明确法治文化在社会主义与新时代背景下的独特内涵，以及其人民主体性等诸多特征。其次，从马克思主义经典作家的法治思想到党的历代领导核心的法治观，再到中华优秀传统法律文化，按照历史逻辑进行深入挖掘，展示新时代社会主义法治文化建设的深厚理论渊源。新民主主义革命时期、社会主义革命和建设时期、改革开放和社会主义现代化建设新时期法治文化建设的实践历程，又为新时代社会主义法治文化建设提供了宝贵的实践基础。最后，通过对新时代社会主义法治文化建设价值功能的探讨，以及对引导、规范、教育、保护、促进等多方面功能的阐述，全面展示了新时代社会主义法治文化建设的重要意义。

第二部分为实践层面研究，包含了本书的第四、五、六章。这一部分从新时代社会主义法治文化建设的时代诉求出发，整理新时代我国法治文化建设的指导思想与目标原则。本书认为，考虑到我国所处的历史方位、面临的多方挑战与迫切的现实需要，新时代法治文化建设具有一定的紧迫性与强烈的必要性。因此，要明确新时代社会主义法治文化建设的指导思想为习近平新时代中国特色社会主义思想与社会主义核心价值观，在思想方向上摆明立场、站稳脚跟。在目标原则上，首先要明晰新时代社会主义法治文化建设的本质要求，即“为什么”；其次要清楚新时代社会主义法治文化建设的目标要求，即“为了谁”；最后要把握新时代社会主义法治文化建设的工作原则，即“怎么做”。通过对法治文化建设的多维度分析，清晰地勾画出新时代社会主义法治文化建设的实践方向。

第三部分为战略层面研究，是本书第七章所涉内容。这一部分从整合社会主义法治文化的内容资源、构建弘扬机制、营造培育环境、拓展交流途径以及创新传播方式等五个方面，详细阐述如何推进社会主义法治文化建设。具体来看，整合社会主义法治文化的内容资源，要坚持马克思主义法学思想的根本指导地位，弘扬中华优秀传统法律文化，批判性地继承西方法治思想，加强法治实践和制度建设；构建社会主义法治文化的弘扬机制，需要弘扬社会主义法治文化核心价值，营造法治文化建设氛围，筑牢法治文化宣传阵地，丰富法治文化作品创作和创新法治文化传播方式，提升中国法治话语国际化水平；营造社会主义法治文化的培育环境，需要通过完善法律体系、加强法治宣传教育、增强法治文化软实力、强化依法行政和加强组织领导等措施，推动社会主义法治文化的全面发展；拓展社会主义法治文化的交流途径，需要结合全面依法治国的战略目标，通过教育体系融合、媒体传播创新、公共文化活动渗透、国际交流与合作、社会力量协同参与、文化产品创作与推广、科技赋能法治体验等途径，深化法治理念、法治精神和法治价值在社会生活各个层面的融合。创新社会主义法治文化的传播方式需要通过以下五种方式实现：一是利用现代化手段，包括数字化传播体系的构建、传统媒体与新兴媒体的融合、智能交互体验的创新等；二是创新开展多种建设性法治文化活动，如法治文化节、法治主题宣传月、合作联动的法治传播活动等；三是引导和参与多种普及化教育，包括学校教育、社区法治教育和线上法治教育；四是传承和创作文艺作品，以文艺形式传播法治文化；五是增强法治文化的国际传播力，通过优化传播内容、拓展传播渠道、深化国际合作和培养专业人才等手段，向世界展示中国特色法治文化建设。

新时代社会主义法治文化建设是一项长期而艰巨的任务，我们期待本书所提出的研究成果能够为广大法学研究者、法治工作者以及关心法治建设的各界人士提供有益的参考和借鉴，激发更多的思考与探索，推动新时代社会主义法治文化建设不断发展，让法治文化深入人心，成为社会发展进步的强大动力源泉。

目 录

第一章
新时代社会主义法治文化建设的理论依据

习近平在党的二十大报告中强调，要加快建设社会主义法治国家和社会主义法治体系，开创法治中国建设新局面。新时代社会主义法治文化是建设社会主义法治国家和构建社会主义法治体系的文化基础，是实现全面依法治国、建设文明和谐社会、增强全民法治观念的强大力量来源。因此，建设社会主义法治国家就要大力推进新时代社会主义法治文化建设，这不仅是全面贯彻依法治国方略，加快实现建设社会主义法治国家，推进国家治理体系和治理能力现代化的必然要求，而且是推进我国全面建设社会主义现代化国家和实现中华民族伟大复兴的重要文化动力。

第一节
新时代社会主义法治文化的核心内涵

习近平在党的十九大报告中首次提出要加快建设社会主义法治文化。这意味着新时代法治文化建设迈上了新台阶。新时代社会主义法治文化是在法治中国建设的长期实践中形成的具有中国特色的文化体系，其内涵丰富，以法治实践为根基，结合中国具体实际，形成了具有动态性特征的法治概念。因此，新时代法治文化建设必须站在新的历史方位，融入新的时代内涵，指导社会主义法治中国建设。

一、法治

法治，即“法的统治”（ruled by law或rule of law）。法治一词，内涵丰富，学术界对其内涵的界定也是众说纷纭。法治的概念往往同法治文化的形成密切相关。新时代，要加强法治文化建设，就必须厘清法治概念，结合中国具体实际，丰富法治文化，即厘清法治文化的基本内涵和范畴是研究新时代社会主义法治文化的重要前提。就法治的具体内涵来讲，不论是西方法治理论还是中国法治理论，法治的发展都离不开人治，且法治概念随历史的不断发展和时代的进步逐步形成不同的内涵特征，同时，还受到不同文化、政治体制、经济发展等要素的影响。

第一，西方关于法治概念的发展与界定。西方法治概念的发展离不开历史发展的脉络，其内涵与不同历史时期的时代特征密切相关。古希腊时期，苏格拉底和柏拉图就已经提到法治，这为后人研究和发展法治提供了思想根基。亚里士多德在前人基础上，初步提及了法治的相关概念，他在《政治学》一书中提出法治“优于一人之治”[①]，分析了法治和人治的区别以及法治的进步性，并从立法、司法等角度阐释了法律是一种不受主观愿望影响的“理性”[②]。虽然这种观点无法摆脱专制统治的时代局限，也没有摆脱主观主义，但是强调了个人知识的有限性以及个人的统治会受到主观因素的制约进而降低治理效能等观点。这对于后面西方法治理论的发展以及对法治和人治关系的思考具有重要的启迪作用。古罗马著名的政治家、法哲学家西塞罗强调了法治的权威性、法律面前人人平等、法律要彰显正义、维护群众基本权利等一系列具有理性色彩的自然法思想，从行政官职、国家政体、法治和平等角度发展了法治理论。同时，中世纪神学家围绕自然法是上帝的“理性”和“意志”展开讨论，进一步促进了法治理论的理性发展。文艺复兴和启蒙运动时期，西方社会形态发生了重大变化，与此同时，法治理论的发展也被赋予了新的时代特征。德国启蒙思想家萨穆埃尔·冯在法治和人治的关系中，强调人治要受到法治的制约、人人守法等主张。英国启蒙思想家托马斯·霍布斯认为法治是调和“国家权力”和“个人利益”的重要方式。这一时期，随着资本主义的不断发展，法治越来越受到社会重视，法治的内涵也不断丰富。英国启蒙思想家约翰·洛克在其著作《政府论》中就强调法律是对自由权利的保障，是指导一个“自由而有智慧的人”追求“正当利益”的手段，他认为统治阶级的行为要遵循“正式公布的和被接受的法律”要求[③]。查理·路易·孟德斯鸠提出“三权分立”的法治理论，主张用法治推动人权，强调法治的工具理性。德国法哲学家伊曼纽尔·康德指

① 亚里士多德:《政治学》,商务印书馆,1997,第168页。

② [美]萨拜因:《政治学说史》上册,盛奎阳译,商务印书馆,1986,第126页。

③ [英]洛克:《政府论》下篇,叶启芳等译,商务印书馆,1997,第89页。

出法治是一个理性化的“社会性系统”[①]，强调法治的秩序性，将法治和道德相结合，通过法治促进全社会的道德化。让·雅克·卢梭强调法治保障人权的重要作用。除了以上代表人物外，西方各国颁布的法案也都同本国实际和具体时代特征相结合，对法治的内涵特征进行了发展。总体来讲，由于受到具体历史局限和不同国情的限制，这些理论或多或少存在主观主义等缺陷，但是对西方法治理论的发展具有重大意义。现代西方的法治理论是在对历史上法治理论的批判吸收中建构起来的符合当下实际的理论体系，是为资产阶级专政服务的有力手段。西方法治理论侧重于法治的限定性，强调法治在国家权力和公民权利中的平衡作用，因此，西方的法治理论就同民主、权利、自由等概念密不可分。

第二，中国关于法治概念的发展与界定。在中国传统文化中，法治往往更多代表一种治国方略，强调法治与人治、德治及礼治之间的互补性。古代中国的传统法治观念往往将“法”和“礼”结合起来，通过礼法的道德约束力来治理国家。春秋时期，管仲首次在《管子》中提出“援法而治”，强调法的重要性。战国时期，为了强大自己，在诸侯争霸中取胜，大多数诸侯国开始进行变法，编撰法典，倡导以“重刑”为特征的刑罚观念。后面历朝历代也强调法治的作用，将法治体现在制度和立法中，法治的作用不断加强。但从整体来讲，不论是理论层面还是实践层面，这些思想都以“人治”为主、“法治”为辅，本质上还是维护君主权威。明朝后期，随着社会发生巨大变革，顾炎武等思想家开启思想启蒙，认为天下所有动乱和危害都是君主导致的，主张限制君主权力，强调君臣平等，主张运用法治来治理国家，弥补人治的不足。这种从人治向法治转变的思想进一步推动了中国法治思想的发展。鸦片战争后，西方法治思想传入中国，梁启超就提出“法治主义，为今日救时唯一之主义”[②]，认为法治主义对社会发展具有重要作用，并以此为武器批判君主专制，进一步推进了近代中国的思想解放。新中国成立以后，中国共产党十分重视依法治国，开始走上法治实践的道路，结合中国实际探索出了具有中国特色的法治道路。不同时期，我们党的领导集体注重法治的现时性和历时性，以具体历史时期的时代特征为实践场域，不断丰富和发展了具有中国特色的法治思想。总体来讲，以毛泽东同志为核心的党的第一代中央领导集体为社会主义法治建设打下了基

① [德]康德:《实用人类》,邓晓芒译,上海人民出版社,2005,第261页。

② 梁启超:《中国法理学发达史论》,北京出版社,1999,第236页。

础；以邓小平同志为核心的党的第二代中央领导集体丰富了法治建设的基本内涵，确定了社会主义法治的基本原则；以江泽民同志为核心的党的第三代中央领导集体提出“依法治国”重要理念；以胡锦涛同志为总书记的党中央提出要弘扬“社会主义法治精神”；以习近平同志为核心的党中央在70多年的法治实践基础上，创立了习近平法治思想，中国特色社会主义法治思想得到了不断巩固和发展。

综上所述，法治是一个广义的概念。正如张文显教授所讲，法治是一种宏观的治国方略，具有遵循理性的办事原则，崇尚文明的法律精神，以此来追求和构建民主法治模式和理想社会状态。从内涵来讲，法治不仅是一个“法律概念”，而且是一个“政治概念”①。所谓法治，就是发挥法律法规的治理效能，来规范和制约公权力，尊重和保障公民权利。不仅着重构建“依法办事”的治理体系，而且突出发挥“法律至上、权力制约、保障权利”的治理能力，是工具理性和价值理性的相互统一，既具有形式意义，也具有实质意义，这就是法治。

二、法治文化

法治文化概念的界定离不开法律文化的溯源，最早提出法律文化概念的是美国学者劳伦斯·弗里德曼。20世纪80年代，这一概念进入我国学者的视野。1986年，梁治平教授在《中国社会科学》上发表了一篇题为《法辨》的文章，由此掀起了国内学者对法律文化研究的热潮。与此同时，梁治平教授提出“用法律解释文化，用文化解释法律”的观点，对国内法治文化的研究产生了重要影响。

整体来讲，学术界对法治文化的研究大致可以分为方式论、状态论和综合论三种。方式论学者主要以李德顺、陈仲和孙育玮等为代表。他们认为法治文化本质上是一种具有导向性的概念，是一种“生活方式和生活样式”②，也是一种人们对法律的“文化共识、价值取向和行为方式”③。状态论以刘斌、李林、蒋传光等为代表。他们认为法治文化是法治社会中的一种“文化状态”④，

---

① 於兴中:《“法治”是否仍然可以作为一个有效的分析概念?》,《人大法律评论》2014年第2期,第11-24页。

② 李德顺:《法治,是一种生活方式》,《人民法院报》2011年4月22日第5版。

③ 孙育玮:《“和谐社会法制文化”命题的理论与实践》,《法学》2006年第6期,第18-27页。

④ 刘斌:《中国当代法治文化的研究范畴》,《中国政法大学学报》2009年第6期,第5-24页。

是一种作为“精神文明成果”“制度文明成果”以及“社会行为方式”[①]的表现方式。综合论的代表人物是刘作翔。他认为法治文化是一种“制度性文化建设与观念性文化建设”[②]的结合，包括民主人权、平等自由、公平正义等法治社会的基本要素。

总体来讲，学术界对法治文化的阐释视角多样，这跟法治文化的动态性、时代性、地域性等密切相关。同时，法治概念本身覆盖的社会要素多，辐射的基本面大。因此，基于法治文化的上述特性，对于法治文化的理解要从具体领域、具体范畴、具体国情出发，并依据法治文化的基本特征进行深入研究。从本质来讲，法治文化这一概念是从西方传入我国的，上文中已经提到人治和法治的区别和联系，在此不再赘述。通过厘清两者关系，抽丝剥茧，以便更好地阐述法治文化内涵，这不仅能够更好地为新时代社会主义法治文化概念界定奠定基础，而且能更好地推进新时代社会主义法治文化建设。

首先，阐述法治文化，就要厘清法律文化和法治文化的关系。法律文化要早于法治文化，法律文化包含法治文化，法律文化是法治文化形成的基础，法治文化是法律文化的延展上升。法律文化侧重于实践层面，是国家治理中的法律制度和法律现象；而法治文化更多是一种理论形态，是在长期的法治实践中形成的文化认识，侧重于一种文化行为，上升到国家、社会、人民的一种主体意识，并将这种意识作用于国家治理实践的主体精神。其次，阐述法治文化，就要厘清人治文化和法治文化的关系。人治文化是在长期的封建社会历史长河中形成的一种以统治者为核心的文化，其本质就是不断加强君主权威，崇尚“君权至上”；而法治文化的核心是人民，本质是通过法律意识的培养，将国家的运行制度规范于法治范畴中，致力于构建“科学立法、严格执法、公正司法、全民守法”的良好环境。再次，阐述法治文化，就要厘清德治文化和法治文化的关系。德治文化强调通过人性的自我约束和正确的道德观的发挥，来使社会有序运行，是对人性好的本质的肯定与发挥；法治文化主要指的是用法律制度、法律精神、法律规则来管理社会，是对人性恶的层面的一种约束。

总体来讲，法治文化是一种以人民为核心的法律文化行为，强调国家社会治理过程中法律制度、法律精神、法律规则的重要性。同时，法治文化具有精

---

① 李林：《社会主义法治文化概念的几个问题》，《北京联合大学学报》2012年第2期，第5–12、19页。

② 刘作翔：《法治文化的几个理论问题》，《法学论坛》2012年第1期，第5–10页。

神属性和实践属性。在精神层面，法治文化是一种主体意识，强调法治意识和法治精神在国家治理中的重要性；在实践层面，法治文化是一种实践依据，强调法律制度、法律规则在国家治理中的重要性。

三、新时代社会主义法治文化

界定“新时代社会主义法治文化”这一概念，就要对其进行相应拆解分析，要明确此概念不仅是一个阶段性概念，而且是一个动态性概念。首先，要将研究的时域汇集到“新时代”，实现历时性研究和现时性研究相统一。其次，要注重接续性，概念界定中要注重我国社会主义法治文化的建设发展过程和发展方向，实现历史性研究和现实性研究相统一。

中国共产党始终领导全国各族人民开展法治文化建设，并依据中国传统法治文化和不同历史阶段的国情变化进行建设，符合中国实际，具有中国特色。进入新时代，以习近平同志为核心的党中央提出“两个结合”，坚持将马克思主义法治理论“同中国具体实际相结合，同中华优秀传统法律文化相结合”[①]，坚持守正创新，在全面建设社会主义现代化国家新征程中，不断推进社会主义法治文化建设。新时代法治文化是“中国特色社会主义先进文化的重要组成部分，是中国特色社会主义法治体系的文化支撑”[②]。从实践层面来讲，新时代法治文化更多体现为一种“以人民为中心”的法治体系。当前正处于世界百年未有之大变局和中华民族伟大复兴的战略全局的重要历史节点，国内国际形势发生重大变化，社会结构发生巨大变迁。法治文化建设不仅是物质财富创造的保障，而且是实现社会公平正义、国家安全稳定、社会繁荣发展的重要基础和重要保障。如上所述，新时代社会主义法治文化不仅是一个阶段性概念，而且是一个动态性概念。一方面，它同中华优秀传统法律文化密切相关，两者具有内在一致性；另一方面，它具有新的时代特征，具有创新性和发展性。同时，它以习近平法治思想为指导，以社会主义法治文化建设为依托，坚持党对法治文化建设的领导，坚持以人民为中心的价值立场，坚持依法治国和以德治国相结合，不断丰富和创新法治文化体系，构建中国特色社会主义法治文化体系，推动实现中华法治文明新形态。

---

① 冯玉军:《在法治轨道上建设中国式现代化》,人民出版社,2023,第110页。

② 袁银传、王晨霁:《新时代中国特色社会主义法治文化建设的理论来源、基本内容和基本原则》,《思想教育研究》2024年第12期,第59-66页。

总体而言，新时代社会主义法治文化是一个整体性、系统性、全局性的概念，是实现国家安全稳定、人民生活幸福、中华民族伟大复兴的重要依据，影响着国家社会的发展稳定及人民生活行为方式的价值取向，包括法治与经济、政治、文化、社会、生态等领域的关系问题、制度建设问题、实践操作问题和理论升华问题，内涵丰富，覆盖面广。文化兴，则国家兴；文化强，则民族强。党的二十大报告指出，全面依法治国是“国家治理的一场深刻革命”，关系“党执政兴国，人民幸福安康，党和国家长治久安”，必须更高更好地发挥法治“固根本、稳预期、利长远”的兜底保障作用，要在法治轨道上全面建设社会主义现代化国家①。党的二十届三中全会明确指出，法治是“中国式现代化的重要保障”②。因此，我们开展新时代社会主义法治文化建设，推进中国式法治现代化，就必须树立高度的文化自信，以习近平法治思想为指引，坚持党的领导、人民当家作主和依法治国有机统一，不断提升社会主义法治文化水平，不断推进国家法治治理体系和法治治理能力现代化，为全面建设社会主义现代化国家提供法治保障和文化支撑。

第二节
新时代社会主义法治文化的主要特征

党的十八大以来，全面依法治国战略布局不断深入，法治中国建设进入了新阶段。新时代社会主义法治文化是一种进步的、动态的、发展的文化样态，既具有人类社会法治特征的一般规律，也具有反映我国国情、社会属性、时代特征的特殊规律，是普遍性和特殊性相统一的形态。新时代社会主义法治文化的人民主体性、历史传承性、体系开放性、发展渐进性、与时俱进性等特征，具体反映了中国特色社会主义道路、理论、制度、文化在法治中国建设中的自我实现，这为实现中华民族伟大复兴和推进人类法治进程提供了法治指引、增强了理论基础、贡献了法治思维、发挥了中国智慧。

① 习近平:《高举中国特色社会主义伟大旗帜　为全面建设社会主义现代化国家而团结奋斗——在中国共产党第二十次全国代表大会上的报告》,人民出版社,2022,第40页。

② 习近平:《中共中央关于进一步全面深化改革　推进中国式现代化的决定》,人民出版社,2024,第29页。

一、人民主体性

人民性是马克思主义政党的政治立场。《共产党宣言》中就已经提到“工人革命的第一步就是使无产阶级上升为统治阶级”[①]。这表明了科学社会主义的人民性特征。马克思主义唯物史观详细阐释了人民在物质财富和精神财富创造过程中的作用，并表明人民是历史的创造者。那么，新时代社会主义法治文化建设同样要彰显人民性，通过健全法制来维护和保障最广大人民群众的根本利益。

习近平指出：“人民权益要靠法律保障，法律权威要靠人民维护。”[②]新中国成立以来，广大人民群众受益于法治文化建设，如制定劳动法、教育法等法律，为人民群众的切身利益提供了法治保障。人民群众是历史的创造者，也是法治文化的创造者。简言之，法治文化由人民所创造又服务于人民。新时代社会主义法治文化坚持人民至上原则，强调以人民为中心。这进一步体现了新时代社会主义法治文化的政治立场，彰显了以人为本的法治理念。新时代社会主义法治文化发展过程中，离不开法治文化主体的人，“人民主体性”是新时代社会主义法治文化发展的根本主线。

从整体来讲，我们党始终坚持人民至上，这是共产党执政规律的根本所在。所以，在全面依法治国的战略进程中，发挥人民主体性，坚持以人民为中心是新时代社会主义法治文化建设的重要特征，也是根本遵循，更是新时代社会主义法治文化建设的根本原则。

二、历史传承性

党的二十大报告指出，要将马克思主义基本原理同“中华优秀传统文化相结合”[③]。中国古代在社会治理中以人治为主，辅以法治德治治理国家。新时代社会主义法治文化继承了中华优秀传统法律文化中的养分，讲求社会治理中法治和德治相统一。同时，法治文化作为社会主义先进文化的组成部分，也受到其他各种文化形式的影响，在法治文化的发展过程中，还受到具体环境、经济发展程度等要素的影响，法治文化发展过程中阶段性特征明显，具有历史

---

① 马克思、恩格斯：《共产党宣言》，人民出版社，2018，第49页。

② 习近平：《习近平谈治国理政》第2卷，外文出版社，2017，第115页。

③ 习近平：《高举中国特色社会主义伟大旗帜　为全面建设社会主义现代化国家而团结奋斗——在中国共产党第二十次全国代表大会上的报告》，人民出版社，2022，第17页。

性。因此，新时代法治文化一方面在发展过程中依据不同历史时期的时代特征，另一方面继承传统法治思想的精华，具有历史传承性，在不断结合中传承发展。

新时代社会主义法治文化离不开对中华传统法治文化和红色法治文化的继承与创新。中华传统法治文化历经数千年发展，形成了独具特色的文化传统。“以礼入法”的治理智慧、“德主刑辅”的治国理念、“明刑弼教”的教化思想，都体现了中华法律文明的智慧。这些传统法治文化中的精华，为新时代社会主义法治文化建设提供了丰厚的思想资源。传统法治文化中的“民本”思想，与当代法治的人民主体地位一脉相承。“法不阿贵”的平等理念，与法律面前人人平等的现代法治原则相契合。“明德慎罚”的司法理念，与当代法治的谦抑性原则相呼应。这些优秀传统法治文化基因，经过创造性转化，成为新时代社会主义法治文化的重要组成部分。红色法治文化中的群众路线、实事求是、司法为民等核心理念，在新时代得到继承和发展。“枫桥经验”的创新实践，就是红色法治文化在新时代的生动体现。这些优良传统为新时代社会主义法治文化建设注入了强大精神动力。

总体来讲，新时代社会主义法治文化注重传统与现代的有机统一。既传承发展中华优秀传统法律文化，又充分吸收人类法治文明有益成果；既坚持红色法治文化传统，又与时俱进创新发展。这种传承与创新的统一，使新时代法治文化展现出强大生命力。新时代社会主义法治文化建设是一项系统工程，需要在传承中创新，在创新中发展。只有坚持历史继承性，立足中国实际，吸收人类法治文明优秀成果，才能建设具有中国特色、中国风格、中国气派的社会主义法治文化。在全面建设社会主义现代化国家的新征程上，我们要把握好发挥好新时代社会主义法治文化的精神动力作用，继续深化法治文化建设，使法治成为全社会的共同信仰，为实现中华民族伟大复兴提供坚实法治保障。

三、体系开放性

新时代社会主义法治文化是“混合式”[①]的，具有包容性、开放性、创新性等特点。新时代社会主义法治文化的发展是一个开放的文化系统，结构主义理论强调系统发展过程中的“整体性、转换性和自我调节性”[②]，这表明系统

---

① 张波:《论当代中国法律文化的多样性及中国特色法治文化的生成》,《南京社会科学》2001年第11期,第57-62页。

② [瑞士]皮亚杰:《结构主义》,倪连生译,商务印书馆,1996,第2页。

结构发展过程中存在“变”与“不变”的要素，只有在发展过程中批判继承，不断发展，不断创新，才能保证系统结构的生命力。法治文化作为一个文化系统，同样具有继承性转换和整体性建构的特征，在新的要素不断融合中发展。

新时代社会主义法治文化体系的开放性是由中华传统文化的开放性决定的，也是在批判吸收中华优秀传统法治文化和西方优秀法治文化的过程中发展起来的。开放包容、兼收并蓄是中华传统文化的本质特征，上下五千多年的文明史体现了交流融合的开放特质。这种开放性文化决定了法治文化的开放性特征。其一，理论层面的开放性是其重要特征。新时代社会主义法治文化以马克思主义法治理论为指导，结合中国具体国情，不断丰富和发展。同时，它积极吸收人类法治文明的优秀成果，借鉴国际先进经验，推动中国法治文化的理论创新。这种开放性使得法治文化能够与时俱进，适应社会发展的新需求。其二，实践层面的开放性体现在法治体系能够及时回应社会关切。通过立法、司法和执法实践，法治体系不断调整和完善，解决社会问题，提升法治公信力。例如，针对新兴技术带来的法律挑战，及时制定相关法规，确保法治实践与社会发展同步。其三，制度层面的开放性表现为多层次立法和公众参与。中央与地方立法相结合，确保法治体系灵活适应不同地区的需求。同时，通过听证会、征求意见等方式，增强立法的民主性和科学性，使法治体系更加贴近民众的实际需求。其四，文化层面的开放性体现在传统与现代的结合上。新时代社会主义法治文化继承中华优秀传统法律文化，融入现代法治理念，形成独特的文化体系。其五，技术层面的开放性表现为信息化建设和信息公开。利用大数据、人工智能等技术，提升法治工作的智能化水平。通过互联网等平台，增强法治工作的透明度，便于公众监督，提升法治的公信力。其六，教育层面的开放性体现在多元化教育和国际交流上。通过学校、媒体等多种渠道普及法治教育，提升全民法治意识。加强与其他国家的法治文化交流，提升中国法治文化的国际影响力。同时，支持法学教育和研究的国际合作，培养具有国际视野的法治人才。

综上所述，新时代社会主义法治文化体系的开放性体现在理论、实践、制度、文化、技术和教育等多个方面，既立足中国实际，又借鉴国际经验，推动法治文化的持续创新与发展。这种开放性使得法治文化能够与时俱进，适应社会发展的新需求，为实现全面依法治国筑牢坚实根基。

四、发展渐进性

新时代社会主义法治文化具有渐进性特征。渐进性具体来讲是阶段性和发展性的集合。从过程性角度来讲，新时代社会主义法治文化的形成并不是一蹴而就的，而是经历了长期的发展才形成的。新时代社会主义法治文化继承和发展了马克思主义法治理论，经过毛泽东等老一辈革命家的中国化发展，初步形成了具有中国特色的社会主义法治理论。改革开放后，以邓小平、江泽民、胡锦涛等为代表的中国共产党人进一步丰富和发展了社会主义法治理论。进入新时代以后，习近平法治思想的形成将法治文化体系建设推上了战略新高度，形成了“以人民为中心”的中国特色的法治文化。

在不同时期、不同阶段，法治文化的发展表现不同。整体来看，新时代社会主义法治文化的渐进性主要体现在以下几个方面：第一，从理念认知到实践落实。在法治文化建设初期，重点在于普及法治理念，通过学校教育、媒体宣传、社区活动等途径，让民众了解法治的基本概念和重要性。当民众对法治理念有了一定认知后，便开始在实践中落实法治。政府部门严格依法行政，规范行政许可、行政处罚等行为；司法机关提升司法公信力，确保公正司法。像“最多跑一次”改革，简化行政审批流程，便是法治理念在行政实践中的生动体现。第二，从局部探索到全面推广。在法治文化建设过程中，往往先在局部地区或特定领域进行探索。例如，一些地方率先开展综合行政执法改革，探索跨部门、跨领域的执法协作机制，积累执法经验。当这些局部探索取得成效，证明改革措施可行且具有推广价值后，便在更大范围内进行全面推广，形成全国性的法治建设实践。第三，从制度完善到文化养成。制度建设是法治文化发展的基础。新时代不断完善法律法规体系，从立法层面为法治文化发展提供支撑。随着制度不断完善，民众在长期的法治实践中，逐渐养成遵守法律、依法办事的习惯，进而形成全社会的法治文化氛围。当遇到纠纷时，越来越多的人会优先选择通过法律途径解决，这便是法治文化养成的体现。整体来讲，新时代社会主义法治文化的形成就是朝着理论逐步深化、实践逐步推进、制度逐步完善、文化逐步融合、技术逐步应用、教育逐步普及等方向不断发展，其形成和发展过程具有明显的渐进性。

新时代社会主义法治文化的发展具有显著的渐进性，这种渐进性发展确保了法治文化的稳步推进和不断完善，为实现全面依法治国提供了坚实的文化支撑。通过逐步推进，新时代社会主义法治文化能够更好地适应社会发展的新需求，推动法治中国建设不断向前发展。

五、与时俱进性

与时俱进是马克思主义优秀的理论品质，新时代社会主义法治文化作为马克思主义法治理论的组成部分，同样具有与时俱进的品质，这种品质是其适应社会发展、保持活力的关键特质。

新中国成立后，法治文化建设被提上了日程。我国法治文化建设具有重要的时代性特征，即将马克思主义法治理论同中国具体实际相结合。在不同历史时期，我国国情具有不同的时代特征，社会主要矛盾也随着社会发展而不断变化，法治文化作为国家治理中的法治保障，同样具有动态性变化发展的特征。例如，在社会主义革命和社会主义建设时期，我国面临着严重的意识形态斗争，所以这一时期的法治文化具有明显的政治特征。改革开放以后，中国法治建设进入一个新的阶段。党的十一届三中全会提出改革开放，以经济建设为中心，社会主要矛盾发生了显著变化，民主法治、公平正义、自由平等等理念深入人心，与之相适应的是这一时期法治文化呈现出经济特征。党的十五大确立了依法治国方略，明确了中国法治建设的基本方向。党的十八届四中全会通过了《中共中央关于全面推进依法治国若干重大问题的决定》，提出全面依法治国战略，将依法治国纳入了“四个全面”战略布局，进一步彰显了法治在国家治理中的重要性，进一步创新发展了社会主义法治文化建设理论。总体来看，社会主义法治文化的与时俱进性同具体时代特征密切相关，具有发展性、创新性，符合时代的发展需求。总之，法治文化的建设不是一蹴而就的，也不是一成不变的，而是随着时代的发展不断创造性发展、创新性转换，形成了符合中国具体实际的新时代社会主义法治文化。

总体来讲，新时代社会主义法治文化是一个动态性发展的文化样态，虽然同当前中国具体实际密切相关，但也存在充分发展的创新要素，它以马克思主义法治理论为指导，以时代特征为基点。时代的不断变化发展和社会的不断进步推进了新时代社会主义法治文化建设中的法治观念、法治意识、法治理论、法治实践的变化发展，充分彰显了马克思主义法治理论与时俱进的重要理论品质。

第三节
新时代社会主义法治文化建设的理论基础

任何一种文化的形成都具有一定的条件和土壤，是各种因素汇集的结果。新时代社会主义法治文化是在多种因素共同作用下形成的，这符合文化发展的一般规律。作为一个阶段性命题，新时代社会主义法治文化是一个在多种因素综合作用下不断演进的概念。从直接理论来源来讲，马克思主义经典作家的法治文化思想是新时代社会主义法治文化思想的理论基础。从历史继承层面来讲，中国传统优秀法律文化是新时代社会主义法治文化的重要养分。从实践演进层面来讲，党的历代领导核心的法治观是新时代社会主义法治文化的重要实践基础和思想来源。正因如此，阐述新时代社会主义法治文化的理论来源就应立足具体实际，从整体性、系统性视角研究分析。

一、马克思主义经典作家的法治文化思想

习近平强调，要将马克思主义基本原理同中国具体实际相结合，同中华优秀传统文化相结合。党的创新理论始终坚持以马克思主义理论为指导，新时代社会主义法治文化思想同样以马克思列宁主义法治文化思想为直接理论来源。马克思、恩格斯、列宁在理论著作中对法治、民主等概念进行了阐释，虽然没有明确提出法治文化这一概念，但是这些理论都是马克思主义法治文化理论的重要组成部分，为新时代社会主义法治文化的形成和发展提供了思想来源。

（一）马克思、恩格斯的法治文化思想

虽然受到客观历史条件的制约，马克思、恩格斯在当时并没有对法治文化思想进行专门性论述，但是马克思、恩格斯相关著作从唯物史观和辩证法的角度对“法制”“法”“法律”等概念进行了详细阐述，确立了历史唯物主义的法治观，这些思想都是法治文化思想的重要构成部分。整体来讲，马克思、恩格斯的法治文化思想主要有以下几个方面：

第一，深入揭示法的来源。马克思、恩格斯在阐述法的来源的过程中，强调法和其他社会要素之间的关系，而不是孤立地只从法律研究法，而是将法同经济发展、上层建筑等要素联系起来去考察。马克思和恩格斯在书信中指出，

物质关系是“一切关系的基础”[①]。对于研究法来讲，同样离不开经济基础等社会要素。所以马克思认为“无论是政治的立法或市民的立法，都只是表明和记载经济关系的要求而已”[②]，恩格斯认为经济要素是推动法律发展的重要因素。由此可以看出，马克思、恩格斯从法和经济之间的关系入手研究法律，从任何法都是社会关系的构成部分这一角度，将法和社会要素密切结合，分析了经济要素对法律变化发展的影响，同时指出了法对经济发展的反作用，强调了法律和经济之间的相互影响，这不同于资产阶级法学家从孤立的视角研究法。马克思在《资本论（1867年第一版序言）》中论述英国工厂立法历史时提到，法在经济运行规律中虽然“既不能跳过也不能用法令取消自然的发展过程”，但是能够“缩短和减轻分娩的痛苦”[③]。也就是说，法律必须同经济发展相适应，法同经济发展相适应就能够促进其发展，否则将阻碍其发展。同时，恩格斯还论述了法同其他社会要素之间的关系。他认为：“政治、法、哲学、宗教、文学、艺术等等的发展是以经济发展为基础的。但是，它们又互相作用并对经济基础发生作用。”[④]可以看出，马克思、恩格斯在论述法的过程中，将它同其他社会要素相结合去研究，这对于当前构建新时代社会主义法治文化具有重要的理论意义，法治文化建设要同经济、政治、文化、社会、生态等要素相结合，只有如此，才能更好地发挥法治的作用。这种认识对于当前新时代社会主义法治文化建设具有重要的实践意义和理论意义。无论新时代社会主义法治文化建设怎么发展，都要从中国具体实际出发，立足本国国情。同时，法治建设过程不能忽视经济、政治、社会、文化、生态等要素的制约，要正确处理法和国家治理之间的良性关系。

第二，深刻揭示法的本质。法律具有阶级性，马克思、恩格斯指出，“在阶级社会，法律是由统治者的共同利益所决定的这种意志的表现”[⑤]，而法律就是由特定阶级关系所决定的国家意志。法作为国家意志也就是作为意识形态，并不是凭空产生的，而是由物质决定的，这就是法的本质所在。同时，马克思、恩格斯还认为具有阶级属性的法不过是“被奉为法律的你们这个阶级的意

① 马克思、恩格斯:《马克思恩格斯选集》第4卷，人民出版社，1995，第532页。
② 马克思、恩格斯:《马克思恩格斯全集》第4卷，人民出版社，1958，第121-122页。
③ 马克思、恩格斯:《马克思恩格斯选集》第2卷，人民出版社，1995，第101页。
④ 马克思、恩格斯:《马克思恩格斯选集》第4卷，人民出版社，2012，第649页。
⑤ 马克思、恩格斯:《马克思恩格斯全集》第3卷，人民出版社，1960，第378页。

志一样，而这种意志的内容是由你们这个阶级的物质生活条件来决定的”[①]。马克思、恩格斯对法的阶级属性的揭示，为认识法律又提供了新的视角。同时，马克思、恩格斯认为，法律作为资产阶级的国家意志，它的制定和运行必然离不开国家机构，但是国家机构所制定的法代表的是统治阶级的意志，而不是全体人民和劳动者的意志，而且这种意志具有强制性，全体人民和劳动者必须服从和遵守。从这个维度来看，法律本身就具有维护统治阶级利益以及管理社会的职能。但是整个社会，人民是占大多数的，所以想要更好地维护统治就要在一定程度上让步，承担起公共事务，为劳动者提供基本保障，虽然目的仍然是更好地维护统治，但是这种功能是相互的，也就是说这种社会管理职能“既包括执行由一切社会的性质产生的各种公共事务，又包括由政府同人民大众相对立而产生的各种特殊职能”[②]。当前，新时代社会主义法治文化建设要处理好两者之间的关系，正确认识法的本质和国家意志的基本功能，正确认识当前社会的主要矛盾，更好地发挥法治在社会治理中的管理职能。

第三，深刻阐述法的价值。马克思、恩格斯对法的价值的论述主要包括法律和秩序、法律和自由、法律和正义、法律和立场这四组关系，也就是法的秩序性价值、法的自由性价值、法的正义性价值以及法的终极性价值。首先，在法的秩序性价值方面，马克思、恩格斯认为法能够维护社会秩序稳定，能够为人类社会提供秩序规则。恩格斯在《论住宅问题》一书中提到：“在社会发展的某个很早的阶段，产生了这样一种需要：把每天重复着的产品生产、分配和交换用一个共同规则约束起来，借以使个人服从生产和交换的共同条件。这个规则首先表现为习惯，不久便成了法律。”[③]这就表明了法律的秩序性价值。其次，在法的自由性价值方面，马克思、恩格斯认为自由是法的本质属性之一，这种本质必须在法律规定的范围之内，即自由是有条件的，并不是无条件的，并强调法律不是压制自由的手段，而是一种“肯定的、明确的、普遍的规范，在这些规范中自由获得了一种与个人无关的、理论的、不取决于个别人的任性的存在。法典就是人民自由的圣经”[④]。这表明法律和自由的关系是相互的，自由是法的本质属性，受到法律的制约，但同时法律要保证人民的自由。再次，在法的正义性价值方面，马克思、恩格斯批判了资产阶级法制的剥削本

① 马克思、恩格斯:《马克思恩格斯选集》第1卷，人民出版社，2012，第417页。

② 马克思、恩格斯:《马克思恩格斯全集》第25卷，人民出版社，1974，第432页。

③ 恩格斯:《论住宅问题》，人民出版社，2019，第88页。

④ 马克思、恩格斯:《马克思恩格斯全集》第1卷，人民出版社，1995，第176页。

质，认为立法要注重公平正义。马克思曾经指出，“希腊人和罗马人认为奴隶制是公正的，资产阶级的公正观则要求废除被宣布为不公正的封建制度……所以，关于永恒公平的观念不仅是因时因地而变，甚至也因人而异”，而法律应该是“事物的法的本质的普遍和真正的表达者……法律倒应该去适应事物的法的本质”①。这就是说立法应从事物的本质出发，而不是出于个人意志或某一阶级的意志，应该注重把事物本质的东西表露出来，实现法律面前人人平等，实现法律的公平正义。最后，在法的终极性价值方面，马克思、恩格斯注重人的全面发展，强调法律应“以人为本”。马克思、恩格斯在《共产党宣言》中指出，共产主义社会形式将是“一个联合体，在那里，每个人的自由发展是一切人的自由发展的条件”②。这就从根本上抨击了资产阶级法的虚伪性，从历史唯物主义角度阐述了法的终极性价值。

虽然马克思、恩格斯并没有专门提出“法治”和“法治文化”等概念，但是从马克思、恩格斯的相关著作中可以看出他们十分关注对法的论述，尤其从历史唯物主义角度对法治的分析是创新之处，开创了无产阶级法治文化建设的先河。

（二）列宁的法治文化思想

列宁继承和发展了马克思、恩格斯的法治思想，将马克思主义法治理论从理论变为现实，并结合苏联社会主义法治文化的建设实践，极大丰富和发展了马克思主义法治思想。尽管列宁也没有明确提出“法治文化”的概念，但是创造性地提出了民主法制思想、党的领导和法的关系问题以及依法执政等社会主义法治建设思想。

第一，关于法治建设的首要任务和探索建设的论述。十月革命胜利后，为巩固工人阶级政权，列宁对法律的所有制关系进行了变革，确立了法律至上、党政分开、权力制约等一系列原则，明确提出工人阶级夺取政权后，要“像任何阶级一样，要通过改变同所有制的关系和实行新宪法来掌握和保持政权，巩固政权”③。这就明确了法治建设中的首要任务是稳固无产阶级政权，社会主义法律要为社会主义政权服务，这些思想对于新时代社会主义法治文化的建构具有十分重要的理论意义。列宁对于法治建设的探索包括立法、法律监督、法制统一等方面。在立法方面，列宁强调人民立法的重要性，认为“人民的利益

① 马克思、恩格斯:《马克思恩格斯全集》第1卷，人民出版社，1956，第139页。

② 马克思、恩格斯:《共产党宣言》，人民出版社，2018，第51页。

③ 列宁:《列宁全集》第38卷，人民出版社，2017，第307页。

是最高的法律”[①]。人民争取政治自由就是通过“法律（宪法）保证全体公民直接参加国家的管理”[②]。同时，在立法过程中主张广泛征询人民群众的意见。在法律监督方面，列宁认为要加强党对司法工作的有效监督和领导，还设立了监督检察机关——工农检察院，提出群众监督、舆论监督是重要手段。除此之外，列宁还对维护法制统一、依法执政等社会主义法治建设进行了大量的理论探索，这些探索对当前法治文化建设同样具有重要的理论价值。

第二，论述民主和法治的关系。列宁对社会主义民主建设和法治建设的关系问题进行了详细阐释，首先在他看来，“民主是国家形式，是国家形态的一种”[③]。同时，他强调“公民一律平等”，全体公民都有决定“国家制度和管理国家的平等权利”[④]。他还认为民主具有阶级性，社会主义的民主代表最广大人民的根本利益，所以社会主义的民主以人民为中心，真正实现了人民当家作主，是真正的民主。而资本主义的民主是虚伪的，只是形式上的民主，是针对资产阶级的民主。列宁在建设苏维埃社会主义的实践中，不断推进民主建设，切实保障最广大人民的根本利益，正确处理民主和法治的关系，发挥法治在保障民主中的作用，同时也要通过民主健全法治，进一步加强法治建设。因此，列宁从民主建设的角度不断推进法治建设。他指出，工人阶级参加国家事务的首要任务就是“争得以法律（宪法）保证全体公民直接参加国家的管理，保证全体公民享有自由集会、自由讨论自己的事情和通过各种团体与报纸影响国家事务的权利”[⑤]。可以看出，列宁已经将民主建设和法治建设联系起来，已经认识到民主建设必须以法治为保障，而法治建设越健全，公民参与国家事务的权利就越有保障，两者相互作用、相互影响，共同推进苏维埃社会主义事业。当前，新时代社会主义法治文化的建设同样要处理好民主和法治的关系，这是社会主义事业平稳推进的重要保障。

第三，论述党的领导和法的关系。马克思、恩格斯在论述法律的过程中强调法律具有阶级属性，社会主义国家也应该有法律制度，这是无产阶级专政的合法性体现，所以法律是社会主义国家政权的重要形式。恩格斯在《致奥古斯特·倍倍尔（1884年11月18日）》的信中写道：“所有通过革命取得政权的政

① 列宁：《列宁全集》第33卷，人民出版社，2017，第193页。
② 列宁：《列宁全集》第2卷，人民出版社，2013，第90页。
③ 列宁：《列宁选集》第3卷，人民出版社，2012，第201页。
④ 列宁：《列宁全集》第31卷，人民出版社，2017，第96页。
⑤ 列宁：《列宁全集》第2卷，人民出版社，2013，第90页。

党或阶级，就其本性说，都要求由革命创造的新的法制基础得到绝对承认，并被奉为神圣的东西。”[①]这就表明马克思、恩格斯从理论上肯定了无产阶级政权中同样具有法律。列宁将马克思主义理论变为现实，他在进行苏联社会主义建设过程中，意识到党的领导和法律之间存在党法不分的现象。为了更好地巩固政权，更快更好地建设社会主义国家，苏维埃俄国在1918年召开了全俄工人、农民、哥萨克和红军代表苏维埃第六次（非常）代表大会，会上通过了《关于严格遵守法律》的决议，确立了法律至上的原则。列宁在党的领导和法律关系问题上，强调党政分开，党的权威不能超越法的权威。他指出，党应该努力“领导苏维埃的工作”，而不是“代替苏维埃”[②]，而且“在党的代表大会上是不能制定法律的”[③]。同时强调党的政策具有指导性，但不具有法律效力，党的领导主要是思想上和政治上的，主要任务是对“所有国家机关的工作进行总的领导”[④]。总体来讲，列宁关于党的领导和法律关系的论述对当前法治文化的建设具有十分重要的意义，启示我们在全面加强党的领导的同时，要注重处理好党和法之间的关系问题。

列宁的法治观是马克思、恩格斯法治观的延续和传承，是在社会主义实践过程中逐渐形成的。列宁所主张的法制权威、司法公正、党和法的关系等原则，都是法治文化建设的原则遵循。这一系列思想为我国法治文化建设留下了宝贵的理论和实践经验，为新时代社会主义法治文化建设奠定了基础。

二、党的历代领导核心的法治观

十月革命一声炮响，给中国送来了马克思列宁主义。在筹备成立中国共产党以及党成立以后，马克思列宁主义就始终作为党的指导思想。在法治建设领域，中国共产党的历代领导核心在带领全国各族人民开展革命、建设、改革的实践进路中，不断系统挖掘并扎根中国国情，与时俱进，开拓创新，继承和发展马克思主义法治思想，将马克思主义法治思想与不同历史时期的中国具体实际相结合，形成了富有时代特色的中国化马克思主义法治理论。这些思想理论都是新时代社会主义法治文化建设的丰富养料。

① 马克思、恩格斯:《马克思恩格斯全集》第36卷，人民出版社，1975，第238页。

②《苏联共产党代表大会、代表会议和中央全会决议汇编》第1分册，人民出版社，1964，第571页。

③ 列宁:《列宁全集》第41卷，人民出版社，2017，第64页。

④ 列宁:《列宁全集》第43卷，人民出版社，2017，第68页。

（一）毛泽东的法治文化思想

毛泽东法治文化思想有着深深的时代烙印，是在其领导党和人民进行新民主主义革命以及社会主义革命和建设的过程中形成的。毛泽东十分重视马克思主义的运用必须符合中国国情，要扎根中国大地，并创造性地提出了马克思主义中国化的科学命题。在法治思想运用中，毛泽东同样十分重视将马克思主义法治理论同中国具体实际相结合，提出了一系列符合中国实际的法治创新理论。

第一，注重宪法建设，主张依宪治国。新民主主义革命时期，毛泽东结合具体实际，对在根据地推进民主宪政、正确处理共产党和国民党的关系进行了论述，并提出民主联合政府的主张。这些观点在《新民主主义论》《陕甘宁边区施政纲领》《新民主主义的宪政》等文章中都有所论述。新中国成立后，中国共产党面临着从局部执政到全国执政的局面，将理论视角和实践土壤转换至社会主义革命和建设的新阶段，政权建设成为党面临的首要任务。那么，如何确立政权组织形式？如何确保革命果实，实现人民真正当家作主？这些问题成为毛泽东思考的问题。为此，他认为应该制定宪法，国家一切事务遵照宪法来执行。早在1940年2月20日，毛泽东在《新民主主义的宪政》一文中就指出："世界上历来的宪政，不论是英国、法国、美国，或者是苏联，都是在革命成功有了民主事实之后，颁布一个根本大法，去承认它，这就是宪法。"[①]他认为："一个团体要有一个章程，一个国家也要有一个章程，宪法就是一个总章程，是根本大法。"[②]这充分说明毛泽东对宪法的重视。毛泽东提出"新民主主义宪政"，在革命时期陕甘宁边区政府建设中就已经有了初步探索，到新中国成立后依宪治国的思想更加成熟，其依宪治国的思想具有突出的人民性特征。毛泽东法治文化思想中贯穿着人民群众，人民性是毛泽东思想的重要标识。例如，在关于国体和政体问题上，毛泽东提出了"人民民主专政"理论。在党中央最后一个农村革命根据地西柏坡，毛泽东在1948年9月召开的中央政治局会议上首次提出了"人民民主专政"的概念。他认为，人民民主专政就是"工人阶级（经过共产党）领导的以工农联盟为基础的人民民主专政"[③]。关于政体问题，毛泽东认为应该采取"人民代表会议"的形式，认为"我们政权的制度

① 毛泽东:《毛泽东选集》第2卷,人民出版社,1991,第735页。

② 毛泽东:《毛泽东文集》第6卷,人民出版社,1999,第328页。

③ 毛泽东:《毛泽东选集》第4卷,人民出版社,1991,第1480页。

是采取议会制呢，还是采取民主集中制？……现在我们就用‘人民代表会议’这一名词”[①]，旗帜鲜明地表明我们要“采用民主集中制，而不采用资产阶级议会制”，也不必搞“三权鼎立”[②]。同时，毛泽东还强调宪法的权威性。他认为所有国家工作人员都要遵守宪法，不能违反宪法规定。在处理中央和地方关系时，强调自上而下的单一制，同时也给予地方一定的立法权。这些思想对于巩固人民政权，发挥人民积极性，保障人民权利，正确处理中央和地方的关系，具有十分重要的意义。

第二，强调法律的阶级性和人民性。毛泽东强调法律应该维护工农权益。早在1931年的《中华苏维埃共和国土地法》中就明确了该法属于广大工农劳动者，要对私有制性质的土地资源进行集中征收和分配，无偿地分配给贫下中农。这凸显了法律的阶级属性是为广大工农劳动者服务的。同时，他认为法律应当是保障人民权益的重要手段，要充分保障立法过程中人民的参与权，要充分体现法律的阶级性和人民性。在《论人民民主专政》一文中，他指出人民应该是立法的主体，同时，在法律实施过程中，人民具有监督权，以此来保障人民根本利益的实现。这些思想都彰显了毛泽东法治思想中的人民性。

第三，健全法制与基本原则。毛泽东根据中国实际创造性地发展出了适合中国国情的法律思想和制度，内涵丰富，覆盖面广，涵盖政治、经济、文化、刑事、民事等多个领域。首先，毛泽东强调在法律执行过程中要严格落实“法律面前人人平等”的原则。其次，在实践经验总结中明确提出了“宽严相济、罪刑相适”的刑事法治思想。最后，在法律制定和执行方面，毛泽东强调要总结“历史经验”，结合“原则性和灵活性”，坚持实事求是和群众路线[③]。这些法治思想对当前法治文化建设具有重要的理论借鉴意义。

（二）邓小平的法治文化思想

邓小平的法治文化思想是在新的历史时期，在继承和发展马克思主义和毛泽东思想中的法治理论的基础上形成的，为改革开放新时期党的法治建设提供了理论指导。

第一，扭转了以权代法现象，实现了“人治”向“法治”的转变。新中国成立之后，党的第一代领导集体十分重视法治建设，但在20世纪六七十年代，

① 毛泽东：《毛泽东文集》第5卷，人民出版社，1996，第136页。

② 毛泽东：《毛泽东文集》第5卷，人民出版社，1996，第136页。

③ 毛泽东：《毛泽东文集》第6卷，人民出版社，1999，第325–326页。

社会主义建设遭遇严重挫折，法治建设遭到破坏。党的十一届三中全会后，开启了改革开放新时期，以邓小平同志为核心的党中央打破“两个凡是”的禁锢，解放思想，实事求是，开启了法治建设的新局面。邓小平指出，开展社会主义建设，推进改革开放新局面，还是“要靠法制，搞法制靠得住些”①，认为不应该把领导人的讲话当成“法”，而要建构完备的法治体系。他指出：“为了保障人民民主，必须加强法制。必须使民主制度化、法律化，使这种制度和法律不因领导人的改变而改变，不因领导人的看法和注意力的改变而改变。”②这就给新时期法治建设提供了政治保证和新的思路，为构建中国特色的法治体系奠定了坚实的基础，彻底扭转了以权代法现象。

第二，提出法治建设的十六字方针。党的十一届三中全会上，邓小平归纳总结了董必武等老一辈无产阶级革命家倡导并努力实践的法治思想，提出了“有法可依，有法必依，执法必严，违法必究”的十六字法治建设方针。这十六个字，包括四个方面，不仅是对过去法治建设实践探索和理论探索的经验总结，而且为今后法治建设提供了方向和目标，是改革开放新时期探索中国特色法治建设的基本要求。

第三，正确处理党的领导和法的关系。在新中国法治建设过程中，曾一度出现党政融合、党法不分的现象，破坏了社会主义法治建设进程，也降低了宪法权威。为此，邓小平明确指出，党要在宪法和法律的范围内开展活动，不能凌驾于法律之上。他要求全体党员干部都要“按照宪法、法律、法令办事”③，坚持法律面前人人平等，以事实为依据，以法律为准绳。同时，他也强调党的领导的重要性，他强调党的领导是法治的保障，同时，法治也能够更好地促进党的领导，要正确处理好两者之间的关系。这些法治建设思想为构建中国特色社会主义法治文化提供了重要的理论支撑，为新时代法治文化建设积累了实践经验。

第四，重视法制教育。邓小平提出搞社会主义四个现代化建设，就要坚持“两手抓，两手都要硬”。他在南方谈话中指出：“我们要学会使用和用好法律武器。对违法犯罪分子手软，只能危害大多数人民的利益，危害现代化建设的大局。”④这深刻反映出了法治建设是社会主义四个现代化建设的重要保障，加

① 邓小平：《邓小平文选》第3卷，人民出版社，1993，第379页。

② 邓小平：《邓小平文选》第2卷，人民出版社，1994，第146页。

③ 邓小平：《邓小平文选》第2卷，人民出版社，1994，第371页。

④ 邓小平：《邓小平文选》第2卷，人民出版社，1994，第253页。

强法制建设是同经济建设密切联系的，应从经济建设的角度加强人民群众的法治素养，为社会主义四个现代化提供法治保障。

邓小平的法治文化思想经过实践检验是符合中国实际的，是科学的。总体来讲，这一思想从中国实际出发，创造性地运用马克思主义法治文化思想和毛泽东法治文化思想的基本观点、立场和方法，提出了一系列改革开放新时期法治建设的重大理论，回答了面临的现实问题，形成了比较系统全面的法治理论，为中国特色社会主义法治文化建设奠定了坚实的理论基础。

（三）江泽民的法治文化思想

根据新的时代特征，法治建设进入新的阶段，江泽民进一步发展了法治建设理论，提出了依法治国的基本方略，从上层建筑上明确了社会主义法治文化建设的基本目标，进一步丰富和发展了毛泽东、邓小平法治思想。

第一，确立依法治国的基本方略。1996年2月8日，江泽民同志在中共中央举办的法制讲座上，第一次正式提出了“依法治国”的概念。同年3月，第八届全国人民代表大会第四次会议提出了“依法治国，建设社会主义法治国家”。1997年9月党的十五大上，江泽民同志在《高举邓小平理论伟大旗帜，把建设有中国特色社会主义事业全面推向二十一世纪》报告中指出：“依法治国，是党领导人民治理国家的基本方略，是发展社会主义市场经济的客观需要，是社会文明进步的重要标志，是国家长治久安的重要保障。”[①]后来在修改宪法时，依法治国被写进了宪法。这是在世纪之交，党情、国情、世情发生重大变化过程中摸索出的一条符合中国实际的法治建设道路。依法治国方略的提出，意味着中国法治建设从“法制”向“法治”转变，也就是从建立法律制度向用法律治理国家转变，这是具有划时代意义的，把中国法治建设道路推向了新的阶段。

第二，强调依法治国和以德治国相结合。江泽民认为坚持依法治国并不意味着放弃德治，以德治国和依法治国两者相互补充、相互影响，依法治国是以德治国的基础和保障，以德治国是依法治国的补充。对于一个国家来讲，“法治和德治从来都是相辅相成、相互促进的，二者缺一不可，也不可偏废。法治属于政治建设、属于政治文明，德治属于思想建设、属于精神文明。二者范畴不同，但其地位和功能都是非常重要的”[②]。可以看出，江泽民不仅从法律的

① 江泽民:《江泽民文选》第2卷,人民出版社,2006,第29页。

② 江泽民:《江泽民文选》第3卷,人民出版社,2006,第200页。

本质和功能角度指出了依法治国对于国家治理的重要性，而且从历史和道德角度指出以德治国的重要性，这是历史和现实的结合，是对马克思主义法治思想的创新，推动我国法治文化建设进入了新的阶段。

江泽民的法治文化思想时代特征明显，具有很强的创新性，是在科学系统研判党内党外、国内国外形势的基础上形成的法治思想，为21世纪法治文化建设和法治中国建设提供了思想指导、理论依据和实践遵循。

（四）胡锦涛的法治文化思想

在新世纪，结合新的时代背景，胡锦涛继承和发展了毛泽东、邓小平、江泽民的法治文化思想，提出了“以人为本”“党的领导、人民当家作主、依法治国的有机统一”以及“社会主义法治理念”等一系列法治建设理论。

第一，提出以人为本的法治思想。胡锦涛在党的十七大报告中指出：“全心全意为人民服务是党的根本宗旨，党的一切奋斗和工作都是为了造福人民。要始终把实现好、维护好、发展好最广大人民的根本利益作为党和国家一切工作的出发点和落脚点。”[①]党的十七大要求法治工作从民众需求出发，以人民的需求为价值目标，法治建设要符合人民的根本利益，必须关注人民群众的基本需求。这种以人为本的法治思想从受众角度强调了法治建设的重要性，更加注重发挥人民群众的作用和体现其价值。

第二，提出党的领导、人民当家作主、依法治国三者有机统一的法治思想。党的领导是一切工作的根本，这一地位是在长期的实践中检验出来并得到全国各民族、各党派以及全体人民的认同的，是历史和人民的选择。在法治建设中，坚持党的领导就是坚持党运用法律领导全国各族人民开展社会主义建设事业，管理国家事务，维护人民利益。以人为本，保障人民权益，实现人民当家作主是社会主义法治文化建设的价值指向。依法治国是党的领导和人民当家作主的法治基础，一方面是为了让党的领导有法可依，让全体人民的根本利益不受损；另一方面依法治国是党的领导合法性和增强人民认同感获得感的重要抓手。因此，党的领导、人民当家作主和依法治国是统一的有机整体，缺一不可。胡锦涛这一思想的提出，为新时代社会主义法治文化建设提供了重要理论来源和实践经验，更好地推进了中国式法治现代化进程。

第三，提出社会主义法治理念。2005年11月，胡锦涛提出开展社会主义法治理念教育，并作出“开展社会主义法治理念教育是加强政法队伍思想政治

---

① 中共中央文献研究室编《十七大以来重要文献选编》上，中央文献出版社，2009，第12页。

建设的一项重大举措”[①]的重要批示。2006年3月3日，胡锦涛在参加十届全国人大四次会议、全国政协十届四次会议的党员负责同志会议上讲话指出：“社会主义法治必须以社会主义法治理念为指导。坚持社会主义法治理念，就是要坚持依法治国、执法为民、公平正义、服务大局、党的领导。”[②]这五个方面从法治的基本方略、基本立场、基本目标和根本标识等角度阐释了社会主义法治理念的基本内容，为社会主义立法、司法、执法、守法以及法律监督工作提供了思想指导，使得社会主义文化建设更加具象化。

胡锦涛的法治文化思想是在21世纪新的时代背景下创新发展马克思主义法治理论基础上形成的，符合具体国情，适应时代发展要求，形成了系统的具有中国特色的社会主义法治思想，为党的法治文化建设奠定了坚实的理论基础。

（五）习近平的法治文化思想

党的十八大以来，习近平科学研判国内国外形势，在依法治国基本方略基础上提出要全面依法治国，为新时代中国特色社会主义建设提供更系统、更完备、更现代的法治保障，并在理论创造和实践探索中形成了习近平法治文化思想，为新时代社会主义法治文化建设提供了理论指导和思想指引。

第一，强调运用法治思维。2012年12月4日，习近平在首都各界纪念现行《宪法》公布施行30周年大会上的讲话中，第一次提到法治思维，他强调“各级领导干部要提高运用法治思维和法治方式深化改革、推动发展、化解矛盾、维护稳定的能力，努力推动形成办事依法、遇事找法、解决问题用法、化解矛盾靠法的良好法治环境，在法治轨道上推动各项工作”[③]。此后，习近平同志在多个场合提到要运用法治思维处理社会发展中的问题。法治思维的提出标志着在治国理政过程中充分发挥了法治的工具理性，标志着法治建设向国家治理思维方式的构建转变。法治思维的形成是一个渐进的过程。中国古代主要是“德主刑辅”的“道德思维”。新中国成立后，受到国内国外形势的影响，在国家建设中，政治安全摆在突出位置，所以“政治思维”成为这一时期的主要特征。改革开放以后，国家工作重心转移到经济建设上，“政治思维”向“经济思维”转变。进入新时代以后，面临两个大局的形势变化和社会主要矛盾的变

① 中共中央文献研究室编《十六大以来重要文献选编》下，中央文献出版社，2008，第778页。

② 中央全面依法治国委员会办公室编《中国共产党百年法治大事记》（大字版），人民出版社、法律出版社，2022，第210页。

③ 中共中央文献研究室编《习近平关于全面依法治国论述摘编》，中央文献出版社，2015，第109页。

化，国家建设面临的问题更加复杂，已经不能用单一的“经济思维”去处理和解决，而是逐渐向“法治思维”转变。总体来讲，法治思维的提出是法治建设的又一重要里程碑，必将极大地提升国家治理体系和治理能力现代化水平。

第二，提出建设中国特色社会主义法治道路。中国特色社会主义法治道路是习近平首次提出的，同时，习近平强调正是由于中国特色社会主义法治道路的开辟和推进，才有了比较完备的法治体系、法治理念和法治成果。2014年10月23日，习近平在党的十八届四中全会第二次全体会议上的讲话中指出：“全面推进依法治国，必须走对路。如果路走错了，南辕北辙了，那再提什么要求和举措也都没有意义了。全会决定有一条贯穿全篇的红线，这就是坚持和拓展中国特色社会主义法治道路。”①这充分强调了构建中国特色社会主义法治道路的重要性。中国特色社会主义法治道路确定了法治建设的基本方向，创新发展了马克思主义法治理论，将马克思主义法治理论和中国实际相结合，构建起了全局性、系统性、整体性的法治体系，标志着中国向法治强国大踏步迈进。

第三，提出全面推进依法治国。2014年10月20日至23日，党的十八届四中全会在北京召开，本次大会的召开，标志着全面依法治国战略进入一个全新的阶段，法治中国建设进入一个新的历史时期，全面开启了中国特色社会主义法治道路的新征程。这是法治建设的一次顶层设计，体现了法治在国家治理体系和战略布局中的地位，标志着法治建设将贯穿于经济、政治、文化、社会、生态等各方面建设的全过程，也标志着我们国家向现代化法治国家的建设迈出了更为坚实的一步。

第四，正确处理党的领导和法治的关系。习近平指出：“党和法的关系是一个根本问题，处理得好，则法治兴、党兴、国家兴；处理得不好，则法治衰、党衰、国家衰。”②他从国家兴衰的角度分析了党和法的关系，充分强调了处理好党的领导和法治建设关系的重要性。同时，党的十八届四中全会正确分析了党的领导和法治之间的关系，不仅强调了党内法规在全面从严治党中的作用，而且将其纳入法治体系，为全面从严治党提供了法治保障，一定程度上赋予了党内法律法规效力，从两者的相互关系中阐述了党的领导和依法治国有机统一的本质。这就要求正确处理两者关系，首先要在党的建设中注重法治引

① 中共中央文献研究室编《习近平关于全面依法治国论述摘编》，中央文献出版社，2015，第26页。

② 中共中央文献研究室编《习近平关于全面依法治国论述摘编》，中央文献出版社，2015，第33页。

领，加强全面从严治党，“治国必先治党，治党务必从严”。其次要在法治建设中保证党的领导，推进国家治理体系和治理能力现代化、法治化。

第五，提出建设社会主义法治文化。党的十八届四中全会明确指出：“必须弘扬社会主义法治精神，建设社会主义法治文化。”①党的十九大报告中，习近平强调，要“加大全民普法力度，建设社会主义法治文化，树立宪法法律至上、法律面前人人平等的法治理念”②，大力加强法治建设。法治文化的提出标志着法治建设从制度、法律等具体领域向法治观念、思想转换，旨在培根铸魂中实施全面依法治国，这是法治文化自信的体现，使中国法治建设迈向了新的台阶，不仅有利于夯实中国特色社会主义法治道路，而且有利于给世界各国法治建设提供中国方案。

习近平的法治文化思想内涵丰富，在运用法治思维、建设中国特色社会主义法治道路、全面依法治国、正确处理党和法的关系以及建设社会主义法治文化等方面进行了整体性、系统性、全局性的理论论述，丰富和发展了马克思主义法治理论，对建设法治中国具有重要的理论价值。同时，习近平法治思想立足于中国实际，科学研判国内外形势，通过法治思维的构建将中国从法律大国推向法治强国建设的进程，对于“两个一百年”奋斗目标的实现具有重要的现实意义。

总体来讲，梳理党的历代领导核心的法治文化思想，我们不难看出其始终坚持“以人民为中心”的法治理念，对正确处理党和法的关系问题以及法治建设问题不断探索，始终同中国具体实际和时代特征密切结合，与时俱进，不断创新，走过了法治建设的“政治思维”“经济思维”和“法治思维”阶段，逐渐实现了从“人治”到“法制”，从“法制”到“法治”的深刻变革，建构起了中国特色社会主义法治文化体系，为实现中华民族伟大复兴的中国梦提供了法治力量，同时也为世界各国法治建设提供了中国方案。

三、中华优秀传统法律文化

“中国古代有没有法治思想?”这一问题在学界尚无定论。俞荣根在《宪政文化与近代中国》一书的序言中就提到：“近代中国，曾经有人以‘民本’诠

---

① 本书编写组编《党的十八届四中全会〈决定〉学习辅导百问》，党建读物出版社、学习出版社，2014，第19页。

② 习近平：《决胜全面建成小康社会　夺取新时代中国特色社会主义伟大胜利——在中国共产党第十九次全国代表大会上的报告》，人民出版社，2017，第39页。

释西方宪政文化中的‘民主’，这无疑是一种误读。这样的误读还发生在法治、自由、权利等宪政文化的基本价值观上。误读与价值上的偏离，有着必然的联系。近代学人多为幼读儒经、深懂中国传统文化的饱学之士。在他们接引西方文化时，误读和由误读引起的价值偏离往往是在不自觉中发生的。”[①]这里提到的误读和由误读引起的价值偏离，言外之意就是一种文化的先导性，即用中国文化的法治范式套用西方法治思想，强行建立联系，实际上这是不相匹配的。其实，中国古代传统文化中存在大量的法文化和法思想，且这种文化和思想是我们建设新时代社会主义法治文化的文化基因，它是整个中华文化的重要组成部分。正如习近平所说：“我国古代法治蕴含着十分丰富的智慧和资源，中华法系在世界几大法系中独树一帜。”[②]在几千年的历史长河中，中华传统法律文化中形成的法律体系、思维理念、实践形式都已经深深烙在了中华民族的精神血液中。因此，中华优秀传统法律文化是中国共产党进行法治文化建设的重要理论与实践基础。

（一）先秦时期法律思想

《尚书·尧典》记载：“象以典刑，流宥五刑，鞭作官刑，扑作教刑，金作赎刑。眚灾肆赦，怙终贼刑。”可见，在尧舜时期，就已经有刑法的记载。尧舜时期掌管刑狱的士师皋陶被后世奉为中国司法鼻祖，在《左传·昭公十四年》中就有历史记载“昏、墨、贼，杀，皋陶之刑也”。

夏商周时期，《左传·昭公六年》记载“夏有乱政而作禹刑，商有乱政而作汤刑，周有乱政而作九刑”，《周礼·秋官·司刑》记载，东汉郑玄所言“夏刑，大辟二百，膑辟三百，宫辟五百，劓、墨各千”。可以看出，夏商周时期刑法不断完善细化，且有史料记载，这一时期，已经开始注重刑法的处罚程度。商朝刑法偏重，周代以此为鉴，主张“明德慎罚”。在这段时期，还有商王祖甲、商王纣、周穆王对前代法典进行修改的记录[③]。

春秋战国时期，出现了“百家争鸣”的文化繁荣局面，思想家们对法的探讨和思考层出不穷。其中儒家学派在当时和后世最具影响力。儒家学派注重发挥“礼”的治国作用，强调个人道德修养，尤其是“仁爱之心”。孔子作为儒家学派的创始人，强调“礼、德、法”在国家治理中的作用。《论语·为政》

---

① 王人博：《宪政文化与近代中国》，法律出版社，1997，第3-4页。

② 中共中央文献研究室编《习近平关于全面依法治国论述摘编》，中央文献出版社，2015，第32页。

③ 宋镇豪主编《商代史论纲》，高等教育出版社，2010，第179-185页。

记载，“为政以德，譬如北辰，居其所，而众星共（通“拱”）之”。同时，《礼记·曲礼》中有言，“刑不上大夫，礼不下庶人”。这里强调“礼”作为治理国家的工具，主要用来约束贵族，还认为贵族大夫和庶人具有区别，刑法不适用于贵族。孟子继承了孔子“仁”的思想，并主张施行“仁政”。他提出“君为轻，民为贵，社稷次之”的民本思想，同时也指出法具有局限性，《孟子·离娄上》中有言“徒善不足以为政，徒法不能以自行”，就强调了法和仁应当相结合，只有仁不能更好地治理国家，只有法同样不能治理国家。荀子与孔孟不同的是，他在尊崇礼和仁义的同时没有忽视法的作用，他主张“隆礼重法”，《荀子·王制》就提到“以善至者，待之以礼；不善者，待之以刑”。同时，《荀子·王制》中提到“有良法而乱者有之矣，有君子而乱者，自古及今未尝闻也”。这里他提到了法律和人的关系，强调人们遵守法律的重要性。管子学派重视法的作用，《管子·任法》中提出的“夫生法者君也，守法者臣也，法于法者民也。君臣上下贵贱皆从法，此谓为大治”思想，就强调了法律一经制定，君王、大臣、民众都要遵守，这对于新时代社会主义法治文化建设具有重要的参考价值。同时，管子学派还认为法是“天下之至道也”，“万事之仪表”，法可以让“诈伪之人不得欺其主，嫉妒之人不得用其贼心，谗谀之人不得施其巧，千里之外不敢擅为非”（《管子·明法解》）。虽然这里充满了理想主义色彩，但是这种观点为法在社会治理中的作用和效果给出了基本的设想，具有十分重要的理论意义。诸子百家中法家当属最为看重法的流派。韩非是法家理论的集大成者。他认为以法治国是治理国家的重要手段，也就是《韩非子·心度》中所提到的“治民无常，唯法为治”的思想。他还强调法治中人的作用，指出“国无常强，无常弱。奉法者强，则国强；奉法者弱，则国弱”（《韩非子·有度》）。韩非的法治思想虽然产生于春秋战国时期，但是这些思想对当今法治文化建设具有十分重要的理论意义，尤其是“以法治国”和执法者等问题仍然是当今法治建设中的重要部分。名家关于法也有相关阐述。名家著作《尹文子·大道下》中就有记载：“圣人之治，独治者也；圣法之治，则无不治矣！”这里就提到了“人治”和“法治”的区别和优劣，认为只有建立法治才能更好地治理和弥补“人治”的不足。总体来讲，春秋战国时期诸子百家对国家治理中法的重要性都不同程度地进行了论述，这些思想是中华传统法律文化两千多年来的重要源头，对于当今法治文化建设具有十分重要的价值和指导意义。

（二）秦汉时期法律思想

秦朝是我国历史上第一个大一统的封建王朝。秦朝的法律制度起步较早，早在秦简公七年（公元前408年）就已经颁布了“初租禾”的法令，确认了土地私有的合法性。秦献公时期（公元前384年—前362年）颁行“止从死”的法令，开始取消和禁止奴隶殉葬制度。秦孝公时期开启商鞅变法。秦昭襄王时期又进一步发展。秦王嬴政即位后，继承了原有的法律令，并根据社会发展又制定了许多新的法律令。这些为秦国统一六合打下了基础。在秦统一六国后，秦朝已经建立起了以“法令由一统”“事皆决于法”“以刑杀为威”为特点的基本法律体系。汉朝建立后，为减轻人民负担，实行无为而治的政策，出现了“法德并治”的思想。陆贾曾言：“夫法令者，所以诛恶，非所以劝善。”（《新语·无为》）汉武帝时期，董仲舒“罢黜百家，独尊儒术”极大提升了儒家思想的地位，基本确立了“德治为主，刑罚为辅”的思想。东汉时期，社会矛盾尖锐，“法”作为解决社会矛盾的手段重新被人们重视起来。崔寔说：“夫刑罚者，治乱之药石也；德教者，兴平之粱肉也。”这里将刑罚作为治世良药看待，突出了法的重要作用。从两汉时期“德”和“法”的不断转化中可以看出，这一时期人们对德和法已经具有清晰的认知，根据社会需要和时代变化，因时而变，因需而变，这对当今社会主要矛盾发生变化，党情、国情、世情发生重大变化的今天具有十分重要的借鉴意义。

（三）唐宋时期法律思想

唐朝是中国古代封建社会的鼎盛时期，唐朝建立之初，统治者就十分重视法治的作用。《旧唐书·刑法志》记载，唐高祖强调立法“务在宽简，取便于时”，并主张“永垂宪则，贻范后昆”。这里不难看出，唐高祖要求在立法和执行法律过程中要宽松谨慎，同时要注意法的延续性，后世要确保法在国家治理中的重要位置。唐太宗时期发行《贞观律》，进一步删减苛刻条目。《资治通鉴·唐纪十》（卷一百九十四）记载，唐朝统治者已经意识到“朝令夕改”的弊端，强调“法令不可数变，数变则烦，官长不能尽记，又前后差违，吏得以为奸”。唐朝统治者还注重德法兼修，强调礼仪道德是国之根本，《新唐书·刑法志》记载的“古之为国者，议事以制，不为刑辟，惧民之知争端也。后世作为刑书，惟恐不备，俾民之知所避也。其为法虽殊，而用心则一，盖皆欲民之无犯也。然未知夫导之以德、齐之以礼，而可使民迁善远罪而不自知也”，就表明唐朝律法在注重法治的同时也注重礼治和德治。唐高宗时期制定的《永徽律疏》，确立了“德礼为政教之本，刑罚为政教之用”的原则。这一原则对后世法治建设产生了巨大影响，如今在全面推进依法治国战略中，同样继承了这一思想，形成了“依法治国”和“以德治国”相统一的中国特色社会主义法治体系。

宋朝经济文化繁荣，思想较为开放。这一时期出现了以“二程”“朱熹”等为代表的理学先驱，他们通过阐释“天理”进一步发展了儒学。朱熹认为法本质上就是理，德、礼、政、刑都是“天理”的表现形式和重要手段。《朱子大全·答吕子约》里记载：“礼字、法字实理字。”同时，朱熹还主张执法过程应“以严为本，以宽济之”，这种宽严相济的思想对今天的执法过程也有启示作用。“理学”的产生，增加了传统儒学的思辨性，标志着儒家思想进入了一个新阶段。

（四）明末清初法律思想

明末清初，传统封建社会出现了资本主义萌芽，致使传统儒家文化在这一时期出现“异端”。明末年间，传统社会形态僵化，君主专制弊端凸显，农民起义数量多、规模大，面对种种社会现状，以黄宗羲、顾炎武、王夫之为代表的思想家系统剖析社会问题，开始抨击君主专制，倡导民本思想，打开了思想启蒙的新阶段。

明末清初思想家黄宗羲是思想启蒙的第一人，他强烈批判君主专制，强调用“天下之法”代替“一家之法”。《明夷待访录·原君》中提到“然则为天下之大害者，君而已矣”的思想，指出君主是天下动乱的源头，并提出应该限制君权。在《明夷待访录·原法》中，黄宗羲提出，三代（指夏、商、周）以来的法律都是“一家之法”，君主具有绝对的权威和法律的解释权、制定权和行使权。这种君主主导下的“一家之法”法令繁杂，限制有才之人发挥才干，官吏随意操纵法律，君王随意践踏法律。所以黄宗羲主张用“天下之法”代替“一家之法”来维护民众利益，强调“天下为主，君为客”的理念。同时，黄宗羲提出“有治法而后有治人”的观点，强调了法治的重要性，打破了传统儒家人治的观点。黄宗羲的法治思想极大地推动了中国传统法治思想的发展，对当今法治建设具有重要的启示作用，虽然因时代的局限在当时未能发挥全部价值，但对思想启蒙和解放具有重要的现实意义。

明末清初思想家顾炎武主张废除君主专制，实现“以天下之权，寄天下之民”的“众治”。这一思想跟现代社会的民主社会具有高度的契合性。他认为：“人君之于天下，不能以独治也。独治之而刑繁矣，众治之而刑措矣。”这里对“独治”和“众治”进行了分析，表露了“独治”具有刑罚繁杂的弊端和“众治”依靠刑法措施的思想。因此，他主张将权力下放，实行“百官分治”和“地方自治”，实现“以天下之权，寄天下之人”（《日知录》卷九）。此外，他还主张运用舆论的手段加强社会治理，对政府加强舆论监督。这些思想都具有先进性和创新性，在当今社会法治建设过程中也具有一定的适用性。

明末清初思想家王夫之研究领域宽泛，涉及政治、法律、哲学等领域。在法律领域，他认为律法应该“趋时更新”，这种思想是符合客观实际的，也就是要求法律要根据时代特征的变化和具体实际的变化进行更新发展。他认为“天下有定理而无定法”，法律应该保持“一兴一废一繁一简之间，因乎时而不可执也”（《读通鉴论》卷六《光武帝》）。他在《读通鉴论》卷五《汉成帝》中提出“事随势迁，而法必变”的发展观念。在立法方面，他认为法律的制定应该充分考虑公理民意，主张“必循天下之公”（《读通鉴论·叙一》）。在司法方面，他主张德法兼修，法律的实施要符合道，同时又不完全受限于道。他在《读通鉴论》卷十《三国》中主张“任法”“任道”和“任人”相结合，强调“择人而授以法，非立法以课人”。

总体来讲，中华优秀传统法律文化在先秦时期就已经形成了以“刑法”为主的法律体系，法律的发展在先秦诸子百家争鸣中阐述得已经比较系统全面。秦汉以后将法治和德治相结合，追求法统一。后世更多是在这种基础上发展和调整。总体来讲，在明末清初思想家提出的法治思想之前，主要以德治，即人治为主，法治是为了更好地维护封建君主的统治。到了明末清初，启蒙思想家提出反对君主专制的思想，这一系列思想的提出是在时代发展的阶段必然产生的思想，是在传统法治思想范式基础上结合时代特征提出的创新性思想，由于时代局限没有形成广泛影响，但是这一系列思想的提出对整个封建王朝统治具有一定的冲击力。整体看来，中华优秀传统法律文化呈现出“以礼治国、礼法结合”“以民为本、抑强扶弱”“家国同构、注重伦理”“止讼息争、追求和谐”的基本特征，是“人治”“德治”“礼治”“法治”集于一体的法治理论体系，具有中华优秀传统文化的突出特征，是新时代社会主义法治文化建设的文化基因。

第二章
中国共产党法治文化建设的实践基础

清末新政时期，清政府借鉴西方资本主义法制模式开始法律改革，但在礼法之争的影响和封建制度的制约下，程度不深、效果有限。民国时期，北洋政府和国民政府参照西方法制模式，出台了一系列近代法律规范，但以“六法全书”为代表的民国法律严重脱离群众，最终沦为维护大地主大资产阶级利益的统治工具。中国共产党成立以后，把马克思主义法治观和中华优秀传统法律文化相结合，以中国化时代化的马克思主义法治思想指导各个时期的法治文化建设，在百余年的建设实践中取得了一系列宝贵成果和重大成就，积累了正反两方面的经验教训，为新时代新征程发展中国特色社会主义法治文化奠定了坚实基础。

第一节
新民主主义革命时期法治文化建设的探索开展

从1919年五四运动到1949年中华人民共和国成立，是中国共产党领导人民争取民族独立、实现人民解放的新民主主义革命时期，是党带领人民开创、建设和发展新民主主义法治文化的历史时期。以毛泽东为代表的共产党人立足实际国情和革命需要，从大革命时期到解放战争时期，持之以恒地推进新民主主义法治文化建设，在历史的动态探索中形成了属于社会主义法治文化范畴的新民主主义法治文化。

一、新民主主义法治文化建设的萌发

1915年兴起的新文化运动和1919年爆发的五四运动，推动中国历史从旧

民主主义革命转入新民主主义革命时期，为社会文化注入了新民主主义的鲜活内涵，为中国共产党领导革命文化法治建设提供了文化基础。在民主与科学两面大旗的影响下，五四时期的左翼领袖和马克思主义者将科学精神作为法治文化建设的重要原则。他们深刻认识到，人类社会的发展进步以自然法和人为法的契合平衡为前提，属于人为法范畴的法律必须和属于自然法范畴的天理彼此呼应，必须顺应社会发展趋势“改正一切人为法则，使与自然法则有同等之效力，然后宇宙人生，真正契合”[①]。及至中国共产党成立以后，早期的共产党人怀着对共产主义远大理想的坚定信仰和对广大工农群众的真挚同情，把组织工人运动和领导农民斗争作为首要任务，积极推动构建涵盖一切革命阶层的国民革命统一战线，并对革命法治文化建设问题进行了思考和探索。

党以无产阶级先锋队的使命自觉，领导声势浩大的罢工斗争，提出以革命法制保障工人权益。1922年8月，中国劳动组合书记部根据党的二大决议，制定《劳动法大纲》，积极开展劳动立法运动。《劳动法大纲》围绕保障政治自由、改良经济生活、参加劳动管理、实行劳动补习教育等四项原则，提出19条具体纲领：(1）承认劳动者有集会结社权。(2）承认劳动者有同盟罢工权。(3）承认劳动者有缔结团体契约权。(4）承认劳动者有国际联合权。(5）每日昼间劳动时间不得超过八小时，夜工不得超过六小时，每星期应予以连续二十四小时的休息。(6）十八岁以下的男女工人及剧烈劳动之劳动时间，不得过六小时。(7）禁止超过法定工作时间，如有特别事故，须得工会之同意，方可延长之。(8）农业劳动者之工作时间，虽得超过八小时，但对于超过时间之工资，须以八小时制为标准而计算之。(9）以法律保障农民（不掠夺他人的劳动者）之生产品价格，由农民代表提出，以法律规定之。(10）剧烈有害卫生及法定之工作时间外之劳动，不得使十八岁以下之男女工人为之。(11）对于需要体力女子劳动者，产前产后予以八星期之休假，其他女工应予以六星期之休假，休假中工资照给。(12）十六岁以下的男女工人不得雇佣。(13）为保障劳动者最低工资计，国家应制定保障法；制定此项法律时，应许可全国劳动总工会代表出席，公私企业或机关之工资均不得低于最低工资。(14）各种劳动者有由产业工会或职业工会选举代表参加政府之经济机关、企业机关及政府所管理之私人企业或机关之权。(15）国家对于全国公私各企业，应设立劳动检查局。(16）国家对于劳动者，应予以完全参加劳动检查局之权利。(17）一切保

① 陈独秀:《陈独秀文集》第1卷，人民出版社，2013，第197页。

险事业规章之订立，均应使劳动者参加之，俾可保障政府、公共及私人企业或机关中劳动者所受到的损失，其保险费完全由雇主或国家分担之，不得使被保险者担负。（18）各种劳动者，一年劳动期间中应有一个月之休假，半年中应有两星期之休假，其期间有受领工资之权。（19）国家以法律保障男女劳动者享受补习教育的机会①。

《劳动法大纲》有力鼓舞了工人群众的斗志，推动了工人运动的发展。唐山铁路、矿山、纱厂、洋灰厂等厂矿工会，组织成立了唐山劳动立法大同盟，开展大规模示威游行，并通电全国要求落实十九条《劳动法大纲》。郑州铁路工会致电国会表示《劳动法大纲》是工人最低限度的要求，必须全部写入宪法，并通电全国工会一致进行。长沙工人召开劳动立法大会，组织劳动立法大同盟。1924年国民党一大召开以后，国共两党进行党内合作，推动建立革命统一战线。共产党人在广州国民政府的支持下，领导省港工人开展旷日持久的大罢工斗争，在广州成立具备革命政权性质的省港罢工委员会，颁布了《会审处细则》《省港罢工委员会章程》《开放省澳航行条例》《港澳船只回省复业条例》等革命法规，建立工人纠察队，并要求国民政府建立特别法庭审理破坏罢工、效忠列强的反革命分子，这是党领导工人阶级创制革命法律的开端。

与此同时，党总结工人运动的经验教训，深刻认识到工人阶级单枪匹马、孤军奋战无法战胜强大的反动力量，如果不能得到占人口绝大多数的农民的支持，社会革命就无法深入、不能胜利。毛泽东强调："谁是我们的敌人？谁是我们的朋友？这个问题是革命的首要问题。中国过去一切革命斗争成效甚少，其基本原因就是因为不能团结真正的朋友，以攻击真正的敌人。"②声势浩大的辛亥革命、轰轰烈烈的五卅运动都以失败告终，就在于没有满足农民的政治、经济、文化各项利益，未能动员占中国人口绝大多数的农民参加革命斗争。为此，党领导农民群众建立各级农会，制定惩治土豪劣绅的革命规约和禁令条例，充分调动农民阶级参加反帝反封建斗争的热情，这为后来党在根据地开展法治文化建设积累了宝贵经验。1927年4月，湖北省黄安县审判土豪劣绅委员会成立七里坪革命法庭，下设审判厅、合议厅、警备室等三个机构，法庭工作人员全部由共产党人担任。农民自卫队和工人纠察队负责抓捕土豪劣绅，革命法庭负责公开审理。除罪大恶极者的判决要呈报县审判土豪劣绅委员会批准

① 邓中夏:《邓中夏全集》下，人民出版社，2014，第1407-1409页。

② 毛泽东:《毛泽东选集》第1卷，人民出版社，1991，第3页。

外，一般情况的判决都当庭执行。5月，七里坪革命法庭对李介仁、阮纯青等4名土豪劣绅和2名土匪地痞判处死刑，经县审判土豪劣绅委员会批准后，全部执行枪决。到6月底，七里坪革命法庭对43名反动分子作出审理判决，有力地鼓舞了农民群众的革命热情，促进了农民运动的深入发展。

二、新民主主义法治文化建设的探索

1927年，汪精卫和蒋介石集团先后背叛革命，实行血腥的清党屠杀政策，以国共合作为前提的国民大革命失败。在腥风血雨之中，党继续高举民主革命旗帜，积极领导武装斗争，在敌人力量薄弱的农村地带创建红军和革命根据地，建立苏维埃政权，并参照苏联模式创建革命法制，初步形成了新民主主义性质的法律文化和制度体系。

保障革命政权权威。从1927年南昌起义到1935年红军长征陕甘，党在大江南北领导了一系列武装起义，开辟了井冈山、湘鄂西、湘鄂赣、鄂豫皖、赣东北、湘鄂川黔、海陆丰、左右江、琼崖、川陕、陕甘等十多个大小不一的根据地，建立了一系列苏维埃红色政权。为了巩固革命政权，推进土地革命，打击镇压地主和反动分子，党高度重视革命政权的合法化问题，以革命法制建设夯筑苏维埃政权的法治基础与统治权威。不过，1927—1935年还没有形成统一的全国性革命政权机关，各个根据地在地理上彼此隔离，都处在白色政权的包围之中，都从实际需要出发制定革命法规。井冈山根据地颁布的《井冈山土地法》，以废除封建土地所有制为基本原则，宣布没收一切土地归苏维埃政府所有。1931年11月，中央苏区颁布了以《中华苏维埃共和国宪法大纲》为统领的一系列法律制度，明确规定革命政权以工人和农民民主专政为国体、以全国工农兵苏维埃代表大会为政体，实行国营经济、私人经济、合作社经济三者并存的经济制度，并制定了选举法和组织法等维系政权运行的行政法规，出台了保障司法机关正常运转的组织条例和诉讼程序法规，颁布了打击反动分子的刑法制度、改造罪犯的劳动感化章程、保护工人和农民利益的劳动法规、调整家庭婚姻关系的婚姻法规、促进经济社会事业发展的经济法规等，使新民主主义法律体系在中央苏区初步建立起来。

积极维护人民权益。在数千年的专制统治传统之下，处于社会底层的人民群众毫无权利可言。鸦片战争以后，帝国主义、封建主义和官僚资本主义构成压在人民头上的“三座大山”，广大工农群众在高压统治和残酷剥削下苦不堪言。党针对根据地农民阶层占人口多数的实际情况，积极满足农民的经济和政治诉求，保障工农群众的选举权和被选举权，以权利和义务相统一的法治方式改造国民性，肃清底层民众的奴性思想，推动他们参加革命斗争。井冈山根据地颁布《兴国土地法》，对《井冈山土地法》的一些法条进行修订，把没收一切土地改为没收一切公共土地和地主阶级的土地，并允许土地买卖，这就充分回应了农民的土地诉求。中央苏区不但在《宪法大纲》中规定全体公民在法律面前一律平等，公平享有政治、经济、教育等基本权利，还制定《苏维埃暂行选举法》，明确规定人民群众的主体地位和应得权利，强调“选举权和被选举权是工农群众一种管理政权和监督政权的绝大权利”①。实行选举是一种动员群众参与的有效手段，能够将一切可能的力量凝聚到党的领导之下，为粉碎敌人的“围剿”和推进中国革命事业而奋战。保障选举权和被选举权则是为了营造苏维埃政权治理的法治环境，让广大参加选举的苏区民众全都了解自己的权利和义务，认同并接受苏区的革命法治管理模式，为党奠定治国理政的合法性执政基础。土地革命战争时期，党在苏区领导开展的法治文化建设服务于革命斗争需要，体现了鲜明的人民宗旨意识和人民主体地位，这为后来党领导人民建设社会主义法治提供了重要借鉴。

注重社会法治管理。从1927年八七会议召开到1931年中华苏维埃共和国成立，党领导人民在大革命失败后白色恐怖的笼罩重压下艰难抗争，逐步探索开创了农村包围城市、武装夺取政权的革命新道路，在大江南北建立了大小十多块革命根据地，并在反“围剿”的过程中形成了横跨赣南闽西的中央苏区、联通陇东陕北的陕甘苏区等面积较大、人口较多的革命根据地。为了维护革命政权的正常运行，加强对工农群众的组织引导和对社会事务的有效管理，党在苏区积极开展革命法制建设。中央苏区制定了宪法大纲、选举法、组织法、行政法规、惩治反革命条例、司法机关组织条例和诉讼程序法规、劳动感化院章程，以及土地法、劳动法、婚姻法、经济法规、刑事法规等法律制度，镇压土豪劣绅和反革命分子，打击封建主义和帝国主义的势力，以法律制度的强制性力量摧毁反革命势力的经济土壤和政治基础，使广大工农群众改变被压迫和奴役的地位，成为苏区新民主主义社会的主人。苏区的法治文化建设逐步从形式深入内容，不但塑造了法律制度权威，而且培养了人们的法治行为，维护了苏区经济社会和红色政权的正常运行。需要注意的是，这一时期苏区的法律制度

① 韩延龙、常兆儒编《中国新民主主义革命时期根据地法制文献选编》第1卷，中国社会科学出版社，1981，第190页。

和文化建设存在形式大于内容的缺陷，一些法律制度直接照搬苏联法律，不少法律制度受到"左"倾思想影响，脱离中国国情和革命实际。这种情况说明党和革命群众渴望建立革命法制，但缺乏充分的法治建设和社会治理经验，不自觉地受到人治传统和教条主义的影响，导致苏区法律制度和法治文化带有一定的革命激进主义色彩。

三、新民主主义法治文化建设的深化

1937年卢沟桥事变爆发以后，中华民族处在生死存亡的严峻关头。在全国人民团结御侮的一致要求下，形成了以国共两党第二次合作为基础的抗日民族统一战线。中华苏维埃中央临时政府西北办事处改组为陕甘宁边区政府，北方的正规红军和南方的红军游击队都改编为国民革命军，延安成为指导全国人民抗日救亡、引领革命群众不懈奋斗的红色灯塔。这一时期，党领导抗日军民在大江南北创建了十多块抗日根据地，并在总结土地革命战争时期苏区法治建设经验教训的基础上，结合各抗日根据地的建设要求、施政方针、立法任务开展卓有成效的法治文化建设。

早在1935年12月瓦窑堡会议通过的《关于目前政治形势与党的任务决议》中，党中央就根据社会主要矛盾的变化和抗日斗争的需要，提出联合一切进步力量建立抗日民族统一战线的方针，并将土地革命战争时期使用的"工农民主共和国"改为团结一切抗日力量和阶级的"人民共和国"，加强陕甘根据地民主政治建设，突出对汉奸和反动派的专政色彩。1937年8月洛川会议上，党中央公布《抗日救国十大纲领》，把党的全面抗日主张和人民战争路线公之于众，提出召集国民大会，制定民主宪法和抗日救国方针，选举成立国防政府，从而"执行抗日救国的革命政策。实行地方自治，铲除贪官污吏，建立廉洁政府"①。党领导的各抗日根据地根据洛川会议精神分别公布施政纲领，积极营建以"团结、抗日、救亡"为基本精神的法治文化。

在政权结构方面，各抗日根据地按照"三三制"原则组织政权。"三三制"原则是党将马克思主义国家政权建设理论与全民族抗战新形势有机结合的重大成果，在《陕甘宁边区施政纲领》中得到生动体现。1941年5月，边区中央局提出《陕甘宁边区施政纲领》，于同年11月由陕甘宁边区第二届参议会正式通过。《陕甘宁边区施政纲领》具有边区根本大法的地位，规定共产党员要"与

① 毛泽东：《毛泽东选集》第2卷，人民出版社，1991，第355页。

各党各派及一切群众团体进行选举联盟，并在候选名单中确定共产党员只占三分之一，以便各党各派及无党无派人士均能参加边区民意机关之活动与边区行政之管理”，抗日政权要“保证一切抗日人民（地主、资本家、农民、工人等）的人权、政权、财权及言论、出版、集会、结社、信仰、居住、迁徙之自由权”，改革司法制度，建设廉洁政府[①]。“三三制”原则是充分尊重党外进步人士、发扬民主作风的重大举措，在陕甘宁边区和其他抗日根据地得到贯彻落实，有效团结了根据地一切抗日阶层和力量，壮大了抗日政权的群众基础，调动了抗日军民的积极性，形成了民主自由的法治文化氛围。

在立法建设方面，各抗日根据地出台了一系列保障人民权利、支持抗日救亡的法规条例。以陕甘宁边区为例，出台的《陕甘宁边区参议会组织条例》《陕甘宁边区政府组织条例》《陕甘宁边区选举条例》等政权组织法规保障了边区群众的政治参与路径和社会事务管理权利，出台的《陕甘宁边区土地所有证条例》《陕甘宁边区土地条例》等土地法令保障了减租减息政策的实行，出台的《陕甘宁边区婚姻条例》《陕甘宁边区惩治贪污暂行条例》《陕甘宁边区民法草案》《陕甘宁边区劳动保护条例（草案）》等刑民立法保障了工农群众在生产生活中的基本权利。这一时期，各抗日根据地的法治建设摆脱了过去经验主义、教条主义等主观主义的影响，普遍重视保障人权，积极完善司法机构，形成了以“马锡五审判方式”为代表的人民调解制度，出现了坚持法律面前人人平等、坚决反对司法特权的黄克功逼婚杀人案、肖玉璧监守自盗案等典型案件，初步营造了毛泽东思想指导下的科学的、民主的、大众的法治文化。同土地革命战争时期中央苏区的法治文化建设相比，陕甘宁边区的法治文化建设出现了许多新的创造和质的飞跃。

四、新民主主义法治文化建设的推进

抗日战争胜利以后，封建主义和人民大众的矛盾成为社会主要矛盾，中国命运面临着走半殖民地半封建社会老路和新民主主义革命新路的较量与抉择。代表大地主大资产阶级利益的国民党反动派得到美帝国主义支持，积极准备发动内战，妄图以武力消灭共产党及其领导的革命力量。代表最广大人民群众利益的共产党坚持建立新中国的革命目标，领导人民在新的形势下农村包围城

① 中共中央文献研究室、中央档案馆编《建党以来重要文献选编（1921—1949）》第18册，中央文献出版社，2011，第242页。

市、武装夺取政权，中国革命由此进入解放战争时期。这一时期，随着解放战争的胜利进展，党领导的新民主主义法治文化建设从局部向全国发展，为新中国法治文化建设奠定了良好基础。

抗战胜利之初，党基于反对国民党一党专政、建立民主联合政府的战略考量，一面在各根据地保持抗战时期的政权组织方式，一面根据国内形势变化而公布新的施政纲领。1946年4月，在同国民政府达成停战协定以后，陕甘宁边区第三届参议会第一次大会通过《陕甘宁边区宪法原则》。该文献包括政权组织、人民权利、司法、经济、文化等5个部分共计26条，规定实行减租减息、免费教育、民族平等、男女平等政策，肯定人民的武装自卫权利，宣布“耕者有其田”，提高一般民众的文化水准[①]。《陕甘宁边区宪法原则》以党的新民主主义革命纲领为准绳，确立了陕甘宁边区乃至各解放区社会治理的法律准则。陕甘宁边区第三届参议会组建专门班子，根据《陕甘宁边区宪法原则》制定《陕甘宁边区自治宪法草案》，向各方面广泛征求意见并进行了5次修订，但因全面内战爆发而被迫中断自治宪法的制定工作。

1946年6月全面内战爆发，随着战场形势的变化和解放区域的扩大，各解放区陆续出台了一系列体现宪政、分权、人民主权、法律至上等现代法治原则的纲领和条例。在政权组织方面，1948年8月华北临时人民代表大会通过了具有宪法性质的《华北人民政府施政方针》，明确了华北人民政府的基本任务和各项政策，规定健全人民代表大会制度，保障人民民主权利，发放土地证以确认农民土地权，创建农民生产合作互助组织，实行公私兼顾、劳资两利的方针，建立正规教育制度和文化统一战线，这为后来中国人民政治协商会议制定《中国人民政治协商会议共同纲领》提供了良好借鉴。在土地立法方面，1947年10月中国共产党中央工作委员会通过《中国土地法大纲》，规定彻底废除封建性和半封建性的土地制度，实行“耕者有其田”的土地制度，保护民族工商业，建立人民法庭，这对解放区土地改革的深入开展和解放战争的最终胜利起到了重要保障作用。在劳动立法方面，1948年8月第六次全国劳动大会通过了《关于中国职工运动当前任务的决议》，提出了国统区工人运动的任务和解放区工会工作的要求，明确了劳动立法的一般性原则，建立了一批法庭、法院、监狱，制定了一些新的诉讼法规，规定案件审理实行三级三审制度。

随着解放战争的进行，各解放区为镇压反革命分子、反动组织、战争罪

① 梁星亮:《延安时期中国共产党局部执政史》,人民出版社,2024,第485-486页。

犯、土豪劣绅、土匪恶霸、特务组织，出台了许多刑事法规以及一系列没收官僚资本、保护民族工商业的民事法律。不过，一些领导干部和司法干部对国民党“六法全书”的认识存在偏差，甚至提出在解放区适用“六法全书”体系的问题。为了迎接新中国的成立，必须彻底废除以“六法全书”为代表的国民党旧法制，创建充分保障人民权利的革命法制。于是，1949年2月，党中央发布《关于废除国民党的六法全书与确定解放区的司法原则的指示》，指出国民党“六法全书”的阶级本质和党员干部对“六法全书”的错误认识，强调国民党的一切法律都是保护大地主大资产阶级利益的工具和镇压束缚人民群众的武器，新政权的司法工作不能以“六法全书”为依据，而要建立属于人民的新的法律制度，在新的法律体系还不完备的情况下，则以党的政策和各种纲领、命令、决议、条例为司法机关的办事依据①。这一指示的发布标志着国民党“六法全书”体系的彻底瓦解，宣告了新民主主义法治建设的基本完成，为新中国法治文化建设提供了坚实基础。

新中国成立之前，党在根据地积极开展新民主主义法制建设，领导根据地群众制定宪法大纲、法律文件、法规条例，形成了贯彻群众路线的“马锡五审判方式”等司法制度和司法理念，充分体现了对人权、自由、平等等现代法治价值的肯定和追求，初步理顺了党和政府的关系，为新中国成立后党依法执政、依法用权奠定了思想基础，为新中国的法治文化建设提供了良好的经验借鉴。

第二节
社会主义建设时期法治文化建设的曲折发展

从1949年10月新中国成立到1978年12月党的十一届三中全会召开，是党领导人民完成社会主义过渡和进行社会主义建设的历史时期，也是新中国法治文化建设的曲折发展时期。这一时期，以毛泽东为代表的共产党人依托全国范围内执政党的有利地位，积极推动马克思主义法学理论和中国社会主义法治建设实际进行第二次结合，使新中国法治文化建设取得了不少探索成果。这一时期，新中国法治文化建设遇到不少坎坷波折。

①《法理学》编写组编《法理学》第2版，人民出版社，2020，第220页。

一、社会主义法治文化建设的奠基

从1949年新中国成立到1954年《中华人民共和国宪法》颁布，是中国大地破旧立新、万象焕新的准备阶段，也是党领导人民摧毁专制旧法统、创建人民民主新法制的历史时期。这一时期，新中国面临着来自国内外的多重挑战，党和国家的核心任务是巩固新生的国家政权、恢复满目疮痍的社会经济，彻底肃清敌特分子和各种反动势力，这就注定了这一时期的法治文化建设必然要围绕这一任务开展，以巩固和捍卫人民当家作主的新中国为主线。

肯定和保障人民当家作主的主人翁地位。早在1948年4月，党中央便已发出召开政治协商会议的“五一口号”，提出“各民主党派、各人民团体及社会贤达，迅速召开新的政治协商会议，讨论并实现召集人民代表大会，成立民主联合政府”[①]。1949年9月，中国人民政治协商会议在北京隆重开幕，通过《中国人民政治协商会议组织法》《中华人民共和国中央人民政府组织法》《中国人民政治协商会议共同纲领》（以下简称《共同纲领》）等三个具有临时宪法性质的法律文件，这是党领导人民建设新中国法治文化的开端。其中，具有临时宪法功能的《共同纲领》是新中国的建国纲领，包括序言和总纲、政权机关、军事制度、经济政策、文化教育政策、民族政策、外交政策等七章内容，规定了新中国实行人民民主专政的国体和人民代表大会制度的政体，实行包括国营经济、合作社经济、农民和手工业者的个体经济、私人资本主义经济和国家资本主义经济等多种经济成分的基本经济制度，实行民族的、科学的、大众的文化教育政策，实行各民族一律平等、支持少数民族在聚居地区自治管理的民族政策，实行在平等互利和尊重领土主权基础上同世界各国建立外交关系、恢复并发展通商贸易关系的外交政策[②]。

巩固新生的国家政权并推进民主改革。新中国成立之初，新解放区的土地改革尚未完成，大批敌特分子还在各地潜伏，一些带有封建烙印的社会风俗亟待革除。在这种形势下，新中国坚持破立并举，在摧毁旧法统的同时建立新法制，主要围绕推进土地改革、镇压反革命分子、开展“三反”“五反”运动、加强干部队伍建设等进行了一系列立法工作，“在这段时间内制定了选举法、工会法、土地改革法、婚姻法、惩治反革命条例、惩治贪污条例等一系列重要

① 中共中央文献研究室编《中华人民共和国开国文选》，中央文献出版社，1999，第372页。

② 中共中央文献研究室、中央档案馆编《建党以来重要文献选编》第26册，中央文献出版社，2011，第758-769页。

的法律条令”[①]。1950年4月公布《中华人民共和国婚姻法》，废除包办婚姻、强迫嫁娶、男尊女卑、蔑视女性等传承千年的封建婚姻家庭制度，宣布实行社会主义新型婚姻制度，规定男女平等、婚姻自由、一夫一妻、保护妇女和子女的合法权益，这标志着中国人民开启了家庭生活新的篇章。1950年6月颁布《中华人民共和国土地改革法》，以废除保护地主阶级利益的封建土地所有制、实行“耕者有其田”的农民土地所有制为根本原则，宣布没收地主土地，保护富农和中农的土地，并将没收和征收的土地公平合理地分给无地和少地的农民[②]。1950年7月颁布《农民协会组织通则》，规定凡派往农村从事农民运动的工作人员均需加入农民协会，确保土地改革在法治轨道上推进。到1952年底，除新疆和西藏以外的大陆其他省区都完成了土地改革任务，土地制度的深刻变革为中国式现代化的推进奠定了坚实基础。1951年2月颁布《中华人民共和国惩治反革命条例》，为审判反革命分子提供了量刑标准，对于打击反革命残余势力、巩固国家政权发挥了重要作用。1952年5月公布《中华人民共和国惩治贪污条例》，以法治手段打击不法资本家的违法经营活动，保持党和国家干部队伍的纯洁。

建立健全人民司法机关。新中国建立了作为全国最高审判机关的最高人民法院，并在东北、西北、华东、中南、西南、华北等六大行政区域设立分院，在各地建立各级地方法院，配备相应的司法人员，按照法律规定开展审判工作，有效维护人民权益和国家利益，保障社会改革的顺利推进和社会秩序的稳定规范。同时，建立作为全国最高检察机关的最高人民检察署，并在六大行政区域设立检察分署，在各地建立各级地方检察机构，配备相应的检察干部，在镇压反革命、开展“三反”“五反 ”运动、实施检查等工作中发挥了重要作用。与此同时，作为司法行政机关的中央人民政府司法部和各级地方司法机构陆续建立起来，公证、律师、狱政等司法行政事务得到有效开展。

二、社会主义法治文化建设的起步

从1954年《中华人民共和国宪法》（以下简称“五四宪法”）公布到1957年反右派斗争扩大化以前，是党领导人民独立自主探索中国社会主义建设道路

---

① 中央全面依法治国委员会办公室编《中国共产党百年法治大事记》(大字版)，法律出版社，2022，第63页。

② 中共中央文献研究室编《建国以来重要文献选编》第1册，中央文献出版社，2011，第292-299页。

的时期，也是社会主义法治文化建设的起步阶段。这一时期，党领导人民掀起社会主义工业化建设的热潮，开展了轰轰烈烈的农业、手工业、资本主义工商业等三大改造，并围绕“一化三改”这一中心任务制定了一系列法律法规，营造了生动活泼、积极向上的社会主义法治文化氛围。

制定与公布五四宪法。经过新中国成立初期三年多的经济恢复和政权建设，除部分地区外，新解放区的土地改革已经基本完成。饱受战火摧残的国民经济得到全面恢复，“一五”计划和社会主义改造如火如荼地推进，国内各方面形势呈现欣欣向荣的态势。在这样的背景下，1954年9月第一届全国人民代表大会在北京召开，通过了《中华人民共和国宪法》。五四宪法明确规定中国实行社会主义制度，建立了人民民主专政的国体和人民代表大会制度的政体，构建了中国共产党领导的多党合作、政治协商的政党制度，宣布实行民族区域自治的民族政策，确立了国家所有制（全民所有制）、合作社所有制（集体所有制）、个体劳动者所有制、资本家所有制共同组成的生产资料所有制形式，形成了国营经济在国民经济中居于领导地位、实行计划经济的资源配置方式，规范了公民的基本权利和义务，并对国家机构的产生、职权、相互关系以及国旗、国歌、首都作出具体规定。五四宪法是新中国法治建设历史上具有划时代意义的重大事件，总结了党领导人民开展革命斗争与推进新中国政治、经济、文化建设的历史经验，反映了人民群众的根本利益和共同愿望，体现了人民当家作主的社会主义制度原则。第一届全国人民代表大会还通过了《中华人民共和国全国人民代表大会组织法》《中华人民共和国国务院组织法》《中华人民共和国人民法院组织法》《中华人民共和国人民检察院组织法》《中华人民共和国地方各级人民代表大会和地方各级人民政府组织法》，为各级人民代表大会及其常委会、国务院、人民法院、人民检察院、人民政府的组成和运行提供了法律依据。五四宪法的颁布和这些组织法的通过，标志着人民代表大会制度正式确立起来。从1949年9月《中国人民政治协商会议共同纲领》通过到1954年9月五四宪法的颁布，标志着社会主义法律体系在中国初步建立[①]。

出台一批推进和保障社会主义改造的法律法规。在改造资本主义工商业和个体手工业方面，1954年9月出台《公私合营工业企业暂行条例》，规定按照国家需要、企业改造的可能，资本家接受国家和平改造，通过公私合营的形

① 张晋藩:《新中国法制建设回眸与前瞻》,《国家行政学院学报》2000年第1期,第60-64页。

式，将资本主义企业逐步转变为社会主义公有制企业。1956年2月发布《国务院关于目前私营工商业和手工业的社会主义改造中若干事项的决定》，提出了克服改造时期混乱状况的具体办法，规定要保持参加合作社的个体手工业者原有的供销关系，不要过早过急地组织他们集中生产和统一经营，对适合个体经营的行业仍应维持原有的单独经营方式。1956年7月发布《关于对私营工商业、手工业、私营运输业的社会主义改造中若干问题的指示》，全国公私合营企业的定息户"统一规定为年息五厘"，但"个别需要提高息率的企业，可以超过五厘"[①]。在改造个体农业方面，1956年6月颁布《高级农业生产合作社示范章程》，对农业生产合作社的社员、土地和其他主要生产资料、资金、生产经营、劳动组织和劳动报酬、财务管理和收入分配、政治工作、文化福利事业、管理机构等作出明确规定，要求"农业生产合作社按照社会主义原则，把社员私有的主要生产资料转为合作社集体所有，组织集体劳动，实行'各尽所能，按劳分配'"。1956年9月发布《中共中央、国务院关于加强农业生产合作社的生产领导和组织建设的指示》，围绕全国农业生产合作社实现高级合作化的奋斗目标，作出全面发展生产、保持独立经营、实行技术改革、加强劳动管理、做好分配工作、执行互利政策、加强组织建设、改善购销工作等任务安排。

继续建立健全司法机关。《中华人民共和国人民法院组织法》明确了审判工作的原则和制度，将审判机关从行政机关中分离出来，规定各级人民法院是同级人民政府领导的下属部门，最高人民法院和地方各级人民法院分别由全国人民代表大会和地方各级人民代表大会产生，并设置军事、铁路运输、水上运输等专门法院，司法审判实行四级两审制。《中华人民共和国人民检察院组织法》完善了检察职权和程序，将检察机关从行政机关中独立出来，规定各级人民检察院由同级人民代表大会产生，对其负责和报告工作，下级检察机关要接受上级检察机关的领导，各级检察机关都在最高人民检察院的统一领导下开展工作。《中华人民共和国人民法院组织法》保证了人民法院独立行使审判权，《中华人民共和国人民检察院组织法》保证了人民检察院统一行使检察权和监督权，这是新中国司法制度建设的重要发展。随着司法行政机关的建立健全，司法行政工作依法开展，律师制度正式建立，公证制度初具规模，人民调解工

① 李青等编《中国资本主义工商业的社会主义改造》中央卷，中共党史出版社，1993，第1152页。

作在新形势下得到进一步发展。

三、社会主义法治文化建设的曲折

从1957年6月反右派斗争发动到1966年5月“文化大革命”发生之前，是党领导人民进行社会主义建设的曲折发展时期，也是社会主义法治文化建设逐渐偏离正确轨道的历史时期。这一时期，国内外政治形势极其复杂，党的高层领导对法治文化建设，既有坚持和肯定的一面，也有否定和削弱的一面，反右派斗争开始后，“左”倾思想日渐显现，法律虚无主义也曾有所抬头。1959年，司法部被撤销，律师机构和公证制度都不复存在，人民调解工作也出现偏差。不过，这一阶段“左”倾思想并未长期支配全局，社会主义法治文化建设虽然步履维艰，但还是取得了一定成就。

立法工作虽有一定成果，但进展略显迟缓。全国人民代表大会开展工作、行使职权，职能尚有不足，法律制定过程曲折，对最高人民法院和最高人民检察院的监督职能未能充分落实。1957年《中华人民共和国刑法》完成第22稿，经全国人大审定准备公布试行，因反右派斗争未能公布；1956年12月起草完成的《中华人民共和国民法典》，也因反右派斗争扩大化而中断。反右派斗争发动后，受革命年代主要依靠政策办事的惯性思维和“左”倾错误影响，法律不如政策灵活，效用有限，可以被政策取代，重政策轻法律的思想渐趋升温，一系列政治运动给社会经济政治生活带来不小冲击和干扰。1961年1月，党的八届九中全会提出恢复调查研究、实事求是的作风，毛泽东将1961年定为“实事求是年、调查研究年”。其后，党中央开始调整相关政策，提出加快制定刑法和民法。遗憾的是，刑法和民法的制定工作又受到“四清”运动的干扰，两部法律草案一直没有公布。这一时期的立法工作在曲折中艰难推进，从1957年6月到1966年3月共制定675件法律法规①。全国人大通过《1958年到1967年全国农业发展纲要》，全国人大常委会通过《国家建设征用土地办法》《农业税条例》《人民警察条例》《户口登记条例》等条例办法，国务院及各部委制定了一些行政法规和决议，这些法律规定对继续推进社会主义建设事业起到了保障作用。

审判工作虽有一些进展，但受到严重干扰。各级人民法院依法审理刑事、民事案件，为推进国家各项事业保驾护航。1957年到1960年，人民法院根据

① 杨一凡等编《中华人民共和国法制史》，社会科学文献出版社，2010，第15页。

国内外政治形势的演变和审判工作面临的新情况，执行“少捕、少杀、少管制”的政策，及时惩处反革命分子和普通犯罪分子，审理的刑事案数量和作出的死刑判决持续下降，并能合情合法合理地处理财产权益纠纷和婚姻家庭案件，维护了社会秩序的稳定和人民生活的安定。不过，人民法院的审判工作也因“左”倾错误影响出现了一些偏差和失误，依法独立行使职权被批为无视党的领导，严守法律规定被批为以法抗党，依法办理案件被批为法律万能。公安、检察、法院分工负责、协同配合、相互制约的运行机制遭到破坏，创造出公检法三机关“三马齐出动、拧成一股绳、下去一把抓、回来再分家”的运动型工作方式[①]。一些地方甚至将公检法合并为“政法部”，没有合并的地方则实行公检法合署办公。在这种情形下，属于不同司法机关的侦查、起诉、审判等职能严重混淆，各司法机关的分工制约不复存在，这就导致错案在所难免。1961年以后，随着中央开始纠正一些“左”倾错误，人民法院开始恢复处理民事纠纷，并对一些冤假错案予以平反，对死刑判决也规定了严格的复核制度。

检察工作虽有一些成绩，但总体上遭到破坏。党的八大作出加强民主和法制建设的决定后，人民检察院的工作职能得到重视和加强。随着反右派斗争中“左”倾错误的滋长，检察机关的监督职能被批为将专政矛头对准人民内部，检察机关的垂直领导被批为反对党的领导，一些检察干部被错误地划为“右派”分子，人民检察院的工作受到阻碍和削弱。“大跃进”运动后，各地实行公检法联合办案，检察机关的监督职能无从发挥，事实上名存实亡。不过，检察机关在恶劣的政治环境里，在打击现行反革命分子、纠正干部违法乱纪行为等方面还是取得了一些进展。

四、社会主义法治文化建设的停滞

1966年5月至1976年10月，中国法治建设经历了一段曲折进程。这一时期，全国范围内逐步建立起军、干、群“三结合”的革命委员会，实行党政合一的领导体制，承担行政、司法、党务等方面的工作。这一组织形式的设立，源于毛泽东关于在需要夺权的地方和单位，应推行“三结合”方针、组建临时权力机构的指示，该机构被命名为革命委员会。

在此过程中，民主与法制领域出现一些变动。公安、检察、法院等机关的正常工作受到影响，各级政法机关的运转面临困难，法律相关工作的开展受到

① 公丕祥主编《当代中国的法律革命》，法律出版社，1999，第216页。

制约，新中国成立初期奠定的法治基础有所变化，社会主义法治文化建设的推进面临挑战。公安工作受到当时政治环境的影响，部分公安机关遭到冲击，警察学校停办，《治安管理处罚条例》暂停施行，公安业务一度进展缓慢。1971年2月，周恩来在第十五次全国公安工作会议上传达了毛泽东的指示，肯定“文革”前17年毛泽东革命路线在公安工作中的主导作用，推动公安机关的建设工作。随着部分人员回到公安岗位，公安工作逐步有所恢复，但仍受到一些因素的影响。“九一三”事件后，周恩来主持中央日常工作期间，解除了对公安机关的军管，一些公安领导干部重新投入工作。公安部着手恢复队伍、开展业务，在维护社会秩序等方面采取了措施，配合铁道部整顿铁路治安取得一定成效。

司法机关的工作也经历了调整。中央对公安、检察、法院系统实行军管，法院曾作为公安机关军管会下设的审判组开展工作，审判权由军管会行使。依据当时中央发布的《关于在无产阶级文化大革命中加强公安工作的若干规定》(公安六条)，刑事案件审理程序和民事纠纷处理方式发生变化。各级检察机关的工作受到影响，检察制度未能正常运行，随后七五宪法未设置检察机构，检察工作相应调整。人民调解、公证、劳教、劳改等工作也出现变动，法学教育领域，多数政法院校暂停招生，影响了法学人才的培养。

1965年2月至1975年1月，全国人大未召开会议。1975年1月，第四届全国人民代表大会召开并通过了七五宪法。该宪法共30条，在国体、政体表述，国家机关设置（如规定“革命委员会”为地方国家机关，未设国家主席、检察机构等），公民权利内容等方面，与五四宪法存在差异，其中包含当时的一些政治表述。受特殊历史环境影响，未能充分彰显民主与法治精神。

第三节
改革开放和社会主义现代化建设新时期法治文化建设的全面推进

1976年10月粉碎“四人帮”以后，党和政府对社会主义法治文化建设进行了一定程度的恢复，制定了1978年宪法，但并未彻底清理“左”倾思想影响，民主法治建设进展缓慢。从1978年党的十一届三中全会召开到2012年党的十八大之前，是党领导人民进行改革开放和社会主义现代化建设的历史时期，也是党领导人民对社会主义法治文化建设进行新的探索和全面推进的历史阶段。这一时期，社会主义法治文化建设在历经曲折之后逐步转入正轨，推动传统人治型法律秩序转变为现代法治型法律秩序，形成了一条中国特色社会主义法治文化建设路径。

一、社会主义法治文化建设的恢复

从1978年12月党的十一届三中全会到1982年9月党的十二大，是拨乱反正、恢复整顿的历史阶段，也是社会主义法治文化建设的恢复时期。党深刻反思“文化大革命”的错误和教训，领导人民对社会主义法治文化建设进行恢复、探索和重塑。1978年11月至12月相继召开的中央工作会议和党的十一届三中全会，对社会主义民主和法制建设问题进行了认真探讨，强调“为了保障人民民主，必须加强社会主义法制，使民主制度化、法律化，使这种制度和法律具有稳定性、连续性和权威性，做到有法可依，有法必依，执法必严，违法必究”[①]。党的十一届三中全会要求加强立法工作，保证司法机关独立行使职权，坚持法律面前人人平等原则，决不允许任何人拥有超越法律的特权。由此，法治恢复到治国理政的应有地位，社会主义法治文化建设揭开了新的一页。

迅速恢复立法工作。党的十一届三中全会召开以后，立法工作取得巨大成就，宪法、立法法、地方组织法等不断完善，立法体制更加科学规范。其一，建立健全立法工作机构。第五届全国人民代表大会常务委员会决定成立法制委员会，协助第五届全国人大常委会研究、起草、修改法律法规。国务院办公厅成立法制局，各部委也成立专门机构负责行政法规和部委规章的起草、修改、审议事宜，从而为推进立法工作提供了重要保障。其二，改革完善国家立法体制。全国人大常委会的立法权得到扩大，国务院有权制定行政法规，省级人大及其常委会可以制定地方性法规，民族自治地方可以制定自治条例和单行条例，从而充分调动了各个层面特别是地方立法的积极性。其三，全面整理原有法律法规。对于改革开放以前已经制定的1500多件法律法规，将同现行法律相抵触的部分予以废止，重申其余部分的法律效力，并对婚姻法等原有法律法规进行补充修订，从而解决了立法任务繁重的问题。其四，加强新时期立法工作。1979年掀起大规模立法浪潮，决定修改宪法，制定了《中华人民共和国地方各级人民代表大会和地方各级人民政府组织法》《中华人民共和国全国人民

① 中央文献研究室编《三中全会以来重要文献选编》上，中央文献出版社，2011，第9页。

代表大会和地方各级人民代表大会选举法》《中华人民共和国人民法院组织法》《中华人民共和国人民检察院组织法》《中华人民共和国刑法》《中华人民共和国刑事诉讼法》《中华人民共和国民事诉讼法》等7部法律。1980年通过《中华人民共和国国籍法》《中华人民共和国中外合资经营企业所得税法》《中华人民共和国个人所得税法》，1982年通过《中华人民共和国民事诉讼法（试行）》。

完善重建司法机关。“文化大革命”期间，司法机关遭到严重破坏，人民法院名存实亡，检察机关被取缔，司法行政工作无从开展。党的十一届三中全会以后，中央要求迅速恢复司法机构和司法队伍。人民法院根据1954年颁布的《中华人民共和国人民法院组织法》逐渐恢复组织机构和审判工作，复查、纠正、审理“文革”期间的冤假错案，依法惩处反革命和刑事犯罪分子、处理民事纠纷案件，并根据推进社会主义现代化建设的需要设立经济审判庭开展经济审判工作，保护国家、集体、个人的合法权益。人民检察院根据七八宪法的规定进行重建，按照法定职责开展工作，处理公民的申诉和控告事宜，推进“文革”期间冤假错案的平反和纠正工作，积极保护公民的人身权利和民主权利，取缔“文革”期间设立的违法学习班，办理侵犯公民权利的犯罪案件，查办贪污受贿行贿的经济案件，有效行使法律监督职能，开辟了检察工作新局面。司法行政机关逐步恢复，律师制度、公证制度、人民调解工作以及法学教育、法学研究、法律宣传工作都得到恢复和发展。

审判林彪、江青两个反革命集团。“文革”时期，林彪、江青两个反革命集团兴风作浪、罪行累累。1976年粉碎“四人帮”以后，中央专门成立审查领导小组，着手审查林彪、江青两个集团的反党反人民罪行。审查结果表明，林彪、江青两个集团的问题已经不是党内错误，而是触犯刑律的犯罪，遂交司法机关按照法定程序处理。1980年4月，公安部从全国抽调精干力量组成若干个预审小组，按照“只审罪行，不审错误”的原则对“江青反革命集团”和“林彪反革命集团”（以下简称“两案”）进行侦查预审。同年9月“两案”侦查终结后，将案件起诉意见书、案卷、证据等材料一并移交最高人民检察院审查。最高人民检察院成立特别检察厅，对“两案”进行检察起诉，以充足的证据和事实指控各被告人的犯罪行为。同年11月，最高人民检察院特别检察厅将起诉书移交最高人民法院特别法庭审理。最高人民法院特别法庭查明了林彪、江青两个反革命集团的三项犯罪事实：诬陷迫害党和国家领导人，试图推翻无产阶级专政；迫害镇压广大干部和群众；谋害毛泽东，策划反革命武装政变。法庭确认“两案”的10名主犯触犯《中华人民共和国刑法》，以颠覆政府、分裂国家罪等罪名判处江青、张春桥死刑，缓期两年执行，剥夺政治权利终身；判处王洪文无期徒刑，剥夺政治权利终身；判处姚文元有期徒刑20年；判处其他主犯有期徒刑[①]。“两案”审理遵循法定程序和法律规定，贯彻实事求是路线和人道主义精神，彰显了司法民主、司法独立、法律平等的现代法治原则，恢复了法律的尊严，维护了法治的权威，对改革开放新时期社会主义法治文化建设的全面推进具有积极影响。

二、社会主义法治文化建设的发展

从1982年9月党的十二大到1997年9月党的十五大，是改革开放和社会主义现代化建设加快推进的历史阶段，也是社会主义法治文化建设快速发展时期。拨乱反正任务完成以后，改革开放和社会主义现代化建设全面展开。面对新的形势，党提出“两手抓、两手都要硬”的战略方针，既重视物质文明和精神文明建设，也积极推动经济和法治建设，促使社会主义法治文化建设进入发展“快车道”，呈现出欣欣向荣、生动活泼的全新景象。

制定并公布1982年宪法。七八宪法相比七五宪法有明显进步，但未对“文革”错误和教训进行全面深入的梳理总结，“左”倾思想的影响比较明显，内容上还不完善，存在着比较严重的历史局限性。随着党的十一届三中全会以后改革开放的推进，经济社会各个方面发生了许多变化，亟须制定一部符合新形势、体现新诉求的宪法。1982年12月，五届全国人大五次会议通过《中华人民共和国宪法》（以下简称“八二宪法”）。八二宪法包括序言、总纲、公民的基本权利和义务、国家机构以及国旗、国徽、首都等五个部分，将公民的基本权利和义务置于国家机构之前，显示出对人民地位和权利的高度重视。八二宪法规定，中国是以工人阶级为领导、以工农联盟为基础的人民民主专政的社会主义国家，实行人民代表大会制度，实行以社会主义公有制为基础的计划经济；国家机构实行民主集中制原则，所有行政机关、审判机关、检察机关都由人民代表大会产生并对其负责、受其监督；恢复国家主席设置，国务院实行总理负责制，建立中央军事委员会，县级以上人大设立常委会；在中央统一领导下，充分发挥地方的积极性和主动性。同五四宪法相比，八二宪法更加重视和加强社会主义民主法治建设，不但扩大全国人大常委会职权，增设一些专门委员会，规定国家领导人任期，取消领导职务终身制，还细化公民的基本权利，

① 蒋传光:《新中国法治简史》,人民出版社,2011,第49页。

增加许多新的内容并对公民权利作出更加具体和明确的规定。八二宪法承继五四宪法的原则和精神，总结新中国成立以来社会主义革命和建设的历史经验，与时俱进地增加社会主义精神文明建设的内容，适应了新时期推进社会主义现代化建设的需要，标志着社会主义法治建设恢复工作告一段落，预示着社会主义法治文化建设开始步入全面发展新时期。

通过1988年和1993年宪法修正案。随着改革开放的不断深入和经济建设的快速发展，社会经济结构发生重大变化，主要表现为：全民所有制企业的产值不断上升，但在国民经济中的占比有所下降；个体经济、私营经济、三资企业发展迅猛，在国民经济中的占比不断提升；农村家庭联产承包责任制得到农民的充分认可，在全国迅速铺开。1988年宪法修正案体现了经济社会领域的新变化，肯定私营经济的合法地位，规定土地使用权可以依法转让，为土地资源的合理配置和土地使用制度的健全完善提供了法律保障，为调动社会各阶层和各方面力量投入社会主义现代化建设提供了法律遵循，对于推动经济持续发展和人民生活不断改善具有重要意义。1992年10月，党的十四大明确了社会主义市场经济体制的改革目标。为适应社会主义市场经济体制改革的形势和要求，中央决定对宪法部分内容进行修改。1993年宪法修正案适应社会主义初级阶段的国情，明确中国特色社会主义理论的指导地位，完整表述了党的“一个中心、两个基本点”基本路线，肯定党领导的多党合作和政治协商制度长期存在、持续发展，将实行社会主义市场经济体制确立为国家经济体制的改革目标，将家庭联产承包责任制确立为农业生产的基本制度，将县级人大任期由三年改为五年，从而为持续推进改革提供不可或缺的宪法保障。

基本形成中国特色社会主义法律体系框架。全国人大常委会对新中国成立以来所颁布的法律进行清理，到1987年底完成该项工作，完善了新中国法律制度。国务院对1949年至1984年颁布的行政法规和相关法规性文件进行清理，完善行政法规，规范执法工作。六届全国人大至八届全国人大期间，对刑事诉讼法和刑法进行修改，完善刑事诉讼相关制度，确保司法机关能够准确及时地查明犯罪事实、惩治犯罪分子，这对保护人民群众生命财产安全、维护社会秩序稳定、保障改革开放顺利推进具有重大意义。立法机关还根据深入推进改革开放的实际需要，积极加强立法工作。这些法律法规数量可观、出台及时，基本上涵盖了社会主义现代化建设新时期经济、政治、社会生活的主要领域，标志着中国特色社会主义法律体系的基本框架已经建立起来。

着手构建规范行政执法的法律制度。各级行政机关是执法主体，行政执法水平直接关乎社会主义法治建设的成效。为保障法律法规的有效实施，国家及时出台了一系列规范行政执法行为的法律制度。一是确立行政诉讼制度。从1986年起，一些地方各级人民法院设立行政审判庭负责审理行政案件。1989年4月，七届全国人大二次会议通过《中华人民共和国行政诉讼法》，正式确立“民告官”的行政诉讼制度，体现了国家对公民权利的充分保护和对行政权力的有效制约。行政诉讼制度是现代民主政治的内在要求，颁布行政诉讼法是社会主义民主法治建设的重大进展，对于提高行政机关的依法行政水平、维护国家和社会治理体系的正常运转、保障公民的权利和自由都有重要意义。二是确立国家赔偿制度。宪法规定，因国家机关及其工作人员侵犯公民权利而导致公民遭受损失，公民可以依法获得赔偿。1994年5月，八届全国人大常委会通过《中华人民共和国国家赔偿法》，正式确立了国家赔偿制度，对国家赔偿的范畴、程序、方式、标准作出具体规定，对规范行政机关及其工作人员的行政行为、保护公民的合法权利具有重大意义。三是确立行政处罚制度。1996年3月，八届全国人大四次会议通过《中华人民共和国行政处罚法》，对政府的行政处罚行为作出明确规范，有效防止随意处罚、任性罚款的现象，保护公民、法人以及其他组织的合法权益。

建立健全司法运行机制，全面推进法律服务工作。在司法机关建设方面，根据改革开放不断深入和经济纠纷不断增加的新情况，从1983年起，全国基层法院普遍建立经济审判庭，进一步完善司法组织机构。在刑事审判工作方面，1982年、1983年分别严厉打击经济犯罪活动和刑事犯罪活动。当时，经济领域出现走私贩私、投机诈骗等严重违法犯罪活动，社会治安领域发生一些重大恶性案件，一些犯罪分子无视法律、气焰嚣张。两项严打活动有力惩治了破坏经济社会秩序、危害社会治安的犯罪分子，有效净化了社会风气、改善了经济环境、维护了法律尊严。在民事审判工作方面，案件审结数量呈现增加态势，办结案件的诉讼标的金额不断攀升。在行政审判工作方面，行政诉讼范围不断扩大，诉讼案件数量持续增长。在检察工作方面，检察机关及时侦查重大案件，对犯罪分子进行批捕和起诉，惩治各类严重的刑事犯罪行为，并于1995年开始成立专门的反贪污贿赂机构。在法律服务工作方面，律师业务、公证业务、调解工作、普法宣传快速发展。律师队伍迅速扩大，为政府机关、企事业组织提供法律服务，办理刑事、民事、行政诉讼业务以及非诉讼业务，为经济社会良性发展提供支持。公证组织普遍建立，成为促进经济发展的“市场中介组织”，发挥着服务、沟通、公证、监督等四大功能。面向社会弱势群体的法律援助制度正式确立，乡镇法律服务工作开始兴起，司法行政工作不断向基层延伸，人民调解工作持续加强，有力地推进了精神文明建设。从1985年起，开始实施以五年为一个周期的全民普法教育，以举办法制讲座等方式提高干部群众的法律意识、法律素质，助力社会主义法治文化建设加快推进。

三、社会主义法治文化建设的推进

从1997年9月党的十五大到2012年11月党的十八大，是改革开放和社会主义现代化建设跨世纪发展的历史时期，也是社会主义法治文化建设在依法治国轨道上全面推进的新阶段。党的十五大是新中国法治建设史上的重要里程碑，确立了依法治国方略，作出了建设法治国家的奋斗目标，反映了党的十一届三中全会以来社会主义民主和法治建设的经验总结，标志着以法治取代人治的历史性转变，对新中国法治文化建设进程产生了深远影响。

确立依法治国基本方略。健全社会主义民主和法制，既是党反思“文化大革命”教训的历史结论，也是对党的十一届三中全会以来推进社会主义现代化建设的经验总结。1994年12月，江泽民在党中央举办的法律知识讲座上指出，建设社会主义法制，实行依法治国，是为了建设富强、民主、文明的社会主义现代化国家。1996年3月，八届全国人大四次会议根据党中央的建议，将“依法治国，建设社会主义法制国家”作为国家重大方针写入《国民经济和社会发展“九五”计划和2010年远景目标纲要》。1997年9月，党的十五大把“建设社会主义法制国家”更改为“建设社会主义法治国家”，把“依法治国”确立为党领导人民治国理政的基本方略，并对依法治国进行了全面深入的阐释。从“法制”到“法治”、从“以法治国”到“依法治国”的变动，并不是简单的文字变化，而是思想观念和治国策略的深刻变革，是当代中国的又一次重大思想解放，显示出党对依法治国的认识不断深入、对治国理政的探索持续深化，表明了党摒弃人治思维、贯彻实施法治的坚定决心。1999年3月，九届全国人大二次会议通过宪法修正案，把“依法治国，建设社会主义法治国家”写入宪法，将党的法治理念上升为国家意志，赋予依法治国至上的法律权威，标志着中国特色社会主义法治道路的全面开启。

1999年和2004年宪法修正案。1997年9月，党的十五大全面总结了改革开放的新鲜经验，对社会主义事业的跨世纪发展作出全面部署。根据党的十五大精神，中央决定对宪法进行部分修改。1999年宪法修正案将邓小平理论确立为国家的指导思想，肯定了社会主义市场经济体制改革的成果，确认了社会主义初级阶段的基本经济制度、分配制度和个体经济、私营经济等非公有制经济的合法地位，将“依法治国、建设社会主义法治国家”写入宪法，对于进一步发展社会主义市场经济、健全社会主义民主和法治、推进国家经济和政治体制改革具有重要意义。2002年11月，党的十六大提出发展社会主义民主政治必须坚持党的领导、人民当家作主和依法治国的有机统一。2004年宪法修正案吸收了党的十六大确立的重大理论观点和方针政策，把“‘三个代表’重要思想”写入宪法，实现了国家指导思想上的又一次与时俱进；对发展非公有制经济进行了一次全面的经验总结，提出鼓励、支持和引导非公有制经济发展，保护非公有制经济的合法权益，并对其进行监督和管理；把“尊重和保障人权、保障合法私有财产”等写入宪法，体现了以人为本的指导思想和对公民权利的高度重视，反映出国家人权事业的发展。

形成中国特色社会主义法律体系。1997年9月，党的十五大提出在2010年形成中国特色社会主义法律体系[①]。根据这一目标设计，第九届全国人民代表大会到第十一届全国人民代表大会大力加强立法工作。第九届全国人民代表大会通过《中华人民共和国立法法》，对国家立法活动作出规范、提供依据，并围绕国家中心工作制定了规范民商事活动的基础法律、调节社会经济关系的经济法、调节国家行政管理活动的行政法、调节劳动领域关系的社会法以及诉讼和非诉讼的程序法，还对一批原有法律进行修订。第九届全国人民代表大会一共通过113件法律及相关法律解释和决定，初步形成了中国特色社会主义法律体系。2002年11月，党的十六大再次提出如期形成具有中国特色的社会主义法律体系。第十届全国人民代表大会及其常委会制定了《中华人民共和国反分裂国家法》《中华人民共和国物权法》《中华人民共和国行政许可法》《中华人民共和国劳动合同法》等一批重要法律，修改了《中华人民共和国公司法》《中华人民共和国证券法》《中华人民共和国企业所得税法》《中华人民共和国民事诉讼法》等一批保障经济社会发展的基础法律，一共通过100件法律、法律解释和决定[②]。到2008年3月，中国特色社会主义法律体系涉及的部门机构都已齐备，各部门运行所涉及的主要法律法规都已制定完成，国家和社会治理各层面基本实现有法可依、有规可循，中国特色社会主义法律体系基本形成。十一届全国人大及其常委会注重提高立法质量，继续加强立法工作，并对现有

① 中共中央文献研究室编《十五大以来重要文献选编》上，中央文献出版社，2011，第28页。

② 吴邦国：《全国人民代表大会常务委员会工作报告——2008年3月8日在第十一届全国人民代表大会第一次会议上》，《光明日报》2008年3月22日第1版。

法律进行清理。到2010年底，完成法律法规清理工作，共有现行有效法律236件、行政法规690多件、地方性法规8600多件[①]。涵盖社会关系方方面面的法律部门都已齐备，各法律部门都已制定出基本的、主要的法律，行政法规和地方性法规也都比较完备，法律体系内部实现了科学规范、和谐统一、总体平衡，这就标志着中国特色社会主义法律体系如期形成。不过，中国特色社会主义法律体系并不是一个封闭系统，而是在中国特色社会主义建设实践中持续发展、动态调整，必然随着改革开放的不断深化而丰富更新。中国特色社会主义法律体系的建立并不意味着社会主义法治建设任务的完成，立法工作还要与时俱进、不断加强，中国特色社会主义法律体系还要在依法治国实践中不断发展完善。

扎实推进依法行政。1997年9月党的十五大召开以后，党和国家大力推进依法行政和法治政府建设，推动法治建设在行政领域取得重大成就。首先，对行政法规和规章制度进行全面清理。2007年2月至2008年1月，国务院开展了行政法规清理工作，各省、自治区、直辖市和较大市也在2008年完成了法规制度清理事宜，理顺了依法行政的法规依据，保障了法治的统一和政令的通畅。其次，制定和实施行政许可法。1999年4月，九届全国人大常委会通过行政复议法；2003年8月，十届全国人大常委会通过行政许可法。这两部法律是规范政府共同行为的重要依据，能够加强行政机关内部监督，推进行政管理体制改革，有效保护公民、法人和其他组织的合法权益，是社会主义民主法治发展史上的又一座里程碑。再次，推进行政审批制度改革。2001年9月，国务院全面启动行政审批工作，对所属各部门的审批项目进行了五轮清理，促进政府职能的转变和行政行为的规范，提升了政府的行政效能。最后，公布依法行政实施纲要。2004年3月，国务院公布《全面推进依法行政实施纲要》，对政府、市场、社会的关系进行科学界定，实现了政企分开、政事分开，突出政府对经济的调节功能和对市场的监管职能，保证了政府的社会管理和公共服务职能基本到位，标志着法治政府建设目标基本实现。

持续推动司法改革和普法教育。2004年底，中国共产党中央政法委员会提出了涉及十个方面的三十五项司法改革任务，到2007年10月党的十七大之前，绝大多数改革任务已经完成，司法体制改革取得实质进展，司法机关的能力和水平得到有力提高，社会公平和正义得到有效保障。各级人民法院围绕党和国

① 吴邦国:《全国人民代表大会常务委员会工作报告——2011年3月10日在第十一届全国人民代表大会第四次会议上》,《光明日报》2011年3月19日第1版。

家工作大局，加强审判和执行工作，强化审判职能，审判的质量和效率进一步提高。各级人民检察院认真履行批捕和起诉职责，积极查办大案要案，推进反腐倡廉建设，加强法律监督，维护司法公正。司法行政工作在法治轨道上正常开展，律师制度的基本框架初步建立起来，法律援助工作得到充分发展。全民普法宣传教育持续进行，到党的十八大召开之前已经实施了六个五年普法规划，广大干部和群众的法律意识、法治素养都有一定提高，全民尊法学法守法的社会氛围逐步形成。

2012年11月党的十八大以后，中国特色社会主义进入新时代。党立足新时代的社会主要矛盾变化和世界百年未有之大变局的挑战，进一步深化了对社会主义法治的认识，作出全面依法治国的战略部署，引领社会主义法治文化建设进入一个新的发展阶段。

第三章
新时代社会主义法治文化建设的价值功能

步入新时代，社会主义法治文化建设展现出深远且多维的价值功能，是国家治理现代化与社会文明进步的关键驱动力。社会主义法治文化既是增强全民法治观念、提升国家治理能力的关键所在，又是建设文明和谐社会、推进中国式现代化的内在要求，更是实现全面依法治国的重要支撑。社会主义法治文化还在引导社会法治观念、规范社会行为、教育公民提高法治素质、整合社会资源以及保护公民权益等方面发挥着不可替代的作用。深入阐述其价值与功能，全面解析其在推动社会全面转型中的核心作用，为法治中国建设提供理论支撑与实践指导。

第一节
新时代社会主义法治文化建设的当代价值

新时代征程中，社会主义法治文化建设不仅是法治中国建设的重要组成部分，也是推动国家治理体系和治理能力现代化的关键要素。深入剖析社会主义法治文化建设的当代价值，重点探讨其在增强全民法治观念、提升国家治理效能、构筑文明和谐社会基石、推进中国式现代化进程以及支撑全面依法治国战略实施等方面的核心作用，为新时代法治国家建设提供有益参考与经验借鉴。

一、增强全民法治观念的重要途径

增强全民法治观念是法治文化建设的重要根基。卢梭曾说：“一切法律之中最重要的法律，既不是铭刻在大理石上，也不是铭刻在铜表上，而是铭刻在公民们的内心里。”[①]新时代社会主义法治文化建设通过改进和加强全民普法工作、强化法治教育以及深耕基层法治实践等方式，从不同维度全方位、持续性地增强全民法治观念，为法治社会大厦筑牢实践根基，向着建设法治中国的宏伟目标稳步迈进。

首先，改进和加强全民普法工作是新时代提升法治观念的核心策略。法律知识是法治观念形成的基础，只有了解法律、掌握法律，才能更好地遵守法律、运用法律。全民普法是社会主义法治文化建设的一项长期性、基础性工作。自1985年起，全民普法工作通过国家大力推动、社会广泛参与等形式，向民众广泛普及法律知识。40年来，社会主义法治文化建设通过广泛的宣传活动和深入人心的教育形式，让法律知识遍及社会的各个角落，使全民在潜移默化中接受法律的熏陶，逐步树立尊法、学法、守法、用法的自觉意识，使法治观念从纸面规定内化为民众的行为准则，为建设法治中国夯实坚实的群众基础。

社会主义法治文化建设进入新时代以来，全民普法工作更加注重增强工作的实效性和针对性。一方面，传统主流媒体进一步强化法治宣传，报纸开设法治专栏，从理论视角深度剖析热点法律事件背后的法理依据；电视台打造法治栏目，既有庭审现场直播让观众直击法律威严，又有专家访谈解读新出台的法规政策，为民众答疑解惑；广播电台也开设法律咨询热线节目，实时为听众排忧解难。另一方面，新兴媒体异军突起，社交媒体平台上法律话题热度不减，“大V”律师、法学学者以短视频、图文并茂的长微博等形式分享日常法律小贴士、解读经典案例，引发大众广泛参与讨论与转发，信息传播如涟漪般迅速扩散。法律事务部门通过公众号、小程序等方式持续且精准地为民众推送较为实用的普法内容，民众动动手指就能随时随地学习最新法律动态，查询常见法律问题解答，实现法治知识的便捷获取。

其次，强化法治教育是新时代培育全民法治观念的根本路径。习近平强调：“特别是要加强青少年法治教育，不断提升全体公民法治意识和法治素养。”[②]社会主义法治文化建设以浸润式的教育体系为依托，重点关注青少年的法治启蒙教育。在幼儿园与小学阶段，通过绘本阅读、儿歌传唱、情景短剧等寓教于乐的方式，将诸如交通安全法规、保护个人隐私等基础法律知识巧妙融入，让孩子们在欢声笑语中初识法治边界，懵懂间树立起对与错、合法与非法

① [法]卢梭：《社会契约论》，何兆武译，商务印书馆出版社，1980，第73页。

② 习近平：《论坚持全面依法治国》，中央文献出版社，2018，第4页。

的初步认知。中学阶段，随着青少年认知能力的提升和心智的逐步成熟，法治课程走向深入，引入真实案例研讨、模拟法庭辩论等互动环节，不仅加深了他们对具体法律条文的理解，而且锻炼了其逻辑思维与辩证看待问题的能力，培养出敢于维护公平正义的少年意气。高等院校作为知识汇聚与人才培养的高地，专业的法学教育不断细分与精进，各类法律选修课程面向全校开放，广泛普及知识产权法、劳动法等与未来职业生活紧密相关的法律知识，使得青年学子带着深厚的法治素养步入社会，成为各行各业法治宣传的鲜活力量。此外，社会层面的继续教育同样不可或缺，针对职场人士的法律培训聚焦劳动合同、知识产权保护，助力企业依法经营；社区组织的老年法治课堂，用通俗易懂的方式讲解防诈骗法规，填补老年人法律知识空白，多维度编织法治教育网络。

再次，法治实践是巩固和检验全民法治观念的关键环节。习近平指出："要引导全体人民遵守法律，有问题依靠法律来解决，绝不能让那种大闹大解决、小闹小解决、不闹不解决现象蔓延开来。"[①]法治习惯是法治观念在行为上的体现，通过参与法律援助、人民调解、公益诉讼等法治实践活动，群众可以在实践中感受法律的权威和力量，加深对法治的理解和认同，逐渐养成依法办事的习惯。法治习惯的形成，是全民法治观念巩固的重要标志。

社区居委会和村委会定期组织普法活动，邀请法官、检察官、律师等专业人士举办讲座，聚焦邻里纠纷、婚姻家庭矛盾、物业管理争议等群众重点关注的法律问题，采用生动形象、方言土语、接地气的方式讲解怎样运用法律化解生活难题，让群众听得懂、用得上。设立的社区法律援助工作站为弱势群体提供免费法律咨询与代理服务，使群众真切感受到法治的温度与力量。在广大乡村地区，"法律明白人"培养工程成效显著，选拔培养出一批熟悉法律知识、热心服务村民的骨干，他们走村串巷宣传法律，调解纠纷，将法治之光播撒到田间地头，打通乡村法治宣传的"最后一公里"，让广大农民群众逐步摒弃"人情大于法理"的传统观念，拥抱法治新时代。

最后，关注重点群体是推进全民法治观念的着力点。包括领导干部、法律职业者以及市场从业者等在内的重点群体在建设法治中国的历史进程中有特殊地位和影响力，他们不仅是法治建设的直接参与者，而且是法治观念的传播者和实践者。通过关注重点群体，可以更为有效地推动法治观念的普及和深化，进而形成全社会共同遵守法律、维护法治的良好氛围。

---

① 习近平：《论坚持全面依法治国》，中央文献出版社，2018，第24页。

领导干部要带头守法。党的二十大报告指出："发挥领导干部示范带头作用，努力使尊法学法守法用法在全社会蔚然成风。"①领导干部的一言一行具有风向标作用，对全民法治观念的塑造影响深远。在决策层面，领导干部要以法律为准绳。任何关乎国计民生的重大决策，诸如大型基础设施建设项目的上马、区域发展规划的制定，都应当依法依规进行严谨的环境评估、可行性论证等法定程序。若跳过这些环节贸然决策，不仅可能导致资源浪费，而且会让民众对法治的权威性产生怀疑。反之，当领导干部严格遵循法律开展工作，民众看到的是法治保障下有序推进的社会发展蓝图，从而在心底筑牢法治信仰。从日常工作看，领导干部要严守法律边界。在处理行政事务、应对突发事件时，按法定权限行使权力，杜绝越权执法、滥用职权现象。以城管执法为例，若执法人员依法文明执法，严格依据城市管理相关法规对占道经营、乱搭乱建等行为进行规范整治，既能维护城市的整洁有序，又能让商户们心服口服，真切感受到法律面前人人平等，促使他们自觉守法经营。领导干部还要带头学法用法，营造浓厚的法治氛围。通过定期组织法治培训、研讨交流活动，将法治思维融入干部队伍建设的日常。当领导干部熟练运用法治手段解决信访难题、化解社会矛盾时，这种示范效应会层层传递，带动各级部门、各个行业尊崇法治，为全民法治观念的提升注入强劲动力。

法律职业者要捍卫法律。法律职业者作为法治大厦的构建者和守护者，肩负着让法治之光普照社会每个角落的神圣使命。法官是公正司法的最后裁决者，不论是复杂的金融诈骗案，还是琐碎的邻里纠纷，法官都要精准适用法律法规，对证据进行抽丝剥茧般的审查判断，以严谨的逻辑推理得出公正的判决结果。每一次公开宣判，不仅是对当事人权益的维护，而且是向社会公众生动诠释法律的公平正义内涵，让民众相信法律是定分止争的有力武器。律师是连接当事人与法律正义的桥梁。一方面，在诉讼业务中，律师为当事人提供专业的法律咨询，精心制定诉讼策略，帮助他们在法律框架内争取最大的合法权益。另一方面，在非诉讼业务中，律师参与企业合规审查、合同起草等工作，预防法律风险，将法治理念渗透到社会经济活动的细微之处。同时，律师还肩负着普法责任，在与当事人沟通、面向社会提供公益法律服务时，用通俗易懂的语言讲解法律知识，让更多人了解法律、敬畏法律。检察官依法履行法律监

① 习近平：《高举中国特色社会主义伟大旗帜　为全面建设社会主义现代化国家而团结奋斗——在中国共产党第二十次全国代表大会上的报告》，《人民日报》2022年10月26日第1版。

督职能，如同法治的“啄木鸟”。从刑事案件的侦查监督，确保侦查活动依法依规进行，防止冤假错案发生；到审判监督，对法院判决的公正性、合法性进行审查，维护司法权威；再到执行监督，保障刑罚执行到位、当事人合法权益落实，全方位守护法律正确实施，为法治社会保驾护航。

从业者要依法合规经营。从业者涵盖了经济社会各行各业的主体，他们的经营行为是否依法合规，是全民法治观念落地生根的关键。《法治社会建设实施纲要（2020—2025年）》提出：“引导企业树立合规意识，切实增强企业管理者和职工的法治观念。”企业经营者首先要依法纳税，企业依照《中华人民共和国企业所得税法》《中华人民共和国增值税暂行条例》等法律法规，如实申报纳税，是履行社会责任、回馈社会的直接体现。在产品质量与服务提供方面，企业需严格遵循行业质量标准与法规。制造业企业遵循诸如汽车行业的安全标准、电子电器产品的3C认证要求等，确保流向市场的产品安全可靠。服务业企业应依照服务规范，保障消费者权益。例如，旅游企业按合同约定提供服务，不得擅自变更行程、降低服务标准，一旦违约依法承担赔偿责任，这促使企业以法治为导向优化经营管理，也让消费者在市场交易中感受到法律的保护。在商业竞争领域，企业必须遵循《中华人民共和国反垄断法》《中华人民共和国反不正当竞争法》。杜绝价格垄断、商业诋毁、抄袭模仿等不正当行为，依靠技术创新、品牌塑造、优质服务赢得市场份额。此外，个体工商户虽规模小，但数量庞大，同样是法治践行的重要力量。在街头巷尾的日常经营中，按规定办理营业执照、食品经营许可证等证照，亮证经营；商品明码标价，遵循《中华人民共和国价格法》，不欺诈消费者；遵守《中华人民共和国劳动合同法》，合理雇佣员工，保障劳动权益。这些点滴法治作为，汇聚成全民守法经营的磅礴力量，夯实全民法治观念的社会根基。

二、提升国家治理能力的有效途径

党的二十届三中全会明确指出，进一步全面深化改革的总目标是“继续完善和发展中国特色社会主义制度，推进国家治理体系和治理能力现代化”[①]，“法治是现代化的重要保障”[②]。在新时代背景下，社会主义法治文化建设从理

---

①《中共中央关于进一步全面深化改革　推进中国式现代化的决定》，人民出版社，2024，第4页。

②《中共中央关于进一步全面深化改革　推进中国式现代化的决定》，人民出版社，2024，第29页。

念基础、制度框架、主体能力以及实践创新等方面助力国家治理能力现代化的提升。

首先，社会主义法治文化为国家治理能力的提升奠定理念基础。习近平强调：“只有全面依法治国才能有效保障国家治理体系的系统性、规范性、协调性，才能最大限度凝聚社会共识。”①社会主义法治文化强调法律至上、公平正义等核心价值，这些理念为国家治理提供了根本遵循。在社会主义法治文化的熏陶下，国家治理者更加注重法治思维，善于运用法治方式解决社会问题，确保国家治理的公正性和权威性。这种理念基础的确立，使得国家治理在决策、执行、监督等各个环节都能依法行事，有效避免了权力滥用和腐败现象的发生，为国家治理的良性运行奠定了坚实基础。

人民主权的理念深入人心，它鲜明地阐明国家的一切权力属于人民，国家治理的目标始终聚焦人民的幸福与发展。在政策制定、执行的全过程，都要以民众意愿为导向，保障民众的知情权、参与权与监督权，让民众切实成为国家治理的核心力量。法律平等地保护每一个公民的合法权益，不分地域、贫富、阶层。在民事纠纷处理上，不论是涉及巨额财产的商业诉讼，还是邻里间的小额赔偿争议，法庭都依据统一的法律标准裁断，确保当事人获得公正对待。这种公平正义的实践在民众心中树立起对法治的尊崇，为国家治理营造出稳定、和谐的社会环境，使得各项治理举措能够顺利推行。此外，权力制约理念时刻提醒着公权力的行使必须依法依规，受到监督。公职人员在法治文化的浸润下，深知手中权力是人民赋予的，必须用于为人民谋福祉，一旦越界就将受到法律制裁。从行政许可的审批流程到行政处罚的决定作出，每一步都有法可依、有章可循，杜绝权力的任性妄为，为国家治理的规范化、科学化提供坚实保障，确保公权力运行在正确轨道上，向着增进公共利益的方向前进。

其次，社会主义法治文化为国家治理能力塑造制度框架。习近平指出：“中国特色社会主义制度好不好、优越不优越，中国人民最清楚，也最有发言权。”②社会主义法治文化孕育出一套完备且适配国情的制度体系，全方位支撑国家治理能力的提升。在立法层面，秉持科学立法精神，广泛吸纳社会各界智慧，深入调研不同行业、地域的现实需求，使法律既具前瞻性又贴合当下实际。例如，为应对数字经济的蓬勃发展，国家及时出台相关法律法规，明确数

① 习近平：《坚定不移走中国特色社会主义法治道路　为全面建设社会主义现代化国家提供有力法治保障》，《求是》2021年第5期，第4–15页。

② 习近平：《习近平谈治国理政》第3卷，外文出版社，2020，第124页。

据产权归属、网络交易规则、个人信息保护标准等，填补新兴领域的法治空白，为产业健康发展提供制度保障。在执法层面，执法制度建设依托法治文化得到强化，构建起严格规范公正文明的执法体系。统一执法标准，细化操作流程，针对不同执法场景如城市管理、市场监管等制定具体指引，防止执法的随意性与差异性。通过执法公示、全过程记录、重大执法决定法制审核等制度，将执法行为置于阳光之下，增强执法公信力，保障公民、法人合法权益，促使执法效能转化为国家治理实效。同时，司法领域在法治文化的滋养下持续完善制度架构。以审判为中心的诉讼制度改革深入推进，强化庭审实质化，确保证据采信、事实认定、法律适用都经得起检验；多元化纠纷解决机制蓬勃发展，将人民调解、行政调解、司法调解有机结合，依据不同纠纷类型分流化解，既减轻司法负担又满足民众多元化的纠纷化解需求，以精细的制度设计提升司法资源利用效率，为国家治理中的矛盾化解、秩序维护提供有力支撑。

再次，社会主义法治文化为国家治理能力培育主体力量。古人云："得其人而不得其法，则事必不能行；得其法而不得其人，则法必不能济。人法兼资，而天下之治成。"社会主义法治文化通过强化法治教育和法治实践，培育了一批具有法治思维、法治素养和法治能力的国家治理人才。这些人才不仅具备扎实的法律知识，而且具备将法律知识转化为治理实践的能力，能够在国家治理中发挥重要作用。不论是从事经济管理、社会服务还是行政执法工作，都能精准运用法律条文处理复杂事务。在制定区域发展规划时，规划部门依据城乡规划法、土地管理法等综合考量，确保项目合法合规落地；在处理突发事件时，应急管理部门依照应急处置法规迅速响应、科学决策，协调各方力量抢险救援，将法治素养转化为高效履职能力。

社会组织在社会主义法治文化的土壤中不断成长，专业服务和协同治理能力不断增强。依法登记注册赋予其合法身份后，社会组织依据章程与相关法规开展活动，在公益慈善、文化传承、生态保护等领域深耕细作。环保组织依据环保法规监督企业排污、倡导公众绿色生活，为生态治理添砖加瓦；社区社会组织依据社区自治法规，组织居民参与社区建设、调解邻里纠纷，成为基层治理的有生力量，填补政府与市场间的治理缝隙，拓展国家治理的广度与深度。广大公民在社会主义法治文化的熏陶下，民主参与、依法维权能力逐步提升。公民通过法定途径参与立法听证、政策制定征求意见等环节，理性表达诉求，推动决策科学化、民主化。在面对侵权行为时，不再选择忍气吞声或暴力对抗，而是运用民事诉讼、行政复议等法律手段捍卫自身权益，形成全民懂法守法用法的良好氛围，汇聚起国家治理的磅礴民力，让国家治理扎根于民众的智慧与行动之中。

最后，社会主义法治文化为国家治理能力促进实践创新。习近平指出："中国特色社会主义法治道路，是社会主义法治建设成就和经验的集中体现，是建设社会主义法治国家的唯一正确道路。"[①]社会主义法治文化鼓励创新，倡导在实践中不断探索和完善国家治理体系。面对人工智能、区块链等前沿技术快速发展带来的数据隐私泄露、算法歧视等风险，国家治理者更加注重创新思维方式和方法手段，及时启动立法研究，制定针对性法规，规范技术研发、应用边界。科技企业在法治框架内加大研发投入，探索合规的应用场景；政府部门依据法规建立监管机制，引导技术向善发展，确保新兴技术成为国家治理效能提升的新引擎，而非引发社会混乱的"脱缰野马"，实现科技进步与国家治理创新协同共进。

同时，社会主义法治文化引领行政体制改革的创新方向。"放管服"改革以法治为先导，依法削减不必要的行政审批事项，适当放宽市场准入管制，激发市场主体活力；同时强化事中事后监管，依据行业监管法规构建信用监管、大数据监管等新型模式，保障市场公平竞争；优化政务服务流程，通过电子政务立法推动线上线下融合服务，实现政务服务便捷化、智能化，提高行政效率与群众满意度，以法治护航改革行稳致远，为国家治理能力持续升级注入动力。

此外，社会主义法治文化还鼓励公民和社会组织参与国家治理创新，形成了政府、社会、公民共同参与的多元治理格局，为国家治理现代化注入了新的活力。基于"法治+网格"的基层社区治理模式将社区划分为精细网格，网格员依据法律法规开展信息采集、矛盾排查化解、法治宣传等工作，实时掌握社情民意，第一时间依法依规处理问题，把矛盾纠纷化解在萌芽状态，有效提升社区自治与服务精准度，开创基层善治新局面。

三、建设文明和谐社会的重要基础

社会主义法治文化建设是国家治理体系和治理能力现代化的重要组成部分，也是建设文明和谐社会的重要基础。法治文化是一种深层次的社会意识形态，其核心在于通过法律的价值观念、行为规范和社会共识，引导和规范社会成员的行为，促进社会公平正义，维护社会秩序稳定，从而实现社会的和谐与

① 习近平：《论坚持全面依法治国》，中央文献出版社，2018，第93页。

文明①。

首先，社会主义法治文化引领社会文明新风尚。从价值理念来看，社会主义法治文化秉持的法律面前人人平等原则，映照出公平正义的熠熠光辉。不论是关乎民生的劳动纠纷裁决，还是商业领域的合同争议处理，每一个法律实践场景都在重申这一准则，让民众真切地感知到规则的一视同仁，进而将这种平等意识内化于心，成为人际交往、社会互动中的基本遵循。从行为规范维度看，社会主义法治文化详细界定了何事可为、何事不可为。以社区环境治理为例，通过法治宣传与引导，居民明晰了垃圾分类的法定责任，乱丢乱放行为大幅减少，社区面貌焕然一新。这种由法治约束催生的自律行为，如同涟漪般扩散，汇聚成整个社会井然有序的文明洪流。延伸到法律普及和教育领域，学校、社区等多元主体借助法律讲座、模拟法庭等丰富形式，将法治文化的种子播撒到各个角落。青少年在校园模拟法庭中亲身体验法律程序、体悟法律威严，成长为知法守法的新一代青年。社区居民在定期讲座里，学习赡养老人、处理邻里纠纷的法律知识，家庭关系更加和睦，邻里相处愈加融洽。持续的教育滋养，使得民众的法律素养不断提升，为社会文明风尚的长久维系注入源源不断的动力。

社会主义法治文化营造出强大的舆论磁场。媒体对法治事件的公正报道、对守法楷模的大力宣扬，以及对违法行径的舆论谴责，形成鲜明导向。例如，全国范围内评选出的“法治人物”，其感人故事广为传颂，激励更多人投身践行法治的道路，让尊法守法成为全社会自觉遵循的风尚标杆，推动社会文明程度迈向新高度。总之，社会主义法治文化凭借其全方位渗透、深层次滋养的力量，精心雕琢出社会文明新风尚，成为建设文明和谐社会的关键“先手棋”，引领时代向着更美好的方向进发。

其次，社会主义法治文化筑牢社会稳定基石。社会稳定是民族复兴的根基，也是国家强盛的前提。习近平强调：“我们面对的改革发展稳定任务之重前所未有，矛盾风险挑战之多前所未有，依法治国地位更加突出、作用更大。”②新时代社会主义法治文化建设更加强调依法治国、执法为民、公平正义、服务大局和党的领导等理念，上述理念互为支撑、相互补充，共同构成了社会稳定的思想基础。

---

① 张文显：《构建社会主义和谐社会的法律机制》，《中国法学》2006年第1期，第7页。

② 中央文献研究室编《习近平关于全面依法治国论述摘编》，中央文献出版社，2015，第4页。

其一，依法治国是社会主义法治文化的核心内容，也是维护社会稳定的重要保障。法律的稳定性和继承性决定了其所设定的行为规则是一种恒则，不会因人的变化而轻易变化，这为社会的长期稳定提供了制度保障。同时，通过法律的制定和实施，可以明确社会成员的权利和义务，规范社会行为，减少社会冲突和矛盾。其二，执法为民是社会主义法治文化的本质要求，也是增强人民群众法治获得感的重要途径。执法机关严格依法办事，保障人民群众的合法权益，打击违法犯罪行为，维护社会公平正义，从而赢得了人民群众的信任和支持，进一步巩固了社会稳定的基础。其三，公平正义是社会主义法治文化的价值追求，也是社会和谐的重要体现。在法治文化潜移默化的影响下，社会成员逐渐形成了崇尚公平正义的价值观念，这有助于化解社会矛盾，促进社会和谐。同时，司法体系作为社会公正的最后一道防线，通过公正高效的司法活动，维护了社会的公平正义，增强了人民群众对法治的信任和认同。其四，服务大局是社会主义法治文化的重要使命，也是实现国家长治久安的关键所在。社会主义法治文化建设要求法治工作必须紧紧围绕党和国家工作大局来展开，为经济社会发展提供有力的法治保障。通过法治手段解决经济社会发展中的突出问题，可以推动经济社会持续健康发展，进而为社会的长期稳定奠定坚实的物质基础。其五，党的领导是社会主义法治文化的根本保证，也是维护社会稳定的核心力量。“党和法、党的领导和依法治国是高度统一的”[①]，在党的领导下，社会主义法治文化建设得以有序推进，法治体系不断完善，法治观念深入人心。党的领导确保了法治建设的正确方向，为社会的和谐稳定提供了坚强的政治保障。

最后，社会主义法治文化驱动社会文明进步。新时代社会主义法治文化建设通过塑造公共秩序、培育公民道德、守护公平正义以及推进多元文化交流，全方位、深层次地推进社会文明进步，是建设文明和谐社会的关键力量。

一是塑造有序的公共生活秩序。社会主义法治文化通过权威性和规范性有效地塑造着公共社会秩序。法律规范作为法治文化的具象载体，明确界定了公民在社会交往中的权利与义务边界。从日常生活的交通规则，保障道路上行人与车辆的顺畅通行，避免混乱与碰撞，到商业领域的契约法规，确保交易双方诚信履约，维护公平竞争环境，每一项法律条文的落地施行都是法治文化在公共生活细节处的渗透。公众在长期遵循法律规定的过程中，逐渐养成自觉守

① 中央文献研究室编《习近平关于全面依法治国论述摘编》，中央文献出版社，2015，第36页。

法、依规行事的习惯，这种习惯汇聚起来，便形成了有条不紊的社会运行节奏，使得社会生活各个环节紧密衔接又互不干扰，为社会文明的进阶营造了稳定、有序的外在框架。

二是培育公民道德素养。法治与德治犹如车之两轮、鸟之两翼，紧密相连、相辅相成。习近平指出："法律有效实施有赖于道德支持，道德践行也离不开法律约束。"[①]社会主义法治文化蕴含深刻的道德内涵，它通过法律的强制约束，反向催生公民内在的道德自觉。一方面，法律对诸如见义勇为、尊老爱幼等符合公序良俗行为的保护与倡导，为社会树立了道德标杆，引导民众在面对类似情境时作出正向选择；另一方面，对欺诈、盗窃等违法行为的惩处，不仅是对受害者权益的捍卫，而且从反面警示社会成员不可逾越道德底线。长此以往，在法治文化的浸润下，公民从被动服从法律走向主动契合道德要求，诚信、友善、互助等美德在社会中蔚然成风，成为社会文明进步的鲜明标识，不断充实着社会文明的精神内核。

三是彰显公平正义，促进社会公平正义的实现。公平正义是法治的生命线和社会主义的内在要求[②]。在立法环节，广泛吸纳社会各界意见，力求法规政策反映不同群体诉求，保障起点公平；司法实践中，严格遵循法定程序，以事实为依据、以法律为准绳，确保每一个案件审理都经得起法律和历史检验，让正义不缺席、不迟到，给予民众对法律公正的坚定信心。不论是弱势群体权益在劳动纠纷、社会保障案件中的有力维护，还是复杂产权争议的依法厘清，法治文化所保障的公平正义之光都穿透了社会各个阶层与角落，使得社会资源分配、利益协调有了公正的尺度，消弭矛盾冲突隐患，为社会文明稳步向前铺就坦途。

四是推动多元文化包容共生。社会主义法治文化以其包容开放的特质，为各类文化和谐共处撑起保护伞。一方面，法律平等保护不同民族、地域、群体文化传承与发展的权利，尊重风俗习惯、语言文字、艺术形式的多样性，使古老传统文化与现代新兴文化都能在法治天空下绽放光彩；另一方面，法治为文化交流划定规则边界，防止文化霸权与极端思想滋生，倡导在理性对话、相互借鉴中繁荣文化生态。从民俗节庆的依法保护到国际文化交流合作依规开展，法治文化促进文化多元共生，丰富社会文明色彩，以文化繁荣昌盛彰显社会文

① 习近平：《论坚持全面依法治国》，中央文献出版社，2018，第165页。

② 张文显：《法治的文化内涵——法治中国的文化建构》，《吉林大学社会科学学报》2012年第4期，第5-24页。

明进步活力。

四、推进中国式现代化的内在要求

党的二十届三中全会指出："当前和今后一个时期是以中国式现代化全面推进强国建设、民族复兴伟业的关键时期。"[①]在全面建设社会主义现代化强国的历史征程上，法治发挥着固根本、稳预期、利长远的保障作用，社会主义法治文化建设为政治稳定、经济高质量发展、文化繁荣以及生态文明建设提供坚实支撑。

第一，社会主义法治文化为推进中国式现代化营造安定团结的政治环境。稳定的政治环境是推进中国式现代化的必要前提。社会主义法治文化强调法治精神、宪法权威和规则意识，通过普法宣传教育，让民众深知维护国家主权、民族团结以及社会稳定的必要性和重要性。在社会主义法治文化的引领下，从基层社区的普法宣传，用邻里纠纷调解案例阐释治安管理法规，到面向公职人员的宪法培训，强化权力依法运行意识，社会主义法治文化把社会各阶层紧密地凝聚在法治框架下，确保民众参与政治活动在法治轨道上运行，避免混乱与无序，有效地维护社会稳定。同时，把坚持党的领导、人民当家作主、依法治国有机统一起来，是我国社会主义法治建设的一条基本经验[②]。在党的领导下，依法治国战略得以顺利实施，确保了国家政治生活的有序推进，为国家长治久安、政治局面安定团结筑牢铜墙铁壁，使中国式现代化在稳定土壤中稳步前行。

第二，社会主义法治文化为经济高质量发展保驾护航。我国创造出经济飞速发展、社会长期稳定的"两大奇迹"，同持续推进社会主义法治建设密切相关[③]。社会主义市场经济本质上是法治经济，社会主义法治文化通过构建公平、公正、透明的市场环境，为经济高质量发展提供了有力的法治保障。一方面，社会主义法治文化强调依法治理经济，保护产权和知识产权，恪守契约精神，为各类市场主体提供了稳定的预期和公平的竞争环境。这有助于激发市场活力和创新动力，推动经济持续健康发展。另一方面，社会主义法治文化还强调宏观调控和深化改革的法治化，确保政府在经济调节、市场监管、社会管理和公

①《中共中央关于进一步全面深化改革　推进中国式现代化的决定》，人民出版社，2024，第2页。

②《习近平法治思想概论》编写组编《习近平法治思想概论》，高等教育出版社，2021，第78页。

③ 习近平：《坚定不移走中国特色社会主义法治道路　为全面建设社会主义现代化国家提供有力法治保障》，《求是》2021年第5期，第4-15页。

共服务等方面的行为符合法律法规要求，避免政府过度干预市场或滥用权力。这种法治化的经济治理方式有助于实现经济高质量发展与法治建设的良性互动。

第三，社会主义法治文化为文化繁荣发展提供法治保障。文化软实力集中体现了一个国家和民族的凝聚力和生命力，以及由此产生的吸引力和影响力①。文化昌盛是中国式现代化的重要彰显，法治化的文化管理方式有助于文化产业的健康发展和文化软实力的有效提升。一方面，文化产业在法治轨道上蓬勃发展，著作权法守护创作者心血，从文学作品到影视作品，从音乐创作到软件研发，版权保护激励创作热情，确保文艺创作者劳有所获，为文化创新提供原动力。文化市场监管法规规范演出、展览、出版等行业，打击低俗、盗版文化产品，净化文化生态，提升文化品位。另一方面，中华优秀传统文化传承和弘扬有法可依，文物保护法让历史遗迹、古老技艺在法治的呵护下延续血脉，非遗传承人权益受法律保障，安心传艺授徒。此外，在多元文化交流融合场景下，涉外文化交流法规保障国际文化合作平等、有序，既吸纳世界优秀文化，又推动中华文化走向世界，以法治力量繁荣文化百花园，为中国式现代化注入深厚的精神滋养。

第四，社会主义法治文化是生态文明建设的深层支撑。人与自然和谐共生是中国式现代化的鲜明特点。社会主义法治文化通过构建生态文明法律制度体系，推动生态文明建设的法治化进程②。从源头立法理念普及开始，环境影响评价法、资源保护法等法律知识宣传让民众树立生态保护的底线意识，激发广大民众参与生态保护监督的积极性和主动性，形成全民环保法治共识。在执法环节，社会主义法治文化强化执法者严格执法意识，对污染环境、非法采矿等破坏生态行为零容忍，依法严惩不贷，彰显法律威严，震慑潜在的环境违法者。在司法救济领域，环境公益诉讼制度依托法治文化土壤成长，社会组织、检察机关依法为受损生态代言求偿，让绿水青山损害有人买单。同时，生态补偿法规在法治文化推动下合理落地，平衡区域发展与生态保护的利益关系，引导全社会走上绿色发展之路，以法治刚性守护生态柔性之美，助力中国式现代化绘就人与自然和谐共生的壮丽画卷。

① 中共中央宣传部编《习近平新时代中国特色社会主义思想学习纲要》，人民出版社、学习出版社，2019，第153页。

② 张文显：《法治与国家治理现代化》，《中国法学》2014年第4期，第5-27页。

五、实现全面依法治国的重要支撑

在新时代的宏大背景下，社会主义法治文化建设不仅承载着传承与发展法治精神的历史使命，而且在全面依法治国战略中发挥着不可替代的重要作用。深入探讨社会主义法治文化在实现全面依法治国进程中的多重支撑作用，特别是要厚植法治信仰以夯实思想基础、筑牢制度堤坝以确保法治实践有序进行，以及传承与创新中华优秀传统法律文化以提供精神动力。

首先，社会主义法治文化厚植法治信仰，夯实全面依法治国思想之基。法治信仰是法治社会的精神支柱，是全面依法治国的思想基础。法治信仰的培育离不开法治文化的浸润和引导。其一，法律知识是法治信仰形成的基础。社会主义法治文化利用多种渠道和形式广泛传播法律知识，使人们在了解法律的过程中逐渐认识到法律的重要性和必要性。这种普及不仅增强了人们的法律意识，还促使人们在日常生活中自觉遵守法律，维护法律尊严。其二，法治精神是法治信仰的灵魂。社会主义法治文化通过弘扬公正、平等、自由等法治价值观，引导人们树立正确的法治观念，形成对法治的普遍认同和尊崇。这些价值观体现了人们对法治的内在追求和信仰，成为引领社会进步的重要力量，是全面依法治国的思想保障。其三，法治实践是法治信仰形成的关键。在社会主义法治文化的引领下，民众积极参与立法、司法、执法等法治实践活动，亲身体验法律的公正性和权威性。这种实践不仅增强了人们对法律的信任感，还促使人们在实践中不断深化对法治的认识和理解，从而进一步坚定法治信仰。

其次，社会主义法治文化筑牢制度堤坝，为全面依法治国保驾护航。社会主义法治文化在制度建设方面发挥基础性和引领性作用。它强调法律的权威性和公正性，倡导法治原则贯穿于国家治理的各个环节，从而确保制度设计的科学性、合理性和有效性。

在社会主义法治文化的指导下，我国的法律体系不断完善，各项制度更加成熟定型，为全面依法治国提供了坚实的制度保障。一方面，社会主义法治文化把法律面前人人平等的基本原则贯穿于制度建设[①]，确保各项制度的公平、公正、公开。不论是立法、执法还是司法环节，都严格遵守法律程序，保障公民的合法权益不受侵犯。这种制度设计，不仅增强了制度的权威性和公信力，也提高了公民对制度的认同感和遵守度。另一方面，社会主义法治文化注重制

① 中共中央文献研究室编《十八大以来重要文献选编》上，中央文献出版社，2014，第553页。

度的稳定性和连续性。为应对新兴科技带来的日新月异的变化，制度需要保持一定的灵活性和适应性，但这并不意味着制度可以随意更改或废除。社会主义法治文化强调制度的稳定性和连续性，确保政策制定和执行过程中的法治化、规范化，避免因人为因素导致的制度动荡和不稳定。此外，社会主义法治文化还通过强化监督机制，确保制度得到有效执行。在全面依法治国的进程中，监督机制是不可或缺的一环。社会主义法治文化倡导建立健全的监督体系，包括人大监督、政协监督、舆论监督等，确保各项制度在执行过程中不走样、不变形，真正落到实处。

最后，传承和创新中华优秀传统法律文化，为全面依法治国提供精神支撑。习近平指出："中华法系在世界几大法系中独树一帜。要注意研究我国古代法制传统和成败得失，挖掘和传承中华法律文化精华，汲取营养、择善而用。"[①]在全面依法治国的背景下，传承和创新中华优秀传统法律文化对新时代社会主义法治文化建设具有不可替代的价值。

从思想资源角度来看，中华优秀传统法律文化为全面依法治国提供了深厚的文化底蕴。独具特色的中华法系蕴含极为丰富的法治实践和理论探索，如"法不阿贵，绳不挠曲""刑过不避大臣，赏善不遗匹夫"等法治原则，体现了中华民族对于公正、公平、正义的不懈追求。这些思想资源为全面依法治国提供理论支撑和价值取向，有助于坚定走中国特色社会主义法治道路的信心和决心。

从法治观念培育角度来看，传承和创新中华优秀传统法律文化有助于增强全民法治意识。中华优秀传统法律文化中蕴含着丰富的法治智慧和道德观念，如"以法治国，则举措而已矣""徒善不足以为政，徒法不能以自行"等论述，强调了法治与德治相结合的重要性。这些思想精华通过文化熏陶和教育引导，能够转化为人们的法律意识和法治观念，使人们更加自觉地遵守法律法规，维护社会公平正义。中华优秀传统法律文化还包含诸多实践经验，其中许多理念和做法对当代法治实践具有重要的启示意义。例如，"法宜其时则治，事宜其法则成"强调了法律应当与时俱进、适应时代发展的需要；"法者，定分止争也"揭示了法律在解决社会矛盾、维护社会稳定中的重要作用。这些理念和做法可以为我国推动法治实践创新提供有益的借鉴和参考。

从国际交流互鉴角度看，传承和创新中华优秀传统法律文化有助于提升中国法治文化的国际影响力。在全球化的背景下，不同国家和地区的法治文化相

① 习近平:《论坚持全面依法治国》,中央文献出版社,2018,第111页。

互交融、相互影响。中华优秀传统法律文化作为中华民族独特的精神标识和文化软实力的重要组成部分，通过国际交流互鉴，可以增进世界各国人民对中国法治文化的了解和认同，推动构建人类命运共同体。

第二节 新时代社会主义法治文化建设的重要功能

在新时代的历史方位下，社会主义法治文化建设被赋予了前所未有的重要性与紧迫性。作为社会主义文化体系的关键组成部分，法治文化不仅承载着塑造法治观念、引领法治实践的历史使命，还发挥着在复杂社会变迁中稳定预期、凝聚共识的独特作用。系统阐述社会主义法治文化建设的五大核心功能：引导功能，塑造正确的法治观念与价值导向；规范功能，确保社会行为在法治框架内有序运行；教育功能，树立正确思想意识和价值观念；整合功能，促进社会多元利益的和谐共存；保护功能，保障公民权利、维护社会稳定。这五大功能深刻揭示了社会主义法治文化建设在新时代背景下的理论逻辑与实践路径，为全面依法治国战略的深入实施提供坚实的文化支撑与理论指引。

一、社会主义法治文化的引导功能

法治文化的引导功能作用于社会行为发生之前，对社会行为的模式和后果进行整体规划，是法治文化作用发挥的重要形式之一。在新时代背景下，社会主义法治文化建设不仅关乎国家法治进程的推进，而且是社会文明进步的重要标志。其引导功能作为法治文化建设的核心要素，从思想的综合引领，到价值的深度融合，再到对社会宏观走向的把控，全方位地为法治中国建设锚定坐标，确保各项事业在法治轨道上稳步迈进。

第一，思想引领与理论武装。思想是行动的先导，理论是实践的指南。在社会主义法治文化体系里，坚实且正确的思想根基与先进的理论体系至关重要，它不仅为法治建设提供源源不断的智力支持，而且决定法治实践的成色与走向。

习近平法治思想作为当代中国马克思主义法治理论、二十一世纪马克思主义法治理论，是全面依法治国的根本遵循和行动指南[①]。在社会主义法治文化

① 中共中央宣传部、中央全面依法治国委员会办公室编《习近平法治思想学习纲要》，人民出版社、学习出版社，2021，第1页。

建设的每一个环节、每一项举措中，深入学习与贯彻这一思想都具有奠基性意义。例如，在法治宣传教育活动中，不论是进社区、进学校还是进企业，都将习近平法治思想的核心要义融入其中，以通俗易懂的案例、生动形象的讲解，让广大民众理解法治建设为了人民、依靠人民、造福人民、保护人民的深刻内涵，从而自觉成为法治建设的拥护者与践行者。各地纷纷举办专题研讨班、培训班，组织法律工作者、公职人员深入学习，将其内化于心、外化于行，确保在立法、执法、司法、守法各个环节精准落实，使法治文化建设始终沿着正确方向砥砺前行。

传承红色法治文化基因，红色法治文化承载着党在革命、建设与改革不同历史时期领导法治建设的珍贵记忆与卓越智慧。挖掘党领导法治建设的历史经验，是对法治文化源头的回溯与滋养[①]。从革命根据地的土地法、婚姻法，到新中国成立初期的一系列法律法规制定，每一步都蕴含着党为人民谋幸福、为民族谋复兴的初心使命在法治领域的彰显。如陕甘宁边区的“马锡五审判方式”，深入群众、调查研究、就地解决纠纷，不仅化解了当时诸多矛盾，而且为当代司法实践提供了亲民、便民、利民的范例。通过整理红色法治故事、保护相关历史遗迹、将其融入法学教育课程体系等方式，让红色法治基因代代相传，为社会主义法治文化注入强大精神动力，使后来者不忘来时路，在法治建设征程中奋勇争先。

第二，推动宪法权威和社会主义核心价值观的有机融合。宪法作为国家根本大法，是治国安邦的总章程；社会主义核心价值观则是凝聚全社会共识的精神旗帜[②]。二者在法治文化语境下实现有机融合，犹如车之两轮、鸟之双翼，共同推动社会向着民主、文明、和谐、法治的方向大步迈进。

习近平指出：“如果没有共同的核心价值观，一个民族、一个国家就会魂无所定、行无依归。”[③]通过立法程序，将社会主义核心价值观中的诚信、公正、法治等核心理念转化为具体的法律规范，使抽象的价值观念具有可操作性和法律约束力。一方面，在民事立法领域，将诚信、友善等价值观融入合同、侵权纠纷等法律规范。以诚信为例，在合同法中明确当事人的诚信义务，对违背诚信原则的欺诈行为给予严厉制裁，促使市场交易主体在经济活动中秉持诚

① 中共中央宣传部、中央全面依法治国委员会办公室编《习近平法治思想学习纲要》，人民出版社、学习出版社，2021，第2–3页。

② 罗先泽、张美萍编《社会主义法治文化建设研究》，中国政法大学出版社，2016，第81页。

③ 中共中央文献研究室编《十八大以来重要文献选编》中，中央文献出版社，2016，第133页。

实信用，维护市场秩序的公平稳定。另一方面，在社会法领域，围绕平等、公正等价值观，完善劳动法律法规，保障劳动者平等就业权，杜绝性别、年龄、地域等歧视，使社会资源分配更加均衡合理，让每一个社会成员都能感受到公平正义。通过一系列立法实践，宪法所保障的基本权利与核心价值观所倡导的精神内涵在具体法律条文中交相辉映，不仅能够强化宪法的权威地位，还能在全社会范围内树立正确的价值导向，促进公民法治素养的提升，社会主义法治文化也在这种融合中蓬勃生长。

第三，切实发挥社会主义法治文化对社会发展的定向作用。发展是治国兴邦的第一要务，是解决一切问题的根本。社会主义法治文化具有规范性和引导性的基本功能，能够为社会发展提供稳定预期和规则框架，促进社会经济持续健康发展。

在经济领域，社会主义法治文化引导市场主体依法经营。随着市场经济的高速发展，各类市场主体不断涌现。社会主义法治促使企业树立合规意识，从公司的规章制定、内部治理结构的合规搭建，到对外经营活动中的合同签订，均严格遵循法律法规。例如，大型科技企业高度重视数据隐私保护法律法规，投入大量资源建立合规体系，防止数据泄露风险，既保障用户权益，又为企业自身可持续发展筑牢根基。在新兴的共享经济、数字经济模式下，及时出台相应法规，引导业态健康发展，避免无序竞争与市场乱象，使经济发展在法治框架内平稳运行。在社会治理领域，社会主义法治文化助力构建和谐有序的社会秩序。基层社区通过开展法治宣传活动，普及治安管理、物业管理等相关法律知识，增强居民依法维权意识，减少邻里纠纷，促进社区和谐。在城市规划、环境治理等方面，依法依规进行决策与执行，保障公众的参与权与知情权，让民众切实感受到法治带来的公平正义。当出现社会矛盾时，人们倾向于运用法律手段解决，而非采取非理性方式。信访法治化改革便是最好的例证，引导群众依法信访，推动问题在法治轨道上得到妥善解决，社会发展因此更加平稳有序，向着更加美好的未来稳步迈进。在文化领域，社会主义法治文化守护文化创新与传承的净土。加强文化产业相关立法，保护文学、艺术、影视等作品的知识产权，激励创作者的创作热情，为文化创新提供法律保障。例如，对原创网络文学作品的版权保护，促使更多优秀网文作品诞生，推动网络文学产业蓬勃发展。同时，在文物保护、非物质文化遗产传承方面，制定严格法规，打击非法文物交易，扶持传统技艺传承，让中华民族悠久灿烂的文化在法治保障下薪火相传，为社会发展提供深厚的文化底蕴。

二、社会主义法治文化的规范功能

规范功能是指文化形态对于社会成员行为及社会秩序的约束与导向作用。社会主义法治文化的规范功能是指通过法律制度、法治理念及法治实践，对社会成员的行为进行规范化引导，确保社会秩序的和谐稳定。这一功能不仅体现在对违法行为的惩治上，而且体现在通过法治文化的熏陶，使尊法学法守法用法成为全社会的自觉行动上。因此，社会主义法治文化的规范功能是一种综合性的、多层次的规范作用，是对个体行为、社会组织乃至国家权力的全方位约束和引导，是构建社会主义法治国家的重要基石。具体包括法律制度的刚性约束，也包括法治理念的柔性引导，还涉及法治实践的具体操作。

第一，制度规范的刚性约束。国家法律和党内法规统一于社会主义法治建设，共同为党领导人民推进中国特色社会主义事业提供坚实的制度保障①。社会主义法治文化通过完善法律体系与党内法规的有效衔接机制，强化了制度执行的刚性约束，为法治国家建设提供了坚实的制度保障。一方面，要不断完善国家法律体系，确保各项法律法规的科学性、合理性和可操作性，为法治实践提供明确依据。另一方面，要加强党内法规建设，实现党内法规与国家法律的有机衔接，确保党的领导和依法治国的高度统一。在此基础上，强化制度执行监督，确保法律制度得到有效实施，对违法行为进行严厉惩治，形成有效的制度威慑。

同时，强化制度执行监督更是为制度规范的刚性落地保驾护航。徒法不能以自行，即便有完备的法律和党内法规，如果缺乏有效监督，制度将沦为一纸空文。设立专门的监督机构，如纪委监委，运用大数据、人工智能等现代技术手段，对制度执行情况进行全方位、动态化监测，一旦发现违规操作、打折扣执行等问题，立即启动问责程序。从政府部门的行政审批流程到国有企业的项目招投标环节，严格的监督促使公职人员严格依规办事，维护制度权威性，将社会主义法治文化所蕴含的制度刚性约束实实在在地体现在每一个治理细节之中。

第二，行为规范的实践指引。“所谓人的社会化是指人的后天行为的规范化，指生物的人或自然属性的人按照一定社会文化的要求而被教化为社会人、

①《习近平法治思想概论》编写组编《习近平法治思想概论》，高等教育出版社，2021，第308页。

文化人的过程。”[①]社会主义法治文化通过将法治要求嵌入社会治理的各个环节，实现了基层自治与法治的有机结合，为社会成员提供了具体可行的行为规范。村规民约作为乡村自治的“小宪法”，承载着法治文化下乡的重任。在广大农村地区，结合当地风俗习惯与法律法规制定的村规民约，涵盖邻里纠纷调解、环境卫生维护、尊老爱幼倡导等诸多事项。例如，规定村民不得随意倾倒垃圾，如有违反需承担清扫公共区域的责任，这既是对环保法相关规定的通俗化演绎，又借助乡村熟人社会的舆论压力促使村民养成良好的环保习惯，实现乡村自我管理与法治要求的有机融合。

行业章程是市场经济大海中的“航标”，引导各行业从业者依法依规经营。以金融行业为例，其章程严格规定从业者准入资质、操作流程规范以及风险防控要求，从银行柜员的每一笔存取款业务操作到金融分析师的投资建议出具，都必须在章程约束下进行，这背后是合同法、证券法等法律法规的强力支撑。一旦行业成员出现违规行为，不仅面临行业内部的惩戒，如吊销从业资格，还可能受到法律制裁，确保行业在法治轨道上健康发展，让社会主义法治文化的行为规范功能在经济社会各领域生根发芽。

第三，程序正义的价值彰显。“公正是法治的生命线，是人民群众感知法治的一把尺子。”[②]社会主义法治文化强调立法、执法、司法程序的公开透明，彰显了程序正义的价值追求，为法治实践提供了公开、公平、公正的制度环境。在立法程序上，从法律草案的起草、征求意见到审议表决，全过程向社会公开，广泛吸纳民意。如我国民法典的编纂，历时多年，通过网络平台、实地调研等多种方式征集民众建议数百万条，让民众参与到这部“社会生活百科全书”的创制过程中，确保法律反映人民心声，遵循正当立法程序诞生的法律才具有权威性与公信力。在执法环节，阳光执法成为常态。交警执法时全程开启执法记录仪，确保执法行为可追溯，既保护执法人员合法权益，又约束其严格依照法定程序办事，杜绝随意执法。在司法领域，公开庭审更是程序正义的集中展示，当事人双方在法庭上充分陈述、质证，法官居中裁判，公众可依法申请旁听，媒体进行报道，这一系列程序保障了司法公正，让民众切实感受到社会主义法治文化所彰显的程序正义价值，相信法律面前人人平等，法治阳光普照每一个角落。

---

① 司马云杰:《文化社会学》,中国社会科学出版社,2001,第37页。

② 中共中央宣传部、中央全面依法治国委员会办公室编《习近平法治思想学习问答》,人民出版社、学习出版社,2023,第62页。

三、社会主义法治文化的教育功能

教育功能是指社会主义法治文化凭借其内在的价值理念、知识体系与实践范式，对社会成员进行法治观念塑造、知识传授以及实践引导，促使个体从认知到行为全方位契合法治要求，进而推动整个社会法治氛围的养成与升华。它贯穿于社会发展的各个层面，以润物细无声的方式，将法治基因深植于民众内心，为法治中国筑牢坚实根基。在新时代背景下，社会主义法治文化的教育功能日益凸显，成为推动社会法治进程、提升公民法治素养的重要途径。

一是培育社会主义法治意识，构建“学校—家庭—社会”教育体系。习近平指出：“全面依法治国是一个系统工程，要整体谋划，更加注重系统性、整体性、协同性。”[①]培育民众深厚的社会主义法治意识是基础性工程，构建“学校—家庭—社会”三位一体的教育体系，好比编织起一张严密且全面的法治教育大网，全方位捕捉并浸润每一个成长阶段的个体，是培育社会主义法治意识的有效途径。学校作为知识传承与价值观塑造的主阵地，肩负着启蒙法治思维的重任。学校教育把习近平法治思想纳入教材，从基础理论知识讲解到现实案例剖析，让学生们系统学习法治精髓，明晰法治在中国特色社会主义事业中的引领地位。同时，开展模拟法庭等实践教学活动，为学生们搭建起全真的“法治舞台”，学生扮演法官、律师、当事人等角色，亲身体验法律程序的运行，感受法律的威严，这种沉浸式教育远比单纯理论灌输更能激发学生对法治的兴趣与敬畏，促使他们的法治意识生根发芽[②]。

家庭作为个体成长的第一环境，其言传身教的力量不容小觑。家长通过日常生活中的点滴小事，如遵守交通规则、依法纳税申报等，向孩子传递法治观念，让孩子在潜移默化中养成守法习惯。在社会层面，借助公共文化设施、社区活动等多元渠道，传播法治文化。法治主题公园展示法律条文、典型案例；社区举办法律讲座，邀请专家答疑解惑，营造浓郁法治氛围，使得民众无论身处何处，都能沐浴法治之光，持续强化法治意识。

二是提升法治能力，开展分层化、分类型的普法教育。社会主义法治文化不仅着眼于意识培育，而且致力于构建适配不同群体的法治能力提升机制，实现全民法治素养进阶。分层化、分类型开展普法教育，精准对接社会需求。领

① 习近平：《坚定不移走中国特色社会主义法治道路 为全面建设社会主义现代化国家提供有力法治保障》，《求是》2021年第5期，第4-15页。

② 陈柏峰：《习近平法治思想中的全民守法理论》，《法学》2024年第2期，第13-14页。

导干部作为政策制定者、执行者，其法治决策能力关乎公共利益与社会发展的走向。领导干部应加强法治理论的深度培训，通过引入重大决策合法性审查案例研讨，提升领导干部在复杂决策情境中运用法治思维权衡利弊、规避风险的能力，确保决策依法依规、科学合理，引领社会依法治理。

广大群众在日常生活中维权能力的培养是关键。通过开展消费者权益保护法、劳动法等与民生息息相关的法律知识普及活动，结合实际维权案例讲解，如劳动者遭遇欠薪如何申请劳动仲裁、消费者买到假冒伪劣商品怎样投诉索赔等，让群众手握法律武器，知晓维权途径与技巧，在面对侵权行为时能果断依法捍卫自身权益，激发民众主动学法用法的热情，提升社会整体的法治实践能力。

三是营造良好的法治环境，强化道德支撑和改善环境建设方法。法治是维护社会秩序的刚性手段，德治是维护社会的柔性手段，只有把两者结合起来，才能有效地维护社会和谐稳定①。道德讲堂作为弘扬传统美德、传播社会公德的前沿阵地，定期举办以“诚信守法”为主题的讲座与交流活动，邀请道德模范现身说法，讲述坚守道德底线、践行法治要求的人生故事，引发听众内心共鸣，让民众深刻认识到道德是内心自律法则，法治是外在强制规范，二者共同约束行为。诚信档案的建立更是将道德与法治紧密关联，不论是商业领域企业信用评级，还是个人社会信用记录，一旦出现失信违约行为，都应遭受道德舆论谴责，还应在法律许可范围内面临诸多限制，如贷款受限、取消招投标资格等，促使全社会珍视诚信，以道德涵养法治精神，为法治落地营造醇厚的社会土壤。

同时，构建以目标、价值、需求和实用为原则的法治环境建设方法，明确社会主义法治环境建设愿景，即打造一个人人信仰法治、行为受法律约束、权益靠法律保障的公平正义社会。围绕这一目标，坚守法治核心价值，将尊重人权、平等、公正等理念贯穿于立法、执法、司法全过程，让民众切实感受到法治带来的安全感与公平感。精准对接社会需求，根据不同地区、行业特点，有针对性地普及相关法律法规，如在沿海渔业地区重点宣传海洋环境保护法、渔业法，在高新技术产业园区聚焦知识产权保护法，满足实际生产生活中的法治需求。注重实用性，不论是法治宣传资料编制，还是法治培训课程设计，都力求通俗易懂、便于操作，让民众能迅速将所学法治知识转化为实际行动，全方位协同营造稳定、有序、和谐的法治环境。

四是构建国际话语，加强社会主义法治文化的国际传播。习近平指出：

---

① 习近平:《之江新语》,浙江人民出版社,2017,第206页。

“在对外斗争中，我们要拿起法律武器，占领法制高点，敢于向破坏者、搅局者说不。”[①]在全球化浪潮下，社会主义法治文化肩负着国际传播重任，向世界展示中国法治形象、讲好中国法治故事意义非凡。加强社会主义法治文化的国际传播，打破西方话语霸权，展现中国特色社会主义法治道路的独特魅力。一方面，借助国际学术交流平台、法律论坛等，组织中国法学家、法律实务专家分享中国法治建设成就，从民法典编纂彰显的人文关怀到司法体制改革提升的审判质效，以翔实数据、鲜活案例征服国际同行；另一方面，利用新媒体优势，制作多语种法治纪录片、短视频，展现中国基层法治实践、民众法治生活日常，如乡村法治调解员化解邻里纠纷、少数民族地区双语法官巡回办案等，让世界看到中国法治的温度与广度，提升国际影响力，为人类法治文明进步贡献中国方案。此外，加强与国际社会的沟通与对话，提升中国在国际法治领域的话语权和影响力，为构建人类命运共同体贡献中国智慧和中国方案。

四、社会主义法治文化的整合功能

整合是文化的一种重要功能，社会主义法治文化具有文化的基本功能属性。社会主义法治文化以价值共识为引领，以利益平衡和化解矛盾为实践路径，把文化融合作为创新方向，构建起具有中国特色和时代精神的社会主义法治文化体系，为全面依法治国和中华民族伟大复兴提供坚实支撑[②]。

第一，社会主义法治文化可以广泛凝聚共识。法治是现代国家治理的基石，其核心价值在于通过法律手段确保社会秩序的公正、平等与稳定。面对复杂多变的社会环境和利益格局，法治以其普遍适用性、权威性和公正性，成为社会各界广泛认同的核心价值。从国家治理层面而言，宪法是国家的根本大法，奠定了整个国家权力架构、公民基本权利义务的根基，是全体人民共同意志的最高体现。在社会层面，民众的日常生活离不开法治的保障与规范。出行时，交通法规确保道路通畅与行人安全；消费过程中，消费者权益保护法守护大众免受欺诈、劣质产品的侵害；就业过程中，劳动法为劳动者维护合理薪资、构建和谐劳动环境等合法权益提供坚实的保障。法治既保障了个人生活的有序进行，又在无形之中强化了人们对规则的尊崇，使得遵守法律成为一种无须思索的本能，这种全民性的认同与遵从，构筑起社会稳定运行的坚实屏障。

① 习近平：《论坚持全面依法治国》，中央文献出版社，2018，第225页。

② 王寿林、张美萍：《文化视阈聊法治：中国特色社会主义法治文化研究》，重庆出版社，2019，第147页。

一方面，认同性整合是社会主义法治文化凝聚共识的重要维度。法治通过其内在的价值导向和规则体系，强化了社会成员对共同价值和群体利益的认同。在法治框架下，个体行为被纳入法律规范的轨道，社会成员能够清晰地认识到个人行为与群体利益之间的紧密联系。这种认同不仅体现在对法律规则的自觉遵守上，而且体现在对群体利益的自觉维护和贡献上。法治通过其公正性和权威性，增强了社会成员对群体利益的归属感和责任感，从而促进了社会的和谐稳定。以企业为例，社会主义法治文化营造出公平有序的内部环境，企业依据相关法律法规建立健全规章制度，从员工招聘、培训到绩效考核、晋升辞退，每一个环节都有法可依、有章可循。员工入职时依法签订劳动合同，明确双方权利义务，这不仅保障了员工个人的劳动报酬、休息休假等权益，而且重要的是，让员工感受到企业运营的规范性与合法性，从而激发其对企业的认同感与归属感，将个人职业发展与企业成长紧密捆绑，主动为企业发展出谋划策、贡献力量，自觉维护企业的市场声誉与商业利益。

在社区治理领域，社会主义法治文化的整合功能同样发挥着关键作用。社区依据《中华人民共和国城市居民委员会组织法》等法律法规，依法开展民主选举、民主决策、民主管理与民主监督，居民在参与社区事务过程中，深刻体会到法治赋予自身的权利，如对社区公共设施建设、环境卫生整治等事项拥有发言权与表决权。这种参与感促使居民将社区视为共同家园，主动遵守社区公约，积极参与志愿服务活动，携手维护社区的和谐稳定，为社区整体利益添砖加瓦。不论是企业员工对企业群体利益的捍卫，还是社区居民对社区整体利益的守护，都是在法治引导下的认同性整合成果，它让个体在群体中找到价值坐标，为共同目标携手奋进。

另一方面，互补性整合是社会主义法治文化尊重个体利益的彰显。互补性整合强调在法治保障下，充分尊重个体的利益差异，实现个体利益与群体利益、社会利益的相互补充、相得益彰。法治体系通过多元化的法律规范，为不同个体提供了量身定制的“保护衣”。在市场经济浪潮中，民法作为调整平等主体之间人身关系和财产关系的基本法，发挥着举足轻重的作用。从物权编对个人财产所有权的明确界定，确保个体辛苦打拼积累的财富不受侵犯；到合同编为商业交易、民间借贷等各类经济往来提供精准规则，保障个体在经济活动中的合法预期得到实现；再到侵权责任编对人身伤害、知识产权侵权等行为的严格规制，为个体在遭受不法侵害时提供有力救济。

与此同时，在社会政策领域，政府依据相关法律法规制定民生保障政策，同样体现着对个体利益的尊重与呵护。以教育政策为例，义务教育法保障适龄儿童平等接受教育的权利，无论出身贫富、地域城乡，孩子们都能在国家法律保障下走进校园，开启知识探索之旅。在高等教育领域，国家通过奖助学金制度、助学贷款政策等，助力家庭经济困难学生实现大学梦想，让每一个个体都有机会凭借自身努力改变命运，追求个人理想。互补性整合使个体在追求自身利益最大化的过程中，既能得到充分的法律保障，又不会与群体利益、社会利益相悖，反而能够相互促进，共同推动社会向前发展。

第二，社会主义法治文化能够有效平衡社会利益关系。如果把社会比作一部庞大而复杂的精密机器，利益关系便是驱动这部机器运转的核心动力之一，有效平衡利益关系是社会主义法治文化重要的整合功能，如同稳固的榫卯结构，维系着社会大厦的稳固与和谐。

在社会主义法治文化引领下，个人利益与集体利益、局部利益与整体利益得以在法治框架内实现和谐共生。法治文化首先在人们的观念层面发挥引领作用，倡导公民树立正确的利益观，知晓个体是集体的一员，个人利益的实现要依托于集体利益的保障，就如同水滴与海洋的关系，离开海洋的滋养，水滴必将干涸。从社会治理领域来看，当面对城市更新改造项目时，涉及个别居民的房屋拆迁问题，社会主义法治文化引导居民认识到城市发展关乎整体利益，知晓合理的拆迁安置方案既能改善居住环境、提升城市品质，也是个人利益在未来长期得以提升的契机。同时，政府部门在推进项目过程中，充分尊重居民的合法个人利益，依据《国有土地上房屋征收与补偿条例》等法律法规，制定公平合理的补偿标准，公开透明地开展工作，保障居民对拆迁全过程的知情权、参与权与监督权，确保局部居民利益与城市整体发展利益相协调。在企业经营场景中，一方面，社会主义法治文化要求企业主尊重员工的个人权益，依法签订劳动合同，保障工资福利发放、劳动安全保护等权益，让员工在为企业拼搏奋斗时没有后顾之忧；另一方面，员工也须遵守企业规章制度，保守商业秘密，维护企业的品牌声誉，通过自身努力为企业创造价值，实现企业集体利益与员工个人利益的双赢。此外，在生态环境保护方面，社会主义法治文化促使企业认识到自身作为社会的组成部分，不能以牺牲环境这一整体利益为代价换取短期经济效益，必须严格遵守环保法规，控制污染排放；广大民众应自觉践行环保行动，监督企业排污行为。良好的生态环境是全社会的共同财富，也是每个人生存质量的保障。

面对社会发展过程中出现的贫富差距扩大、区域发展不平衡等社会问题，社会主义法治文化以其独特的力量为解决此类问题提供了新思路。通过改进和完善社会保障立法，从养老、医疗、失业到住房等各个方面，构建起全方位覆盖的社会保障体系，确保弱势群体在面临生活困境时有兜底保障，不至于因贫致病、因贫失学。在执法与司法实践中，严厉打击经济犯罪活动，防止非法敛财行为进一步加剧贫富不均，对于非法集资、洗钱等犯罪行为严惩不贷，维护经济秩序稳定，保障合法财富积累渠道畅通。

第三，社会主义法治文化是化解社会矛盾纠纷的重要手段。着重化解社会矛盾纠纷是维护社会稳定、促进社会公平正义的关键一环。矛盾普遍存在于事物发展的过程中，社会矛盾是社会发展的必然现象，它贯穿于经济、政治、文化、社会、生态等各个领域。就其本质而言，社会矛盾是不同利益主体在追求自身利益最大化过程中产生的冲突与对立。在新时代，随着经济的快速发展和社会结构的深刻变革，人民对美好生活的向往更加多元化，发展不平衡不充分的问题日益凸显，社会矛盾呈现出更加复杂多变的特点。因此，准确把握矛盾利益的根源是化解社会矛盾的前提和基础。

法治是现代社会治理的基本方式，为解决社会矛盾提供了科学的方法和路径。在新时代背景下，运用法治思维与手段化解社会矛盾，就是要坚持依法治理、公平正义的原则，通过完善的法律体系、严格的执法程序、公正的司法裁决以及有效的法治宣传教育等措施，构建起全方位、多层次的矛盾化解机制。以房屋拆迁问题为例，在过去部分地区曾因拆迁程序不规范、补偿标准不透明、安置方案不合理，引发被拆迁户与拆迁方的激烈对抗，严重影响社会稳定与城市建设进程。法治框架下的房屋拆迁工作有了全新“操作规程”。严格依据《国有土地上房屋征收与补偿条例》等法律法规，拆迁项目启动前，全面公示拆迁规划、用途、合法性审批文件，保障民众知情权；专业评估机构运用科学评估方法，结合当地房地产市场行情，对房屋价值进行公正评估，确保补偿价格合理反映房屋的真实价值；在补偿方式上，给予被拆迁户货币补偿、产权调换等多元化选择，尊重其意愿；若遇纠纷，被拆迁户可依法通过行政复议、行政诉讼等途径维护自身权益，拆迁方同样在法律约束下规范行事。

在民事调解领域，运用法治思维更是成效显著。面对常见的民间借贷纠纷，当债权人与债务人因借款金额、还款期限、利息支付等问题各执一词时，调解人员不再单纯依靠人情、常理“和稀泥”，而是依据《中华人民共和国民法典》合同编相关规定，首先厘清借贷合同的有效性，审查借款手续是否完备、利息约定是否合法合规；继而引导双方在法律界定的责任义务框架内协商解决方案，对于失信债务人，依法告知其可能面临的信用惩戒、强制执行法律后果，促使其主动履约，同时提醒债权人合法维权边界，防止过度索要高额利息等行为。通过将社会主义法治贯穿调解全程，使民事纠纷化解既有温情柔性的一面，又不失法律刚性的底线，保障社会经济交往的有序、公正，为社会和谐注入“润滑剂”。

五、社会主义法治文化的保护功能

社会主义法治文化建设是推动国家法治化进程、促进社会和谐稳定的重要基石。其中，保护功能是社会主义法治文化核心价值的体现，不仅关乎社会秩序的维护，而且深刻影响着公民权利与自由的保障。社会主义法治文化的保护功能是通过塑造社会成员的法治观念、规范社会行为、维护社会秩序等方式，为公民权利与自由的实现提供坚实的法治保障，构建一个以法律为准绳、以公正为核心的社会环境。

第一，社会主义法治文化维护社会主义核心价值体系。在当今全球化浪潮汹涌、多元文化碰撞交融的时代背景下，文化领域的较量悄然成为国家间竞争的重要维度。社会主义核心价值体系是凝聚国家共识、维护社会稳定的价值基石。社会主义法治文化凭借其权威性、规范性与普适性，为这一体系提供全方位保护，抵御内外部风险冲击，确保社会主义事业蓬勃发展。

正确认识把社会主义核心价值观融入法治文化建设的重要性和紧迫性。核心价值观是一个民族、一个国家最持久、最深层的力量。裹挟着个人主义、享乐主义等思潮的西方文化冲击我国本土文化生态与民众价值观，对我国的文化安全构成了严峻挑战。特别是一些影视作品过度宣扬拜金、暴力等不良观念，严重侵蚀青少年的思想。因此，将社会主义核心价值观融入社会主义法治文化建设刻不容缓，充分发挥法治的引导、推动、规范以及保障作用，促进社会主义核心价值观内化于心、外化于行。

坚持用社会主义法治文化来推动社会主义核心价值观建设。习近平指出：“要把社会主义核心价值观的要求转化为具有刚性约束力的法律规定，用法律来推动核心价值观建设。”[①]社会主义法治文化与社会主义核心价值观具有内在契合性。一方面，社会主义法治文化为社会主义核心价值观提供坚实的制度支

① 中共中央文献研究室编《习近平关于社会主义文化建设论述摘编》，中央文献出版社，2017，第111页。

撑。法律规范本身蕴含着公平、正义等价值理念，与社会主义核心价值观高度契合。通过立法将核心价值观具象化，使抽象的道德要求转化为具有强制力的法律条文，例如，将诚实守信纳入民法、合同法等规范，促使公民在经济交往中坚守诚信原则，以法治强制力保障社会主义核心价值观落地生根。另一方面，社会主义核心价值观为法治文化注入灵魂。法治文化若脱离社会主义核心价值观的指引，将沦为冰冷的规则集合。社会主义核心价值观赋予法治文化人文关怀与价值追求，让执法、司法过程不仅是法律条文的机械适用，而且是公平正义、人权保障等价值的彰显，使民众从内心认同法治，主动遵循法律规范，两者相辅相成，共同构筑社会价值秩序。因此，通过法律制度的制定与实施，将社会主义核心价值观转化为具体的法律规范和行为准则，引导公民树立正确的价值观念，形成积极向上的社会风尚。这一过程既是法治实践的过程，也是社会主义核心价值观内化和外化的过程。通过法治文化的熏陶和感染，公民能够在潜移默化中接受和认同社会主义核心价值观，进而将其转化为自觉的行动指南。

把社会主义核心价值观融入法治文化建设全过程、各环节。“社会主义核心价值观是社会主义法治建设的灵魂”[①]，从立法、执法、司法到守法，社会主义核心价值观都应贯穿其中，成为法治文化建设的内在要求和外在表现。在立法环节，要确保法律法规体现社会主义核心价值观的要求；在执法环节，要严格执行法律法规，维护社会公平正义；在司法环节，要确保司法公正，保障公民合法权益；在守法环节，要加强公民法治教育，提升公民法治素养。通过这一系列环节的实施，社会主义核心价值观能够在法治文化建设中得到全面体现和有效落实。

第二，社会主义法治文化保障公民权利与自由。公民权利与自由始终是衡量社会文明进步的重要标尺。社会主义制度的优越性从根本上致力于保障人民当家作主，确保公民能够全方位地享有广泛的权利与自由。习近平指出：“把生存权、发展权作为首要的基本人权，协调增进全体人民的经济、政治、社会、文化、环境权利，努力维护社会公平正义，促进人的全面发展。”[②]社会主义法治文化紧密连接制度理想与公民的现实权益诉求，为公民权利与自由提供理论基石与制度依托，在实践层面营造适宜环境、赋予公民维权力量，对维护社会稳定、激发社会发展活力起着不可替代的关键作用。

---

①《习近平法治思想概论》编写组编《习近平法治思想概论》，高等教育出版社，2021，第306页。

② 习近平：《习近平谈治国理政》第3卷，外文出版社，2020，第288页。

一是确立以人权和自由为核心的法治内涵。“人权文化”根植于对人的本质的尊重，强调人作为独立个体在生存、发展、参与社会等各环节所应享有的平等且不可剥夺的权利。从基本的生命权、健康权到进阶的受教育权、政治参与权，无一不是人权范畴的关键要素。“自由文化”并非脱离约束的肆意妄为，而是在遵循法律规范与公序良俗的前提下，公民得以充分展现个性、表达意见、选择生活路径的空间拓展。之所以将二者确立为法治的核心内涵，是因为法律具有权威性、普遍性与稳定性，能将抽象的人权、自由理念具象化，通过严谨立法明晰权利边界，保障公民在既定规则下安心追求自身权益，防止权力的滥用与任性干涉，抵御他人的非法侵害，为公民权利与自由的实现提供坚实的制度框架。

二是营造“守法光荣、违法可耻”的良好社会氛围。普法宣传是营造良好法治氛围的有力杠杆。在学校教育层面，构建多层次法治课程体系，从基础教育阶段的法律启蒙到高等教育的专业深化，以案例教学、实地参观法庭等方式，向学生传递守法的正向价值与违法的严重后果，培养其终身尊法守法习惯。在社会公共领域，借助新媒体平台、社区活动等多元渠道，开展法治宣传。利用短视频讲述邻里纠纷依法化解故事，举办社区讲座普及消费者权益保护知识，引导民众日常行为依法依规，形成社会普遍守法风尚。当守法成为社会主流，人际交往、市场交易等活动中的权利侵害隐患自然大幅降低，公民得以在安定的秩序下自由行使权利。

三是依托法治教育体系赋能公民维权能力提升。公民维权能力的提升有助于其在权利受到侵害时能够及时、有效地寻求法律救济，还能在整体上促进社会的公平与正义。具体而言，法治教育体系包括学校教育、社会教育、家庭教育等多个方面，通过系统的法律知识传授、法治观念培养、法律实践锻炼等方式，使公民能够更好地理解自己的权利和义务，掌握维权的法律手段和方法。同时，通过加强法律援助制度建设、完善维权机制等方式，为公民提供更加便捷、高效的维权渠道和保障。

第三，社会主义法治文化是防范社会风险的关键。习近平强调：“没有安全和稳定，一切都无从谈起。”[①]在复杂多变的社会环境里，各类风险交织叠加，从邻里间的琐碎争执到大规模的群体性冲突，从经济领域的合同违约乱象到社会公共秩序的潜在扰动，无不对社会稳定构成挑战。社会主义法治文化是社会的

①《习近平就建设平安中国作出重要指示强调　把人民群众对平安中国建设的要求作为努力方向　确保人民安居乐业社会安定有序国家长治久安》,《人民日报》2013年6月1日第1版。

“稳定器”，在防范社会风险方面发挥着独特且关键的作用。它不仅以其权威性引导人们理性化解矛盾，还通过润物细无声的文化熏陶培育民众的规则意识，从微观纠纷处理到宏观社会稳定维护，全方位为社会平稳运行保驾护航。

运用社会主义法治文化化解矛盾纠纷。法治文化蕴含着公平、公正、合法等核心价值观念，为矛盾纠纷的化解提供了稳固的价值基准。当矛盾产生时，基于法治文化浸润的当事人更倾向于依据既定法律规则、程序来寻求解决方案，而非诉诸武力或情绪化对抗。法律的明确性使得各方对自身权利义务有清晰的认知，避免无端猜测与过度诉求。例如，在民事侵权纠纷中，侵权责任法所确立的过错责任、无过错责任等归责原则，为当事人判断责任归属提供依据，引导双方平和沟通，通过协商、调解或诉讼等法定途径解决问题，防止矛盾升级恶化，维护社会关系的相对和谐。

借鉴“枫桥经验”，建立以人民调解为基础，行政调解、司法调解有机结合的多元调解体系。“枫桥经验”是基层社会治理的典范，新时代坚持和发展“枫桥经验”，要充分发挥人民群众的主体作用，以法治思维引领基层治理创新。人民调解依靠基层群众组织、热心调解人士，凭借他们熟悉当地情况、了解人情世故的优势，对邻里纠纷、家庭矛盾等进行调解，将矛盾化解在萌芽状态。行政调解依托政府职能部门，针对劳动纠纷、土地权属争议等专业性较强的矛盾，由相关部门依据行政法规进行调解。司法调解由法院在立案前或审理过程中，对适宜调解的民事案件引导当事人调解结案。三者相互配合，形成从源头到终端的纠纷化解链条。

培养规则意识以预防群体性事件，维护社会和谐稳定。规则意识是法治文化的核心要素之一。加强法治宣传教育，开展法治实践活动，树立法治典型示范，使群众了解并认同法律规则，形成自觉遵守法律的良好习惯。同时，加强对违法行为的惩治力度，提高违法成本，以儆效尤。针对可能引发群体性事件的矛盾和问题，建立健全预警机制与风险评估体系。通过舆情监测、社会调查等方式，及时掌握舆情动态和社会情绪变化，提前进行风险排查与化解。加强基层组织建设，提高基层组织的矛盾纠纷调解能力，将矛盾纠纷化解在基层，消除在萌芽状态。此外，社会主义法治文化的持续引领与深化，是预防群体性事件、维护社会稳定的重要保障。通过不断加强法治文化建设、弘扬法治精神、传播法治理念、推动法治实践，形成人人守法、遇事找法的良好社会氛围。同时，注重法治文化的创新与发展，结合时代特点与群众需求，推动法治文化不断焕发新的生机与活力。

第四章
新时代我国法治文化建设的时代诉求

社会主义法治文化建设是建设法治国家的文化支撑和精神力量，也是提高国家文化软实力和竞争力的重要途径。当前，世界百年未有之大变局下，国际国内形势相互交织、相互影响，为法治文化发展提供了新的机遇和挑战，法治文化建设必定会在现代化与全球化各种复杂矛盾相互作用下随时改变，不至于落后于时代的发展，否则就会出现以旧有理论来引领新实践的情形，抑或出现理论与实践皆滞后的局面。在新时代新征程下，必须坚持以人民为中心推进法治文化建设，并使其成为批判错误理论、破除虚假观点、澄清模糊认识的有力武器，从而增强法治文化的自信心。

第一节
社会主义法治文化建设进入新时代新征程

法治文化是捍卫国家文化安全的坚实壁垒，法治文化建设则是守护与构筑国家意识形态安全的关键之举。社会主义法治文化建设进入新时代新征程，这是党的十九大作出的一个重大历史判断、政治论断和理论创新，其主要依据是随着政治经济飞速发展，我国取得了历史性成就、发生了历史性变革，中国人民的生活水平得到显著提升，中国经济发展进入新常态，中国社会主要矛盾出现新变化，已转化为人民日益增长的美好生活需要和不平衡不充分的发展之间的矛盾。面对错综复杂的国内、国际局势，中国的发展离不开法治文化的精神支撑，法治文化是法治建设的支撑和灵魂。只有大力加强社会主义法治文化建设，才能把一个个发展挑战变为一个个可掌握的发展机遇，让中华民族伟大复兴的中国梦变为现实。

新时代是坐标，新征程是号角。建设社会主义法治文化是建设社会主义法治国家的战略性、基础性工程。2021年4月5日，中共中央办公厅、国务院办公厅印发《关于加强社会主义法治文化建设的意见》，进一步指出社会主义法治文化是社会主义法治国家建设的重要支撑，并强调在新的历史条件下，实现社会主义法治国家建设的目标，必须始终贯彻习近平法治思想，坚持党对全面依法治国的领导，坚持以人民为中心，坚持继承发展、守正创新，不断推进社会主义法治文化建设步入新境界。

一、坚决贯彻习近平法治思想

如果没有积极的法治思想引领，就不可能有社会主义法治实践。加强社会主义法治文化建设，重点在于必须深入贯彻落实习近平法治思想。习近平法治思想以破解法治难题为关键，制定一系列重大决策部署，明确描绘出新时代全面推进依法治国的宏伟蓝图。当前，世界格局正经历百年未有之大变局，中国特色社会主义阔步迈入新时代新征程。在此关键时期，建设社会主义法治国家，必须深入宣传贯彻习近平法治思想，围绕法治文化理论开展科学体系构建工作，深入阐释法治基本原理、新时代社会主义法治基本理论、全面依法治国各项基本观点以及文化脉络、价值观念与文明发展的内在联系，从而构建起内在融贯的价值体系和连贯统一的概念体系，为社会主义法治文化建设夯实根基。

二、坚持党对全面依法治国的领导

在我国，大力推进社会主义法治文化建设必须毫不动摇地坚持党的领导。“法治当中有政治，没有脱离政治的法治。……每一种法治形态背后都有一套政治理论，每一种法治模式当中都有一种政治逻辑，每一条法治道路底下都有一种政治立场。”[①]坚持党的领导，是中国特色社会主义法治的内在核心要求，是保障其稳健发展的根本支撑，也是夯实社会主义法治文化独特性的根本依据。将党的领导贯穿于全面依法治国的全过程，核心目的是牢牢把控社会主义法治文化建设的正确航向，不断强化“四个意识”、坚定“四个自信”，把“两个维护”切实落实到行动中，心无旁骛、毫不动摇地沿着中国特色社会主义法

① 中共中央文献研究室编《习近平关于全面依法治国论述摘编》，中央文献出版社，2015，第34页。

治道路上阔步前行。在中国这样一个14亿多人口的发展中国家实现中华民族伟大复兴，离不开社会主义法治的保障和支撑，更离不开几代中国共产党人对法治文化的不断创新和发展，进而形成了新时代社会主义法治文化体系。如以“依法治国”为议题的党的十八届四中全会的召开以及党的十九大提出的“以人民为中心的新时代中国特色社会主义法治文化形成”，无不体现出社会主义法治文化建设在党和国家全局工作中的地位更加突出、作用更加重大、意义更加深远。坚持党的领导是推进法治体系建设的基本经验。实践证明，社会主义法治文化体系之所以能够科学有效构建，是因为各级党委贯彻执行以习近平同志为核心的党中央全面依法治国的理论和方略。

三、坚持人民主体地位

在社会主义中国，党来源于人民、植根于人民、服务于人民，宪法法律本身就是党所代表的全体人民的共同意志上升为国家意志的体现，这也是社会主义法治与西方资本主义国家法治的本质区别。党的十八届四中全会明确提出，社会主义法治文化建设必须始终坚持以人民为中心，“坚持为了人民、依靠人民、造福人民、保护人民，以保障人民根本权益为出发点和落脚点”①，将体现人民利益、呼应人民愿望、维护人民权益、增进人民福祉，切实融入社会主义法治文化建设，贯穿于全面依法治国的全过程、各领域。当前，我们处于新时代，处于新的历史发展时期，法治文化建设更要始终贯彻落实全心全意为人民服务的宗旨，想民之所想、急民之所需、解民之所困。

具体而言，一方面充分发挥人民代表和人民群众在立法中的作用，扩大人民参与立法的权利；大力推行权力清单制度，扩大政务公开范围，加强人民群众对政府行为的监督；依法解决人民群众的利益诉求，维护社会的公平正义；建立人民参与司法活动、监督司法活动的各项制度，并不断完善人权司法保障制度设计，从根本上确保公民的宪法权利能够真正落到实处。同时，法治信仰是法治文化的核心，因此新时代社会主义法治文化建设要引导全体社会成员树立对法律的信仰，使法治成为全社会的共同价值追求。通过教育、宣传等多种方式，人们深刻认识到法律的权威性和公正性，自觉尊法、学法、守法、用法。另一方面，要在全社会范围内积极营造全面依法治国的良好人文环境，发挥社会主义核心价值观的引领作用，创作推出一批法治文艺精品，推动形成崇

①《中共中央关于全面推进依法治国若干重大问题的决定》，人民出版社，2014，第6页。

尚法治的社会风尚。

四、坚持继承发展、守正创新

一方面，对待传统文化不能自高自大、循规蹈矩，而要理性审视和科学分析。传统文化是法治文化建设的重要资源，要深入挖掘传统文化中的法治元素，将传统文化与法治文化中的现代法治精神、法治理念有机结合。传承和弘扬传统文化中的法治精神，为法治文化建设注入新的活力。对待西方法治文明，绝不能囫囵吞枣、生搬硬套，要做到不拒斥、有鉴别、会扬弃、勇创新，特别是一些基本法治观念、法律概念、法学范畴，作为人类文明的共同成果，应当被新时代社会主义中国加以创造性转化和创新性发展，更好地推进国家治理体系和治理能力现代化①。另一方面，法治文化建设要紧跟时代发展，充分利用新媒体、新技术，强化宣传的吸引力。新媒体技术为法治文化建设提供了新的平台和手段，要充分利用互联网、移动终端等新媒体平台，开展法治文化活动。通过制作法治文化短视频、微电影、动漫等新媒体作品，法治文化增强了吸引力和感染力。总之，社会主义法治文化建设进入新时代新征程，需要我们以更高的站位、更宽的视野、更大的力度，推动法治文化建设创新发展，形成符合国情的新时代中国特色社会主义法治文化。通过明确目标、夯实基础、创新手段、完善机制，法治文化深入人心，为建设法治中国奠定了坚实的文化基础。

社会主义法治文化作为新时代中国特色社会主义先进文化的关键构成，有机融合了全体人民的意志、党的主张与国家意志，实现了社会主义精神文明与政治文明的统一，促进了社会主义法治理论与全面依法治国实践的结合，推动了法治宣传教育与法治行为习惯养成的协同。它是多维度统一的集中呈现，彰显了社会主义法治建设的独特价值与深远意义。这不仅体现了社会主义法治的本质要求，而且是对人民主体地位的高度尊重与切实维护，使人民在法治的庇护下，充分享受各项权利，感受公平正义的温暖阳光。社会主义法治文化是中华优秀传统法律文化创造性转化和创新性发展的崭新成果，构成了全面推进依法治国、建设社会主义法治国家的深厚文化根基。新时代持续有序推动社会主义法治文化建设纵深发展，必须坚定不移地将依法治国与以德治国紧密结合，持续完善社会主义核心价值观融入法治文化建设的体制机制，凝聚起德法共治

① 王一彪：《对法治文化建设的几点思考》，《党建》2015年第9期，第39-42、36页。

的强大合力，紧跟新时代，适应新变化，迎接新挑战。只有这样，才能守住法治文化的根脉，让法治文化在新时代绽放出更加蓬勃的生机与活力，为全面建设社会主义现代化国家筑牢坚不可摧的法治根基，注入源源不断的强大文化动力，引领我们在法治的道路上稳步前行，开创更加美好的未来。

第二节
新时代新阶段法治文化建设面临的问题与挑战

法治文化是法治建设的灵魂和重要组成部分，它涵盖了法治理念、法治精神、法治习惯等诸多方面，是推进国家治理体系和治理能力现代化的重要支撑。在新时代，我国法治文化建设取得了显著成就，全面依法治国深入推进，法治文化建设被赋予了新的时代内涵和使命，广大人民群众的法治观念和意识也得到了提升。然而，法治文化建设并非一帆风顺，在实践中仍面临着法治权利意识淡薄、法治文化体系不完善、普法氛围不浓厚、自觉自信不充分等诸多亟待解决的问题和挑战。党的十九大报告明确提出，要大力建设社会主义法治文化，牢固树立宪法法律至上、法律面前人人平等的法治理念。但是，当前社会主义法治文化建设距离法治精神真正融入社会的方方面面，实现全民自觉遵守法律、尊崇宪法的理想状态，仍有很大差距。

一、民众法治意识、权利意识还需加强

儒家文化自形成并传承至今已有两千余载，在漫长的历史进程中，长期占据着中国传统文化的核心地位，对中国数千年的立法活动产生了深远影响。诚然，中国传统法律文化源远流长，但不可忽视的是，历经两千多年的儒家文化浸润，在一定程度上推动形成了以“人治”为显著特征的专制统治格局。人治意味着专制，当权者的个人意志凌驾于社会之上，权力无须受法律约束，带有很大的随意性和很强的专横性。同时，中国传统社会数千年，老百姓没有接受过系统学习，国家也没有普法运动，“人治”“为政在人”思想根深蒂固，尤其是“三纲五常”等封建纲常伦理成为封建国家意识形态的重要原则，主导封建社会的立法和司法活动，并逐渐转化为人们的行为约束和思想禁锢，使“法治”难以得到切实有效的贯彻实施，“以伦理道德为特点的传统法律思想，确

实存在不少糟粕，存在着不少与现代社会格格不入的东西”[①]。

新中国成立以来，社会主义法治文化建设真正开始萌芽并快速发展，封建法律文化整体瓦解，但“明君圣主”“贤人政治”“为政在人”和权力本位等历史发展积累形成的封建枷锁，仍在不同程度上影响着中国人的思维方式与行为习惯，直到全面依法治国的今天仍可见其踪影。这些个人意志占据主导的“人治”理念对新时代依法治国产生消极影响，进而阻碍社会主义法治文化建设迈向现代化的进程。马克思明确指出，人们不是随心所欲地在他们选定的条件下创造自己的历史，而是在直接碰到的、既定的、从过去承继下来的条件下创造的。当今，在我国大力构建社会主义法治体系、全面推进依法治国的过程中，在一定程度上受到尊卑观念、权大于法等传统伦理的掣肘，随之也就出现了不顾法治准则，轻视甚至放弃法治思维、法治原则、法治方式、法律手段、法律制度和民主方式等不利影响。

一是“不懂法”。由于公民法治教育发展相对滞后，部分民众对法治文化的理解还停留在表面，认为法治文化仅仅是法律条文的宣传和普及。他们没有认识到法治文化更深层次的内涵，如法治精神、法治思维等。这种片面理解导致公众对法治文化的重要性缺乏深刻认识，难以形成自觉遵守法律、维护法律权威的意识，信权不信法、信访不信法、信闹不信法等现象在一定范围内仍有表现，对社会主义法治建设造成严重影响，成为社会法治建设的沉疴顽疾。

二是“难守法”。一方面，社会法治化的实现，离不开政府率先垂范，迈向法治化进程。法律作为社会秩序的基石和公民权利的保障，应当是公正、公平且不容亵渎的。只有让“合不合法，合不合程序”成为行政执法人员日常工作中一以贯之、时刻坚守的行为圭臬，坚决杜绝一切非法干预执法的现象，才能让信法守法在全社会蔚然成风，内化为全体民众的自觉行动。另一方面，部分民众缺乏主动自觉承担法律责任的观念和意识。近年来，群众的公民意识和维权意识大幅提升，但思想意识和行为方式上的责任意识和守法意识还存在不足。公众规则意识淡薄，积极的守法行为缺失，在一定范围内仍有体现。面对法律规范，民众应秉持明确态度：法律禁止之事，坚决不为；法律提倡之事，积极而为；法律保护之事，依法去做。这种态度不仅体现出民众对法律秩序的尊重，也是民众自觉承担法律责任，在观念与意识层面理应坚守的原则。

三是“少用法”。随着相关法律体系的完善、市场经济的深入发展，我国

① 杨鹤皋:《中国法律思想史》下，北京大学出版社，2004，第1038页。

公民尊法守法的意识逐步增强，基本可以做到依法办事。但与此同时，受传统思想观念以及不良社会风气的影响，部分民众相对来说缺乏积极主动学法守法的意识和掌握运用法律维护自身合法权利的能力。在我国，权利意识作为公民意识的核心内容，其社会基础却相对薄弱，这在很大程度上是封建时期强调等级秩序、皇权至上，民众处于被统治地位，缺乏对自身权利的认知和主张导致的。这种思想观念延续下来，在一定程度上对公民权利意识和法律思维的形成和发展产生了阻碍作用。同时，伴随互联网技术的发展，自媒体平台顺势崛起，网络上社会公众对于司法案件的关注度越来越高，一些导向不明、泥沙俱下的言论，真假混杂、源头难溯的报道影响了民众的价值观念，从而使部分民众逐渐倾向于通过不合规、不合法的手段来表达意见、反映诉求，对运用法律武器来解决实际问题的诉求略有不足。

二、法治文化体系还需健全

新时代开展社会主义法治文化建设是一个整体的、系统的工程，需要多个方面、多个要素相互协调、共同发挥作用。在社会主义法治文化建设稳步推进、全面依法治国向纵深发展的进程中，意图短时间内成为社会主义法治文化大国乃至强国，存在诸多不确定性。我们必须清醒地认识到，法治文化建设绝非一朝一夕之功，而是一个长期且艰巨的系统性工程，实现过程是曲折的、长久的，在这一建设过程中我们要毫不动摇地坚持法治思维、坚守法律底线。近几年，虽然我国法治文化建设取得了一定的成就，但是由于我国长期受到“人治文化”的影响，不论从法治教育环节、法治信仰情况，还是从执法环境来看，我国法治文化体系还不够完善，法治文化建设的整体框架尚处于构建与优化阶段，文化建设、思想道德建设与法治文化建设之间未能实现有效融合，在顶层设计以及保障环节均缺乏成熟完备的机制。

在当今社会，立法不仅是法律体系的构建基础，而且是社会秩序、公平正义的保障，其重要性不言而喻。中国特色社会主义进入新时代，我国社会主要矛盾发生变化，在实现“两个一百年”奋斗目标的历史交汇期，面对国际国内的复杂局势和巨大挑战，立法规划查漏补缺的任务愈加繁重，我国立法工作任重道远。尤其是随着社会经济和技术的发展，因新兴领域的立法空白而暴露出的问题亟待重点统筹谋划、不断完善，既要回应社会需求，又要确保法律的科学性、前瞻性和可操作性。

从立法的广度来看，现代社会结构复杂，利益诉求多样化，立法必须平衡各方利益。同时，科技的飞速发展，尤其是人工智能、大数据、区块链等新兴技术的应用，对传统法律体系提出了新的挑战。立法机关需要在鼓励技术创新与保障社会公共利益之间找到平衡，制定出既具有前瞻性又能有效应对现实问题的法律规范，以确保立法的全面性和系统性。从立法的深度来看，法律体系是一个动态发展的过程，需要不断修订和完善。随着社会变迁，社会多元化趋势明显，不同群体的价值观、利益诉求日益多样，旧的法律可能不再适用，新的社会问题需要法律规范。立法者需要在立法过程中深入研究社会现实问题，广泛听取社会各界的意见和建议，充分考虑法律实施的社会环境和执法能力，根据实践反馈，及时修订法律内容，确保法律的实效性。此外，法律之间的协调性也是深度立法的重要考量因素，避免法律之间的冲突和矛盾，构建一个有机统一的、具有公正性与可接受性的法律体系是立法者需要不断努力的方向。

当前，法治文化建设与社会整体发展的不平衡性在一定范围内有所体现。我国作为统一的多民族国家，幅员辽阔，地区间环境差异显著，各地区经济发展呈现出一定的不平衡性。经济基础决定上层建筑，法治文化建设作为上层建筑的重要组成部分，其发展水平不可避免地受区域经济发展状况的制约，导致地方法治文化建设水平呈现出不均衡的状态。东部沿海地区拥有充足的资源投入法治文化建设，能够吸引和培养更多的法治人才，开展丰富的法治实践活动，从而形成浓厚的法治氛围。中西部地区近年来法治文化建设取得了一定的成就，拥有较为丰富的法治文化场馆、专业的法治宣传团队以及多样化的法治文化活动，法治体系不断完善，但在教育、科技、文化等方面相比东部沿海地区后劲略有不足，这些在一定程度上制约了法治文化建设的进程。同时，社会存在决定社会意识。区域经济差异导致不同地区人们生活方式、价值观念、行为模式的差异，进而影响了法治意识的形成和发展。东部沿海地区市场经济蓬勃活跃，民众有机会接触到高质量的法治讲座、展览，可以更好地学习现代法治思维，融入现代法治规则体系。在日常生活中，他们具备强烈的法律维权意识，善于运用法律武器捍卫自身权益。在中西部地区，伴随着国家政策的支持、经济的发展以及人才引进力度的加强，民众的法治教育水平显著提高，法治文化素养整体提升。但也有部分群众因长期以来受传统观念的深度影响，法治意识相对淡薄。因此，普法宣传教育工作在覆盖范围和推进程度上存在一定不足，遇到问题时，他们可能倾向于通过信访途径解决，而非寻求法律帮助。这种地区间法治文化建设水平的显著差异，已成为当前我国法治文化建设进程中亟待解决的难题。只有妥善解决了这一问题，才能为全面普法工作的深入开展开辟广阔道路，让法治观念如春风化雨般渗透到每一位公民心中，为依法治国方略的稳步、有序实施提供坚实保障。

法治文化服务体系的不健全已经成为法治社会建设进程中的绊脚石。当前，我国法治文化服务体系的建设存在不足之处。追根溯源，这一问题的关键症结在于与之配套的软环境建设落实到位率略显不足，导致法治文化建设与社会治理目标之间难以形成紧密呼应、协同共进的良好局面。这种不平衡性和发展差异性，一定程度上阻碍了法治文化在全国范围内的均衡发展，不利于全民法治素养的整体提升。法治文化建设并非某一个部门或机构的单打独斗，需要政府、社会组织、企业以及学校等多方主体的协同合作。但在实际运作中，各主体之间的沟通与协作不足，各自为战的现象在一定程度上有所体现，导致法治文化服务难以形成强大合力，资源无法得到充分整合与利用。这导致法治权力在不断发展完善，并逐渐与社会主义法治文化实践相结合的过程中，无法充分发挥社会主义法治的独特优势，法治对于其他公权力应有的制约与平衡作用也无法得到充分彰显。畸形现象时有发生，使法律应有的稳定性、规范性、连续性与权威性受到挑战，一定程度上阻碍了我国新时代社会主义法治文化的建设进程。当然，法治文化体系的健全与发展是一个长期过程，需要多措并举，方能久久为功。

三、法治文化宣传方式还需改进

法治文化是法治社会的精神内核，是推动法治建设的重要力量。有效的法治文化宣传，能够增强民众的法治意识，促进全社会形成尊法、学法、守法、用法的良好氛围。进入新时代以来，在社会快速发展、信息技术日新月异的背景下，法治文化宣传的重要性愈加凸显。然而，我国法治文化宣传方式却呈现出相对滞后的状态，这种滞后性在一定程度上削弱了法治建设的群众基础，还有可能削弱民众对社会主义法治的深层信任，亟须深入剖析并寻求改进之策。

当前，我国专项普法教育活动已步入“七五”建设的崭新阶段。这一关键节点，不仅是法治文化宣传工作进程中的一个重要里程碑，而且意味着全民法治教育已成功构建起社会化、系统化的发展格局。以学校教育体系为根基、社会培训机构为补充的法治教育系统日臻完善，然而，随着普法教育资源的丰富与完善，却暴露出在新时代背景下，作为法治文化主体的社会公众对普法教育的认知深度与参与度略显不足的问题。这种主体意识与客观条件之间的落差，一定程度上成为制约法治文化建设的瓶颈。

作为传递时代精神和展现法治样态的重要载体，普法教育不仅要始终确保内容具备先进性、科学性与准确性，还应构建起大众化、多元化且贴近民众的价值传播理念。在新时代背景下，我国法治文化的宣传成效显著，逐渐在全社会形成学法守法用法的良好法治氛围。但我国普法教育在一定程度上存在宣传内容同质化、浅表化和工具化的问题，对于满足公众对法治多元认知需求以及探索触及法治文化的深层价值略显不足。同时，法治与文化的融合点没有完全打通。一些地方对法治文化宣传的理解相对处于浅尝辄止的层面，在一定程度上缺乏对案件背后法治理念和社会意义的深入剖析，使得部分民众缺乏对法治价值的深度理解，法治观念的学习程度及法治思维的传播力度有待加强。再加上部分民众受传统观念的影响，存在“人治”思维，对法律的权威性和重要性认识略有不足，在应对热点事件时往往出现情理表现大于法理表现的现象，对于法律武器的运用有待加强。《中华人民共和国刑法》《中华人民共和国劳动法》等一系列法律已为民众生活筑牢了基本的法律根基，使得民众在多数情况下能够做到有法可依。不过，在社会主义法治文化建设过程中，民众的实际参与程度仍有较大提升空间，部分民众受到不良新闻的恶意引导以及不良社会现象的影响，对社会主义法治易产生以偏概全的消极看法，法治文化建设过程中的参与感在一定程度上会有所降低，对形成全社会共同参与法治文化建设的良好氛围造成一定影响。

党的十八大以来，党和国家高度重视社会主义法治文化建设，强调要积极推进法治文化与人民群众的工作、生活相统一，让法治文化真正内化至人民群众的心中、熔铸于头脑里、固化在行为上。在全面推进依法治国的时代浪潮下，法治文化建设的重要性愈加凸显。法治文化宣传作为传播法治理念、弘扬法治精神的关键路径，其成效直接关系到法治社会的构建进程。然而，当前法治文化宣传在载体方面却在一定程度上存在问题，亟待我们去审视与解决。在以往的法治文化宣传过程中，不可避免地出现过度依赖报纸、电视、广播等传统媒介的现象，虽然在一定程度上宣传了社会主义法治文化，在全社会营造了法治的氛围，但传统意义上的标语式、广播式、传单式的法治宣传方式受众面狭窄，缺乏系统性和针对性，难以吸引民众的关注和互动，尤其是年轻一代，他们更倾向于通过新媒体获取信息。在新时代背景下，新媒体在法治文化宣传中已得到一定应用，将法律条文和典型案例在短视频、直播等新兴传播领域进行生动的演绎，趣味性强，很好地吸引了用户的关注与互动。然而，在新媒体时代，虽然线上宣传已成为重要手段，但部分地区利用新媒体的力度略显不足，法治宣传体系对于满足不同区域、不同群体的法治文化需求略显不足，缺乏创新性与互动性，一定程度上影响了法治文化的纵深发展。部分地区“一个宣传平台、一个宣传栏目、一个法治网站、一份法治专刊、一个专人负责”的“五个一”机制不够健全，对于文化水平较低的群体，使用过于专业、晦涩的法律条文进行宣传，一定程度上未能充分考虑其接受能力和生活实际，难以达到预期效果。同时，法治文化宣传人员的配置存在一定的不合理性，专业法律人才倾向于留在城市发展，农村法治宣传工作主要依靠基层干部兼职开展，他们缺乏专业的法律知识和宣传技巧，使得农民对基本法律知识的了解仅浮于表面、流于形式，在面对土地纠纷、劳动权益受损等问题时，往往不知如何运用法律武器维护自身权益。因此，信息化时代，在开展网络普法宣传过程中，要不断改进法治宣传方式，不断聚焦实践、技术赋能，将法治宣传不断融入社会主义法治实践中，不断书写网络法治宣传的新篇章。

四、法治文化建设的自觉自信还需提升

法律信仰是人民大众在内心深处对法律认同、敬畏的一种情感。这种情感表现为内化于心、外化于行，在行动上做到“不逾矩”，在心理上追求“心所欲”。当前，公民主观的法治心理仍有不足，将法治转化为信仰的精神归属的自觉性不足，崇尚法治的社会氛围还没有真正形成。

中国传统文化与观念对公民法治信仰的影响极为深远。在传统文化中，“隐忍”“克己”“中庸”等思想深入人心，这些思想在一定程度上影响着人们面对矛盾和纠纷时的处理方式。加之部分公民对法治的认知还不够深入和全面，当遇到偶发的恶性法治事件时，可能在一定范围内引发公众对法治公正性的质疑，在潜移默化中导致民众与法律渐行渐远，难以形成真挚且虔诚的法治信仰。近年来，社会主义法治文化建设取得了一定的成就，但是，仍有部分人受困于“法即刑”“法律面前尊卑有别” 等陈旧落后观念的桎梏，使得传统法治观念与现代法治观念间产生了激烈且尖锐的碰撞，一定程度上阻碍了法治文化中信仰式归属感的形成。

在全球化与多元化激烈碰撞的当下，民族法治文化建设自信心的不足，逐渐成为不容忽视的问题。民族法治文化，作为一个民族在长期历史发展进程中积累沉淀的法律智慧结晶，不仅是民族文化的重要组成部分，而且是维护民族地区社会秩序、保障民族权益的关键所在。当前民族法治文化建设自信心的缺失，逐渐制约着其传承与发展，亟待深入剖析。

中外法治的差异使得中国特色社会主义法治文化建设始终面临守正与创新的抉择。法治文化自信在当下略显不足，民众存在思维惯性和认知偏差。受民族文化影响，中西方法治文化存在差异。西方法治文化强调个人主义、权利本位，法律被视为保障个人权利的有力武器。中华民族法治文化重视集体主义，注重法律的社会治理功能和实质正义。西方凭借其经济、政治和文化上的优势，将自身的法治理念和模式包装成具有普适性的标准向全球推广，导致我国法治文化面临诸多挑战。部分人受到西方法治文化的冲击，进而对本土法治文化产生怀疑和否定，认为西方的法治模式才是先进、科学的，忽视了中国法治文化在解决本土问题、维护社会和谐稳定方面的独特价值。这种文化冲突与制度调适，既是中国法治现代化必须面对的挑战，也是构建中国特色法治体系的必经之路。

新时代中国特色社会主义法治文化建设是一项长期的工作，我们既要在已取得的成就上总结经验，又要看到在建设过程中遇到的问题，分析这些问题的根源，从而寻求解决问题的途径，推动新时代中国特色社会主义法治文化建设迈上新台阶。

第三节 法治文化是建设法治国家、法治政府、法治社会的基础

法治文化作为人类法治实践的结晶，是相关主体尊崇法治，并以法治为核心所形成的现代法律文化形态。社会主义法治文化归属于法治文化范畴，不但蕴含着现代法治的基本精神内核，还承载着全面依法治国的精神内涵[①]。它是推动科学立法、严格执法、公正司法的内在动力，也是促使全社会树立法治意识、增强法治信仰、引导全民守法的必要前提。自新中国成立以来，我国便开启了社会主义法治文化建设的征程。党的十一届三中全会后，法制建设得到恢复，此后不断发展。进入新时代，社会主义法治文化建设更是突飞猛进，成果斐然。党的十八大以来，我们党大力推进法治国家、法治政府、法治社会一体化建设，全力增强全社会尊法学法守法用法的意识与能力，将体现人民利益、反映人民愿望、维护人民权益、增进人民福祉的要求，切实融入全面依法治国

① 王曼倩:《社会主义法治文化建设的中国经验及启示》,《山东社会科学》2024年第9期,第157–165页。

的各领域、全过程，让社会公平正义的保障愈加坚实，法治中国建设不断开拓全新局面，为国家发展筑牢法治根基，为民族复兴凝聚法治力量。

一、法治文化是建设法治国家的基础

法治文化作为中国特色社会主义法治体系的精神内核，是党和国家在全面推进依法治国进程中形成的价值共识和文化积淀。它不仅是社会主义法治国家建设的实践要求，而且是新时代国家治理体系和治理能力现代化的重要文化支撑。社会主义法治文化是建设法治国家的基本要素和基本引领，必须以社会主义法治文化建设筑牢法治国家建设的坚实根基。在现代社会，法治文化已成为法治国家建设的重要基石，不仅为中国特色社会主义法治道路奠定了坚实的制度基础，而且为实现法治国家长治久安提供了根本保障，其影响将贯穿于新时代中国特色社会主义事业发展的全过程。随着全球化进程的加速和我国全面依法治国战略的深入推进，加强法治文化建设，提升公民法治素养，已成为实现国家治理体系和治理能力现代化的必然要求。

（一）培育公民法治观念

培育公民法治观念，有利于奠定法治国家建设的思想基础。全面依法治国是国家治理领域一场具有深远意义与变革性影响的深刻革命，其核心要义在于必须坚定不移地厉行法治，大力推进公民守法进程。

首先，树立法治信仰。从本质上讲，真正具有生命力与权威性的法律，绝非仅仅冰冷地铭刻在庄重铜表之上的律条，也不只是规范印制于文本之中的文字符号，而是深深扎根于全体公民灵魂深处、坚如磐石的坚定信仰。法治信仰作为法治文化的核心精髓与灵魂所在，是公民从内心深处对法律的高度认同、深度依赖、衷心拥护以及笃定信守。它承载着公民对法治发自肺腑的无限忠诚、满腔热忱与绝对信任，是法治精神在公民意识层面的深度内化。党和国家要始终将全民普法与全民守法视为依法治国的基础性、战略性工作来抓，让全体公民积极主动地成为社会主义法治的忠实崇尚者，在思想上深刻认同法治理念；全体公民要在行动上切实遵循法律规范，面对违法现象时敢于挺身而出，坚定捍卫法律尊严。法治文化能够为法治国家建设提供强大的思想动力和价值支撑。通过传播法治理念、弘扬法治精神，广大公民树立起正确的法治观念，认识到法律的权威性和公正性，从而自觉遵守法律、维护法律尊严，促使尊法学法守法用法在全社会形成广泛而深厚的良好氛围。我国法治文化建设的最终目标是实现全面依法治国，唯有当公民将法治信仰，深度融入精神世界的内核，化作价值观念的指引，贯穿于生活方式的点滴，践行在日常行为的每一处，推动法治从单纯的制度与工具维度，向着文化与文明的崇高境界升华跃进，充分释放中国特色社会主义法律文化蕴含的磅礴社会价值与深厚人文功效，理想中的法治社会方有构筑的可能。法治国家的建设，以公民对法律怀有的敬畏之心为基本前提。这种敬畏之心，犹如法治大厦的根基，不可或缺。一旦缺失，纵有再先进、再科学的法律颁布施行，在法治国家建设的进程中，也会因难以获得广大公民的接纳，而沦为空中楼阁，难以真正落地生根。只有当法治观念真正深入人心，公民自觉将法律视为行为准则，并成为全社会的共同价值追求时，法治国家建设才能获得坚实的思想基础。

其次，增强权利意识和义务观念。法治文化强调公民的权利与义务相统一。一方面，当前，党和国家不断拓展法治文化传播渠道，利用普法微信公众号、官方网站、微博等新媒体平台，开设法律课堂、法律讲堂等栏目，以通俗易懂、生动有趣的形式解读法律赋予公民权利的内涵和重要性，既增强了公民的法治观念，努力使公民成为遵法、用法和守法的受益者、践行者，又使得公民认识到自身享有的诸如人身权、财产权、言论自由权等权利，并懂得运用法律手段维护自身合法权益。另一方面，法治文化促使公民明确应履行的法律义务。法治文化，以其潜移默化、润物无声之特质，蕴含着启发心智、感召灵魂、诱导行为、规诫举止、鼓舞精神的强大人文效力，扎实且有序地推进社会主义法治文化建设，有助于重塑公民投身依法治国伟大实践的信心，有助于公民逐步成长为社会主义法治的主动践行者，将法治精神融入每一个行动，推动法治规范从外在要求内化为公民内心深处的价值准则，进而外显于日常行为，使其成为公民内在修养的重要组成部分、生活方式的固有元素以及行为习惯的自发选择。通过增强公民的权利意识和义务观念，法治文化能够引导公民积极参与法治建设，推动法治国家建设进程。

（二）保障法治制度运行

保障法治制度的运行，有助于夯实法治国家建设的制度基础。法治国家的建设离不开完善的法治制度，但制度的生命力在于执行。

首先，形成良好的法治文化氛围。良好的法治文化氛围是推动法治制度有效落实的关键因素。当整个社会都崇尚法治，积极营造知法、懂法、守法的社会环境时，公民会对法律制度怀有敬畏之心，头脑中会形成一种以良法为基础的法治思维，尊重法律的权威性和严肃性，积极维护法律制度的实施，不断推进法治国家的建设。全面依法治国的伟大征程迫切需要法治文化建设为其精准锚定发展方向，提供坚实的思想保证，发挥至关重要的路线指引与思想引领功能。自全面依法治国理念提出并付诸实践以来，法治文化便与之紧密相连、相互促进。其次，推动立法迈向科学性与民主性的深度融合，借由良法的构建来驱动善治格局的形成，这无疑是法治建设进程中的关键环节。在当下复杂多变的社会环境以及长远的法治发展蓝图里，全力提升立法质量始终占据着立法工作的核心地位，是无可争议的重中之重。党的十八大以来，习近平把立法质量提到了前所未有的高度，不断推进科学立法、民主立法、依法立法，增强立法的科学性、整体性、民主性、时效性，以良法促进发展、保障善治，既符合马克思主义法治理论的基本原理，也符合改革发展的客观规律。良法是善治的前提和基础，善治是良法的目标和任务。在法治文化的影响下，立法者在制定法律时会更加慎重地考虑社会的实际需求和公平正义的原则，力求所立之法既能有效规范社会行为，又能充分保障人民的权益。在深入推进社会主义法治文化建设过程中，立法机关应充分考虑社会的公平正义、公共利益以及公民的权利需求，深入推进科学立法，不断推进立法智能化、信息化建设，注重法律的科学性、合理性和可操作性。全面依法治国最广泛、最深厚的基础是人民。立法机关需要发挥全过程人民民主的作用，使立法能够更好地反映民意、凝聚民智，扩大法律的社会基础，最大限度地反映最广大人民的意愿，充分实现最广大人民的民主权利，切实维护最广大人民的根本利益，从而使最广大人民达成共识，使法律获得更大认同感，为全民守法奠定坚实根基，更好维护宪法权威和依法治国相统一。最后，推动公正司法。公正是法治的生命线，公平正义是司法的灵魂和生命。全面推进依法治国，必须坚持公正司法，严格公正司法是全面依法治国的重要一环。当前，党和国家持续优化司法职权配置，深入推进审判权与执行权分离改革，旨在打破传统司法权力运行模式下可能存在的掣肘，实现对职权优化方向的精准把握。同时，法治文化所倡导的公正、公开、透明原则，坚持以事实为根据、以法律为准绳，坚决做到不枉不纵的价值理念以及充分保障人民群众参与司法的思想和举措，有助于增强司法民主，加强司法监督，防止权力滥用，提升司法公信力。在法治文化建设过程中，强化法治人才队伍的锻造至关重要。法治人才作为法治建设的核心力量，其专业素养、法治理念与实践能力，直接关乎法治文化建设的深度与广度。因此，党和国家需大力构建全方位、多层次的人才培养体系，不仅要注重法学专业知识的深度传授，而且要强化法治思维、职业道德与实践技能的培育，使法治人才能够在复杂多变的社会环境中，精准运用法律武器，维护公平正义。党员干部在法治文化建设中发挥标杆作用，从而促进广大人民群众对法律的信仰和敬重。

理论和实践表明，国家繁荣发展离不开法治的保驾护航，人民幸福生活少不了法治的有力保障。法治文化作为法治国家建设的基础，具有不可替代的作用。它通过培育公民法治观念、保障法治制度运行、构建社会法治秩序，为法治国家建设提供思想基础和制度基础。在新时代背景下，我们应高度重视社会主义法治文化建设，充分发挥社会主义法治文化在法治国家建设中的基础性作用，为实现全面依法治国的宏伟目标和中华民族伟大复兴的中国梦提供坚实的法治保障。

二、法治文化是建设法治政府的基础

建设法治政府是全面依法治国的关键环节，关系国家治理体系和治理能力现代化的进程。在这一宏大工程中，法治文化作为一种深层次的精神力量和价值导向，扮演着基础性、根本性的角色。法治文化不仅塑造着政府工作人员的法治观念和行为模式，还影响着公众对法治政府的认知、信任与参与，为法治政府建设提供源源不断的动力和坚实的社会支撑。

（一）塑造法治思维

法治思维是建设法治政府的核心要素，法治文化是培养法治思维的重要土壤。一方面，法治思维作为一种内在的精神力量，通常内化为公民的思维习惯与行为准则。面对逾越法治界限之事，公民凭借法治思维自发评判其公正性，并依据法治意识与素养在观念层面予以修正。只有当这种法治思维的惯性获得公民内心认同，才能形成行之有效的法律治理，成为法治政府有效运行的根本动力。与此同时，法治意识与素养还为法治建设营造良好的社会环境。我国古代长期处于人治之下，“人情社会”阻碍了法治政府建设的进程。只有持续推动全体公民强化法治意识、提升法治素养，让公民从心底认可法律的公正与效力，使法治真正融入全社会的潜在意识，成为公民自觉的行为习惯，才能为社会主义法治文化建设注入源源不断的动力，进而推动公民更加积极主动地投身于社会主义法治政府建设。另一方面，党的十八大以来，党和政府高度重视培养党员干部的法治思维能力，特别强调运用法治思维和法治方式抵御风险、应对挑战。理论和实践充分证明，国际风云变幻，国内改革发展任务艰巨，在这样的时代浪潮中，法治的力量愈加凸显。只有运用法治思维与手段，筑牢执政根基，革新执政方式，提升执政本领，才能让党和国家的航船在复杂环境中乘风破浪，实现长治久安。只有坚持法治思维，才能有效提升政府决策的科学性和合法性，才能充分发挥法治稳固根本、稳定预期、利于长远方面的重要作用，从而避免因决策失误而引发法律风险和社会不稳定因素。作为政府工作人员，其法治素养是否符合法治文化建设要求，将直接影响法治政府建设的进程。唯有在思想上具备法治思维，在行动上贯彻法治思维，既严把事实关、证据关、程序关、法律适用关，又做到以法为据、以理服人、以情感人，绝不简单、生硬、粗暴，从而有效防止权力滥用。同时，法治文化为法治政府建设提供了制度建设的土壤。法治文化强调规则的重要性，这使得社会更加注重制度的完善和执行。政府会根据法治文化的要求，建立健全各项法律法规和规章制度。在法治文化的影响下，政府的行政活动严格遵循法定程序，规范执法行为，杜绝随意执法、粗暴执法等现象，真正将权力关进制度的笼子里。这种从管理型政府向服务型、法治型政府的转变，是法治文化在政府治理层面的重要体现，能够提高政府治理的效能和公信力，有效防止权力寻租和暗箱操作，更好地为人民服务。由此可见，在一个法治文化浓厚的社会，公民会自觉遵守制度，同时也会监督制度的执行，实现对行政执法活动全流程、全方位、全覆盖的监督。行政许可、行政处罚、行政强制等具体行政行为都在法律的框架内进行，做到有法可依、有法必依、执法必严、违法必究。

（二）提供价值引领

法治文化所蕴含的公平、正义、民主、人权等价值理念，为法治政府建设指明了方向。这些价值理念贯穿于政府决策、执行、监督等各个环节，成为衡量政府执政方式合法性与合理性的重要标准。政府工作人员只有在内心深处认同并践行这些价值理念，才能在工作中自觉遵守法律法规，维护公共利益，做到依法行政、廉洁奉公。一方面，公平正义作为法治的核心价值，会随着法治文化的传播和渗透，成为人们普遍追求和维护的目标。在制定政策时，以公平正义、法律面前人人平等为导向，充分考虑不同群体的利益诉求，确保政策的公正性和普惠性。法治政府建设离不开公民的广泛参与，而法治文化能够为公民参与创造良好的社会环境和文化氛围。在法治文化的熏陶下，我国法治建设不断加大公民普法力度，坚决落实“谁执法谁普法”的责任制，持续推动普法走向实质化，使普法真正触及公民的合理诉求和真正关切，公民的法治意识不断增强，对政府的法治建设工作更加关注和支持。他们愿意通过合法途径表达自己的意见和建议，参与政府决策和社会治理。同时，法治文化为公众提供了参与的渠道和方式，如听证会、民意调查、行政复议等。这些参与机制的建立，使得公民能够在法治的框架内与政府进行良性互动，实现行政调解、行政复议和诉讼等有机衔接、相互协调，共同推动法治政府建设进程[①]。此外，公民的参与不仅能够增强政府决策的科学性和民主性，还能够促进政府与公民之间的相互信任和理解，形成共建共治共享的社会治理格局，有利于推动法治政府建设与法治文化相互促进的良性循环。

另一方面，行政执法是法治政府建设的重要组成部分，深化行政执法体制改革，全面推进严格规范公正文明执法，在行政执法过程中，始终坚持尊重和保障公民的合法权益，杜绝滥用职权、徇私舞弊等行为。行政执法工作面广量大，在法治轨道上推进其体制改革，与法治政府建设的进程和成效息息相关。完善行政执法权力配置，是推进法治政府建设、提升政府治理效能的关键举措。在近些年的行政体制改革里，行政执法权力配置呈现诸多新发展。一是以法治理念为引领。通过法治培训、宣传教育等活动，让行政人员深刻理解权力来源于人民、受法律约束，有利于在行政执法中贯彻合法性、合理性原则，确保权力授予、运行有法可依、公正合理，防止权力异化。二是以法律制度为基石。严格控制授权范围和期限，加强对授权立法的监督，确保行政权力在授权范围内行使，防止越权立法。三是以文化培育为支撑。在行政机关内部营造法治文化氛围，张贴法治标语，设置法治宣传栏等，增强行政人员的法治意识。同时，通过新媒体等多种创新形式传播法治理念和权力运行规则，使公民深入了解行政执法权力的运行机制与边界，增强公民对法治的认同感与参与度，营造全社会尊法、学法、守法、用法的良好氛围。

（三）提升行政执法质量

行政执法质量直接关乎法治政府建设成效。政府务必扎实推进依法行政，全方位落实严格、规范、公正、文明执法的要求。一是规范执法活动。通过文字、音像等方式，对执法的启动、调查取证、审核决定等环节进行全过程记录，确保执法过程可回溯、可监督，避免运动式执法、“一刀切”执法，甚至过度执法。二是规范执法方式。严格明确行政执法人员的岗位职责和执法责任，建立健全责任追究机制，对执法不作为、乱作为等现象进行严格问责。同时，行政执法人员应尊重并维护当事人的合法权益，规范使用文明执法用语，着力提升执法形象，依法依规、文明妥善地应对突发事件。三是规范执法程序。建立健全跨部门、跨区域的执法协作机制，明确协作事项、流程和责任，

---

① 《中国行政管理》编辑部:《深化行政执法体制改革　加快推进法治政府建设》,《中国行政管理》2024年第6期,第5页。

形成执法合力，共同解决复杂的执法问题。最后，促进行政执法公开化、透明化。法治文化强调公开透明和公民参与，在这种法治氛围影响下，政府会更加注重行政执法工作的公开性、透明性和合法性，积极主动将决策过程、政策法规、行政行为等信息向社会公开，让公民能够及时了解政府的工作动态和相关信息，增强行政执法工作的透明度，提高政府自身公信力，为法治政府建设营造良好的社会舆论环境。

法治文化作为法治政府建设的基础，对于推动政府依法行政、提升政府治理能力、促进社会公平正义具有不可替代的作用。在全面依法治国的新时代背景下，我们要充分认识社会主义法治文化建设的重要性和紧迫性，以更加坚定的决心、更加有力的举措，推动法治文化与法治政府建设同频共振，为国家治理体系和治理能力现代化筑牢根基。

三、法治文化是建设法治社会的基础

建设法治社会是国家长治久安、人民幸福安康的重要保障。法治文化作为一种无形且强大的力量，在法治社会建设中起着基础性作用。法治文化涵盖了公民对法律的认知、信仰、态度以及在日常生活中遵循法律的行为模式，它如同社会的“法治基因”，渗透于社会的各个领域，从思想观念到行为实践，全方位地影响着法治社会的构建进程。

（一）培育法律信仰

法律信仰是法治文化的核心要素，也是法治社会建设的精神支柱。法律信仰通常以“法律至信、法律至理、法律至威、法律至诚”为特征，逐步将法律至上、法律面前人人平等的法治理念凝聚成社会共识，融入公民的价值观念、生活方式和日常行为之中，成为社会发展的精神引导。在法治文化的熏陶下，公民逐渐认识到法律不仅是约束行为的规范，而且是保障自身权利、维护社会公平正义的有力武器。当社会成员普遍对法律怀有敬畏和信任之心时，就会自觉地将法律作为行为准则，在遇到问题和纠纷时，优先选择通过法律途径解决。建设法治社会离不开公民法律信仰的培育。在建设法治社会的宏大工程中，公民法律信仰的培育占据着举足轻重的地位，是贯穿始终、不可或缺的关键要素。当公民拥有法律信仰时，法律便不再是冷冰冰的条文，而是融入日常生活的行为准则与价值导向，无论身份、地位、财富如何，在法律面前人人平等。在这种信仰的驱动下，公民源于内心对法律权威的敬重，自觉约束自身行为，主动遵守法律规定。这种基于信仰的自觉守法行为，极大地降低了社会运行成本，提高了社会治理效率，为法治社会的有序运转奠定了坚实的精神基础。同时，公民法律信仰的培育也是实现公民守法的关键路径。有了法律信仰，公民在面对各种利益诱惑和复杂社会关系时，能够坚守法律底线，自觉抵制违法违规行为。相反，在缺乏法律信仰的社会中，公民往往心存侥幸，容易为了一时私利而触犯法律，导致社会秩序混乱，法治建设举步维艰。因此，培养公民的法律信仰，能够从根本上转变公民的行为模式，形成公民自觉守法的良好风尚，让法治真正成为社会生活的常态。

建设法治社会离不开对政府法律信仰的培育。政府法律信仰的培育是法治社会建设得以稳步推进、取得实效的重要前提与保障。政府在社会中起到的不仅仅是服务职能，更具有表率作用。在面对复杂的行政事务和社会矛盾时，政府牢固树立坚定的法律信仰，将法律作为决策、执行和管理的最高准则，自觉抵制知法而不敬法的现象，以及吃拿卡要、阿谀奉承、行贿受贿、奢靡享乐等种种行为，持续回应公民在民主、法治、公平、正义、安全、环境等维度不断攀升的需求，增进公民对社会公平正义的认同与获得，让发展成果更多更公平惠及全体人民，在全社会范围内树立起尊崇法律的标杆。同时，政府与公民之间的信任关系是法治社会建设的重要支撑，而政府的法律信仰在其中起着关键作用。政府严格依法办事，信守法律承诺，全力促使公民在每一项法律制度的制定、每一个执法决定的执行、每一起司法案件的裁决里，都能真切感知公平正义，进而提升公民对法治的信任度和认同感，为法治社会建设凝聚广泛的群众基础。政府法律信仰的培育是建设法治社会的重中之重。只有政府率先垂范，坚定树立法律信仰，才能引领全社会形成良好的法治氛围，保障政策的合法性和有效性，推动法治政府建设，增强公民对法治的信任。在法治社会建设的征程中，我们必须高度重视政府法律信仰的培育，不断强化政府的法治意识和法治能力，为实现全面依法治国的宏伟目标奠定坚实基础。

（二）完善法律制度

法治文化的发展是一个动态的过程，它随着社会的发展和进步而不断演变。在这个过程中，法治文化能够激发公民对法律制度的反思和创新，推动法律制度不断适应社会发展的新要求。法治文化所包含的价值观念和理念，如公平、正义、人权、自由等，为法律制度的制定提供了重要的价值指引。在立法过程中，立法者需要充分考虑这些价值因素，确保法律制度符合社会发展的需要和人民群众的根本利益，使法律制度能够更好地服务于社会发展和人民福祉。而当社会成员普遍认同和接受法治文化时，他们就会积极支持和配合法律制度的实施，形成良好的法治实施环境。同时，法治文化所培养的法治意识和法治观念，能够促使执法者和司法者严格依法履行职责，公正执法、司法，确保法律制度的权威性和公信力。创新法律制度是建设法治社会的必由之路。只有不断立足新兴领域，聚焦民生保障，填补法律空白，优化法律供给，积极应对一系列法律挑战，创新社会保障法律制度，才能构建更加完善、科学、高效的法律制度体系，为法治社会建设筑牢制度根基，推动国家治理体系和治理能力现代化。

（三）营造法治氛围

法治文化建设是法治社会建设的重要组成部分，对在全社会营造尊法学法守法用法的良好氛围发挥着基础性、先导性的作用。它所倡导的公平正义、诚实守信、和谐有序等价值观念，为构建稳定和谐的社会秩序提供了重要支撑。在法治文化的影响下，社会成员之间能够建立起相互信任和相互尊重的关系。当面对矛盾和纠纷时，公民能够以理性态度对待，并通过合法途径解决，从而避免矛盾激化和冲突升级。这种和谐的社会秩序为法治社会的建设营造了良好的社会环境，有力地促进了社会的稳定与发展。公平正义是法治的生命线，也是法治文化的核心价值追求。公平正义内化于法治思维，外化于法治方式。法律是保护人民权益免受不公正对待的基本屏障，法治文化通过传播自由、平等、公正、法治的价值理念，推动社会制度和法律体系的不断完善，确保社会成员在法律面前人人平等，享有平等的权利和机会。同时，法治文化鼓励社会成员积极参与社会治理，监督法律的实施，维护社会正义、政治正义、法律正义。同样，法治文化建设推动社会文明进步。法治文化是社会文明进步的重要标志，它与道德文化、科技文化等相互交融，共同推动社会的发展进步。法治文化所蕴含的民主、自由、平等、人权等价值观念，体现了人类社会文明进步的方向。在法治文化的引领下，社会成员的道德素质和文明素养不断提高，社会文明程度不断提升。例如，随着法治文化的普及，公民对环境保护、知识产权保护和个人隐私保护等问题的关注度不断提高，推动了相关法律法规的完善和社会文明的进步。

法治文化作为建设法治社会的基础，在思想观念、行为模式、社会氛围和制度完善等方面都有具体而深刻的表现。它培育了社会成员的法治信仰、观念和意识，规范了公民的行为，营造了良好的社会氛围，促进了法治社会制度的完善。加强法治文化建设是推进法治社会建设的必然要求。新时代，党和国家要大力弘扬法治文化，传播法治理念，让法治文化深入人心，成为全体社会成员普遍的价值追求和行为准则，为建设法治社会奠定坚实的基础，推动我国法治建设不断迈向新的高度。

法治文化是建设法治国家、法治政府、法治社会的基础，不断将公平、正义、自由、平等、公正、法治等价值理念融入法治建设全过程，为法治建设赋予灵魂与方向。在国家层面，确保法律体系充分体现人民意志，切实彰显法律的权威性；于政府而言，规范行政权力运行，着力打造廉洁高效的服务型政府；对社会来说，培育公民法治意识，优化公民价值取向，维护社会和谐稳定。法治文化凝聚着全社会对法治的信仰，是全面依法治国进程中不可或缺的基石，不断推动着国家和社会法治建设迈向新阶段。

第五章
新时代中国特色社会主义法治文化建设的指导思想

法治文化建设在中国特色社会主义法治体系中扮演着至关重要的角色，它不仅关乎法治思想的普及与落实，还直接影响国家治理体系和治理能力现代化进程。习近平新时代中国特色社会主义思想和社会主义核心价值观为法治文化建设提供了根本的理论指导，赋予其深厚的理论内涵和明确的实践方向。习近平新时代中国特色社会主义思想中蕴含了丰富的法治理念，特别是全面推进依法治国的战略布局与坚持以人民为中心的发展思想，为法治文化建设明确了方向。正因为“社会主义法治文化是建设法治国家的基本要素和基本引领，必须以社会主义法治文化建设筑牢法治国家建设的坚实根基”[①]。习近平法治思想详细阐述了新时代法治文化建设的核心要义、基本原则及主要任务，为新时代中国特色社会主义法治文化建设奠定了坚实的理论基础。

社会主义核心价值观为法治文化建设提供了道德与价值层面的有力支撑。富强、民主、文明、和谐的价值目标，与法治文化的公平、正义、秩序、稳定等愿景相辅相成、相互促进，共同推动社会发展。自由、平等、公正、法治等基本价值理念渗透进法治文化的内涵，成为其核心构成要素，塑造着法治文化的特质与风貌。“社会主义法治文化天然地蕴含了一系列先进价值追求，包括公平、正义和自由等现代社会的共识。这不仅构成了法治文化的内在规定性，也使其表现为一种先进文化形态。”[②]把社会主义核心价值观融入法治文化建设实践，对广泛深入传播法治精神意义非凡，能在全社会营造积极氛围，促使人们形成尊法学法守法用法的良好习惯，将法律视为行为准则和价值导向，主动

① 雷磊：《论新时代社会主义法治文化建设》，《法治社会》2024年第3期，第13-27页。

② 冶刚、尹洁：《社会主义法治文化的教育功能及其在学校的实现方略》，《教育理论与实践》2023年第9期，第35-38页。

学习法律知识，自觉遵守法律规定并善于运用法律维权。

将社会主义核心价值观全面融入立法、执法、司法实践以及全体公民守法的各个环节，是推进社会主义法治文化建设的关键所在。在立法过程中，应依据这些价值观制定法律，准确反映人民意志，满足社会发展需求，坚持人民至上、立法为民的原则。在执法环节，执法人员必须严格遵循公平、规范、文明的原则，秉持公正无私的态度，规范执法行为，确保执法经得起法律和人民的检验。在司法实践领域，公平正义是核心原则。司法人员应将维护法律权威视为神圣使命，以事实为依据、以法律为准绳处理案件，确保人民在每一个司法案件中都能感受到公平正义。“在当前中国特色社会主义法治文化建设中，以社会主义核心价值观作为内核，是社会主义意识形态在本质上的体现，也是现今中国特色社会主义法治文化建设的重要指导思想。”①正是由于社会主义核心价值观的深度融入，法治文化才得以在全社会广泛传播。这不仅是思想的传播，而且是力量的传递，它为建设社会主义法治国家提供了源源不断、持久的精神动力，巩固了坚实的文化支撑，使法治文化在社会扎根，推动中国法治建设不断取得突破和进步，达到新的高度，为国家治理体系和治理能力现代化奠定坚实基础。

第一节
习近平新时代中国特色社会主义思想

科学的指导思想是行动的先导，若缺乏科学的指导思想，就难以找到正确的发展道路，也无法明确前进方向。习近平新时代中国特色社会主义思想对新时代中国特色社会主义法治文化建设的指导是全方位、多层次的。在总体层面，它为法治文化建设确立了宏观战略方向，将法治文化建设融入党和国家事业发展的全局之中，使其成为实现中华民族伟大复兴的中国梦的重要组成部分。在社会主义法治与文化建设的具体层面，从立法、执法、司法到守法等各个环节，都充分体现了这一思想的引领作用。它强调科学立法，使法律更好地反映人民意志、符合社会发展规律；倡导严格执法，确保法律的权威性和公正性；维护公正司法，是维护社会公平正义的最后一道防线；促进全民守法，营

① 张麒麦：《新时代法治文化建设的内涵、意义及路径》，《贵阳市委党校学报》2018年第6期，第46–50页。

造良好的法治社会氛围。在文化建设方面，“增强道德底蕴，继承传统法律文化精髓”①，注重传承和弘扬中华优秀传统文化，推动法治文化与社会主义核心价值观深度融合，不断丰富法治文化的内涵，增强其影响力和感染力。

一、贯彻习近平新时代中国特色社会主义思想

习近平新时代中国特色社会主义思想是当代中国马克思主义的新发展，为新时代中国的发展提供理论指导和实践指南。法治文化建设是实现社会主义现代化的关键，涉及经济、政治、文化、社会和生态文明等多方面，旨在通过完善法律法规体系、保障人民权益、促进社会公平正义，推动法治国家、法治政府、法治社会一体建设。法治文化是国家治理体系和治理能力现代化的重要支撑，对市场经济有序运行、社会全面进步具有深远意义。

（一）内涵和基本内容

习近平新时代中国特色社会主义思想作为当代中国马克思主义、二十一世纪马克思主义，是中华文化和中国精神的时代精华，实现了马克思主义中国化时代化新的飞跃。中国特色社会主义的核心要义在于解放和发展社会生产力，坚决消灭剥削现象以及社会中存在的不平等因素，进而实现全体人民共同富裕的伟大目标，所以法治文化建设绝不能偏离这一根本要求。应持续不断地优化和完善法律法规体系，切实保障人民群众的合法权益，全力促进社会公平正义，从而展现社会主义制度在法治领域的独特优越性。

新时代我国全面推进社会主义现代化国家建设，法治文化建设作为其中关键一环，与该目标紧密相连、相互适配、协同促进。“对新时代网络法治文化建设的主要价值，可以从国家、社会、个人和世界四个维度把握。”②经济领域需完善契合市场经济的法律法规体系，规范市场主体行为以维护市场秩序，为经济高质量发展筑牢法律保障，激发市场活力。政治领域要强化法治对权力运行的制约和监督机制，确保权力依法行使，维护政治透明公正，营造良好政治生态。文化领域要借助法治手段保护和传承中华优秀传统文化，并支持文化创新，推动文化繁荣，增强民族文化自信。社会领域要运用法治思维和方法解决复杂多样的社会矛盾，保障公平正义，维护社会稳定和谐。生态文明领域要制定完善环保法律法规，加大监督执法力度，引导人们树立环保意识，实现绿色

① 阎西塬:《新时代社会主义法治文化建设研究》,博士学位论文,辽宁大学,2023,第49页。

② 姚鑫宇:《新时代网络法治文化建设研究》,博士学位论文,西安理工大学,2021,第25页。

可持续发展。只有各领域协同推进法治文化建设，才能营造良好法治环境，这不仅是国家治理体系和治理能力现代化的重要标志，而且是实现全面建设社会主义现代化国家目标的坚实支撑与动力源泉。

推动全面深化改革，改革精神对于法治文化建设领域的重要性不言而喻，它支撑着法治文化建设稳步前行。以司法体制改革为例，近年来我国积极稳步地推进包括司法责任制、司法人员分类管理等一系列制度改革，司法责任制清晰界定了法官、检察官的办案责任，为司法权的正确行使筑牢制度防线，有效杜绝权力滥用现象，确保司法公正。司法人员分类管理则依据不同司法岗位的独特职责和特性进行科学划分，显著提升了司法工作的专业化水平，让司法流程更为精准高效。“社会主义法治文化是促进法治全面实施的思想动力。把社会主义法治文化贯穿于全面推进依法治国的实践中，对全体党员、干部和广大群众，特别是在立法、执法、司法等部门开展社会主义法治理念教育，有利于确保社会主义法治沿着正确方向前进。”[①]这些改革措施围绕增强司法公信力，让民众在司法案件中感受到公平正义，体现了全面深化改革在法治文化建设中的实践，彰显了法治文化建设的进取精神。持续推进改革能破除旧制束缚，完善法制体系，提升法治建设质效，使法治文化建设契合新时代发展，满足社会对法治建设的多元、高层次需求，为国家和人民提供坚实的法治保障。

全面推进依法治国是法治文化建设的指引，法治文化建设应紧扣这一要求。要强化全社会法治理念，通过广泛的法治宣传教育提升公民法律素养，让法治意识深入人心。完善法制需注重立法质量，立足社会发展需求，及时填补法律空白、修订法规。执法、司法是法律实施的关键，执法人员和司法工作者应公正规范执法司法，维护法律权威，杜绝不公与腐败。加强法治队伍建设，提升法治工作者的职业素质与道德水平，打造高素质专业化队伍，提高法治能力，也是法治文化建设的重点。

（二）法治文化建设的现实意义

现代国家治理的庞大体系内，法治作为核心手段之一，处于基础性关键地位，支撑着国家治理体系的稳定运转。法治文化建设是社会主义法治文化建设的重要组成部分，把法治文化建设全面融入党和国家治理改革的全过程绝非简单叠加，而是理念与实践在深层次的相互交融、彼此促进的有机协同，目的是让法治精神、原则和价值渗透到国家治理的方方面面，包括制度设计、政策实

① 雷磊:《论新时代社会主义法治文化建设》,《法治社会》2024年第3期,第13-27页。

施、权力运行以及社会监督等各个环节，进而使法治成为确保国家治理在法治框架内有序推进，保障国家长治久安和持续发展的根本支撑力量。

“法治文化建设是一项艰巨复杂的工程，建设的内容也包含法治建设的内容，加强法治文化建设，必须结合我国的历史传统、实际国情、民众的心理等”[①]，需要全社会各层面长期不懈地共同参与和努力，而在这伟大征程中，法治文化的融合扮演着不可或缺且至关重要的角色。它作为坚实的思想基础和深厚的文化支撑，通过深入广泛的培育，能在全社会营造浓郁的法治氛围，使法治理念深入人心，成为广大公民共同秉持的坚定信念和自觉遵循的行为准则。当法治文化广泛传播并在社会深深扎根后，公众会自觉守法、积极参与法治实践并主动监督法律实施，进而形成全社会共同推进法治建设的强大合力，这种自下而上的法治力量与党和国家自上而下的制度推动相互协调配合，为建设社会主义法治国家不断注入新活力，有力促进社会主义法治建设持续稳步向前推进。

法治文化建设对市场经济有序运行意义重大，它能规范市场秩序，保障公平竞争。“社会主义法治文化的重要内容是权利和义务相统一的文化。市场经济所需要的文化是一种法定权利和法定义务相统一的文化，它是市场主体平等、等价有偿两大特征的法律表现。”[②]在社会主义法治文化的熏陶和约束下，企业自觉尊法守法、诚信经营，抵制不正当竞争，为市场经济健康稳定可持续发展筑牢根基，使市场主体在法律框架内公平竞争，推动资源合理配置与市场机制有效发挥。在政治领域，法治文化规范权力行使、防止滥用，在法治氛围影响下，公职人员强化法治意识、依法履职，提高政府公信力与行政效率，使政府行政活动依法依规，高效服务社会。在文化领域，法治文化建设为知识产权保驾护航，促进文化创新，完善法治保障，让创作者的权益受到保护，激发创作者的创作热情，催生大量优秀作品，推动文化产业繁荣，提升国家文化软实力。在社会民生领域，法治文化是保障公民权利、维护公平正义的基石，法治文化深入人心使公民遇到问题纠纷时倾向于通过法律途径维权，营造公平正义的氛围，让民众有切实的获得感与幸福感。

法治文化在全社会普及实施对促进社会和谐稳定至关重要。当法治成为主流价值，人们面对矛盾冲突更加理性克制，优先选择法律途径解决，避免事态

① 许旭：《弘扬法治文化构建法治社会》，《法理学研究》2016年第1期，第58-59页。

② 林磊、赵夫鑫：《中国法治文化建设及其现代意义》，《河西学院学报》2009年第3期，第19页。

恶化升级，减少不稳定因素，营造和谐有序局面，为国家长治久安奠基。法治文化在各领域的积极作用，既是推进建设社会主义法治国家的关键力量，也是普及法治文化的根本举措。要持续深化法治文化与各领域的融合，积极创新传播与实践路径，为实现中华民族伟大复兴的中国梦提供坚实法治保障。

二、坚持习近平法治思想指导地位

习近平法治思想是推动中国特色社会主义法治事业的核心，强调法治建设的全面性、科学立法、严格执法、公正司法和全民守法。法治建设要求立法科学、执法严格、司法公正，并通过法治教育、社会宣传和激励监督机制，促进全民守法。同时，党的领导在法治建设中占据核心地位，确保法治与国家发展、人民福祉紧密结合，为国家现代化建设和人民幸福生活提供法治支撑。

（一）法治建设的全面性

习近平法治思想内涵丰富多元，内容广泛深邃，涵盖法治领域众多关键要素，对中国特色社会主义法治事业各方面进行细致规划统筹，是推动中国特色社会主义法治事业蓬勃发展的核心驱动力，在法治建设进程中占据举足轻重的地位。“习近平法治思想既是中国特色社会主义法治理论的最新成果，又是中国特色社会主义法治文化的集中概括和正确表达”[①]，尤其在全面依法治国背景下，该思想体系为法治事业指明了清晰正确的方向，塑造了中国特色社会主义法治建设格局与进程。

科学立法作为法治建设举足轻重的起始点，对立法过程有着严谨科学的高标准要求，在立法时需全面深入考量社会发展的现实需求，细致权衡不同群体的利益诉求，并敏锐洞察未来发展趋势，其绝非单纯制定法律条文，而是致力于构建一个完整、协调、高度适应且与时俱进的法律体系。从宏观的国家治理架构到微观的社会生活细节，从新兴技术领域到传统民生保障范畴，社会各领域、各层面都迫切需要科学合理的法律规范以实现有效引导。

严格执法至关重要，它是维护法律权威与严肃性的保障。执法机构的行为关乎法治公信力和社会公平正义。执法人员须具备专业素养、坚定信念和严谨态度，执法时严格遵循程序与标准，杜绝执法不公与懈怠。推进严格执法要强化执法监督，完善监督机制，保障执法在法治轨道上运行。

公正司法是法治建设的重要保障和社会公平正义的最后一道防线。司法机

① 雷磊:《论新时代社会主义法治文化建设》,《法治社会》2024年第3期,第13-27页。

关肩负维护公平正义的使命，其裁决影响当事人的权益和公众对法治的信心。司法过程必须公平透明，法官应以事实为依据、以法律为准绳，公正审判每个案件。在热点案件中，司法机关通过公开审判传递公正信号，增强公众对司法的信任，让法治深入人心。

全民守法作为法治建设的根基，深刻反映了法治建设所需的广泛社会参与和深厚社会基础。只有每位公民发自内心自觉守法，将法律规范内化为自身坚定的行为准则并在日常生活中自觉践行，法治力量才能真正彰显并在社会各层面发挥积极作用。广泛深入的法治教育是关键路径。“社会主义法治文化不仅是‘法治中国’的题中之义，更是‘教育强国’建设的重要内容”①，借此增强公民法治意识与素养，从学校这个知识传承和人才培育的摇篮到广阔社会，从社区载体到媒体平台，都应主动担起开展法治教育责任，普及法治理念，营造浓厚法治氛围。学校作为人才培养的核心阵地，在法治教育进程中一方面通过开设专门的法律课程构建系统知识传授体系，从基本概念到具体条文帮助学生建立清晰的法律观念，为法治实践奠定理论基础；另一方面积极组织模拟法庭、知识竞赛等活动，让学生在模拟法庭上体验法律程序的严谨，感受法律的权威公正，在竞赛中加深对知识的理解，锻炼解决问题的能力。通过这些举措全方位培养学生的法治意识，为其未来步入社会自觉守法奠基，使其成为法治社会的积极参与者与坚定捍卫者。

（二）党的领导与法治结合

习近平法治思想明确了党在法治建设中的领导地位，对推动法治建设意义重大，为法治文化发展指明了方向。中国共产党自诞生起就重视法治建设与党的领导相融合，将其视为国家发展和人民福祉的重要路径。革命战争时期，党领导人民制定符合革命需求的法规政策，推动革命发展；新中国成立后，党积极建设社会主义法治，构建起具有中国特色的法律体系，奠定国家长治久安的法治根基；改革开放以来，在党的引领下法治体系不断完善，为国家现代化建设和人民生活提供了有力的法治保障。

从理论层面来看，习近平法治思想是马克思主义法治理论中国化的最新成果，它将马克思主义基本原理与中国法治建设的具体实际相结合，为党领导法治文化建设提供了坚实的理论依据。强调党的领导是社会主义法治最根本的保

① 冶刚、尹洁：《社会主义法治文化的教育功能及其在学校的实现方略》，《教育理论与实践》2023年第9期，第35-38页。

证，深刻阐述了党和法、党的领导和依法治国的内在一致性。法治文化建设作为法治建设的重要组成部分，必须在这个理论框架下进行。它不仅要求在立法过程中充分体现党的意志和人民的利益，还要求在执法、司法和守法等各个环节贯彻党的领导，确保法治文化建设的系统性和连贯性。

在社会实践进程中，党对法治文化建设的引领以多样形式全方位渗透于各关键环节。在立法上，党站在国家长远发展战略高度，贴合人民切身利益诉求，洞察时代趋势需求，提出前瞻性、针对性的立法建议，引导立法机关制定契合时代要求的法律法规。如近年来大力推动诸多与文化产业发展、文化遗产保护相关的法律法规问世，为文化领域法治建设筑牢根基。在执法与司法层面，党发挥核心领导作用，强化对执法与司法机关的引领指导，确保其严格公正执法，维护社会公平正义。同时积极推动司法体制改革以提升司法公信力，让司法公正遍及社会，毕竟司法作为守护公平正义的最后一道防线，其公正性与公信力关乎群众对法治的信赖，决定法治社会建设成效。在守法层面，党通过广泛深入的宣传教育与科学有效的组织引导，提升全民守法意识，营造积极尊崇法治的浓厚氛围，让法治观念深入人心并成为行为准则。

三、坚持以习近平文化思想为引领

习近平文化思想强调文化自信对法治文化建设的重要性，倡导创造性转化和创新性发展中华优秀传统文化，以适应现代社会需求。法治文化需与社会主义核心价值观融合，通过文化手段提升法治文化的感染力和认同感，促进法治理念深入人心。这有助于构建具有中国特色的法治文化体系，为依法治国提供文化支撑，推动建设社会主义法治国家。

（一）文化自信与法治文化

习近平文化思想蕴含诸多核心要点，其中坚定文化自信并积极推动中华优秀传统文化实现创造性转化、创新性发展占据举足轻重的地位，在法治文化建设领域也具有不可忽视的重要指导意义。法治文化并非孤立存在与独自发展，而是与现代法治理念相互交融、有机结合，逐步形成独具中国特色的法治文化模式。文化自信的实质是一个国家或民族对自身所拥有文化的深度认同以及对其文化强大生命力抱持的坚定信念。就法治文化建设而言，文化自信恰似强劲的精神动力源泉，为法治文化建设源源不断注入活力，也为法治文化建设提供丰富多元且底蕴深厚的文化资源。“中华法治传统历史长河源远流长，漫长岁月中积累沉淀无数智慧结晶”[①]，从古代“礼法合治”理念的提出到“明德慎罚”思想的践行，无不淋漓尽致地展现出古人对法治、道德与社会秩序三者关系的深邃洞察与深刻理解。这些珍贵的思想遗产犹如独特基因，成为中国法治文化的鲜明标识，为当代法治文化建设构筑坚如磐石的基础。

传承中华法治传统重要使命的核心要义并非简单因循守旧、原样照搬，而是实现创造性转化。这意味着须以审慎的态度对传统法治思想进行全面挖掘、细致甄别与精准提炼，敏锐识别并摒弃如封建等级制度衍生的特权这类与现代社会发展需求相悖的元素，同时以全新视角和方式对与现代法治精神契合的理念重新诠释转化，如传统“以和为贵”思想在现代法治背景下巧妙转化为多元化纠纷解决机制中的调解理念，强调运用非诉讼方式化解矛盾冲突以促进社会和谐稳定。这种创造性转化既契合现代社会对高效便捷解决纠纷的迫切需求，又成功传承了中华文化中追求和谐这个历久弥新的核心价值，让中华法治传统在现代社会焕发生机、延续发展。

创新性发展要求法治文化建设务必紧密贴合时代发展需求与走向，为其注入全新的思想内涵与鲜活动力。现代法治理念着重强调的民主、平等、公正及人权等核心价值观念，与传统法治思想相互碰撞交融，有力地推动了适应当代社会需求的新型法治文化逐步形成。以数字时代为例，随着互联网、大数据、人工智能等前沿技术的快速广泛普及，网络空间衍生出的一系列法治问题日益凸显。在这一背景下，法治文化建设肩负重大使命，需积极主动迎接这些全新挑战，通过创新思维与实践探索，构建契合网络空间独特属性的法治理念与规范体系，如数据保护领域确保个人信息不被非法获取与滥用，网络安全方面有效防范网络攻击，维护网络空间稳定安全等针对性法治观念应运而生，全方位保障数字时代社会秩序井然及公民在网络空间的合法权益不受侵害。

中华法治传统与现代法治理念有机融合，对提升法治文化的民族特色及时代感具有显著促进作用。法治文化的民族性使其能深深扎根于本国独特的国情土壤，在民众内心引发强烈共鸣，从而获得广泛认同；时代性确保法治文化紧跟时代步伐、与时俱进，有能力高效精准应对社会发展中不断涌现的各类新问题。这种将二者相结合的方式产生的积极影响是多方面的，不仅极大增强了法治文化自身的生命力与影响力，使其在社会发展浪潮中持续绽放光彩、经久不

① 沈国明:《中国社会主义法治文化的历史回溯和进路》,《学术月刊》2022年第9期,第96-110页。

衰，还能让中国法治文化在国际法治文化交流舞台上凭借传统与现代完美融合的独特魅力脱颖而出、吸引全球目光，显著提升我国在全球范围的影响力。

（二）社会主义法治文化的理论创新

习近平文化思想为社会主义法治文化发展注入全新活力的同时，精准点明了其前行方向。在这一思想引领下，我国极为重视借助文化建设这个有力途径，大力提升法治文化的感染力与认同感。法治并非仅局限于法律条文所构建的规范框架，实际上它是一种深邃且强大的精神力量，渗透到社会的每一个细微之处，潜移默化地影响着人们的行为模式与内在价值观念。

法治文化感染力的增强对传播法治理念意义重大。回顾过去，法律的严肃刻板印象阻碍民众接纳法治文化，在习近平文化思想指导下，强调用多样文化手段让法治文化更具亲和力与吸引力。比如，利用现代传媒技术制作短视频、动画阐释法律价值理念，开展法治文艺演出、话剧等活动，以艺术形式呈现法治故事，让民众在欣赏艺术时受到熏陶。这些传播方式能消除民众与法律的隔阂，让法治文化深入人心，增强其社会感染力。

认同感是法治文化建设的核心目标之一，只有当民众从内心深处认同法治，法治才能真正发挥其规范社会秩序、保障公民权利的作用。社会主义核心价值观作为当代中国社会的主流价值导向，与法治文化在本质上具有高度的一致性。“富强、民主、文明、和谐”体现了法治对于国家治理和社会发展的目标追求。“自由、平等、公正、法治”直接点明了法治的价值内涵。“爱国、敬业、诚信、友善”则从公民道德层面为法治的实施提供了道德支撑。推动法治文化与社会主义核心价值观的相互融合，能够使法治文化在价值层面获得更广泛的认同。

在实践中，一方面，可以将社会主义核心价值观融入法治建设的全过程，从立法、执法、司法到守法各个环节，充分体现社会主义核心价值观的要求。“法治文化是指一个国家或民族对于法律生活所持有的以价值观为核心的思维方式和行为方式。”[①]在立法过程中，以维护人民根本利益、促进社会公平正义为出发点，将社会主义核心价值观的理念转化为具体的法律条文。在执法和司法过程中，秉持公正、平等的原则，严格依法办事，让人民群众在每一个执法和司法案件中都能感受到公平正义，从而增强对法治的认同感。另一方面，通过法治文化建设，进一步弘扬社会主义核心价值观。例如，开展以社会主义核

① 许旭:《弘扬法治文化构建法治社会》,《法理学研究》2016年第1期,第58-59页。

心价值观为主题的法治宣传教育活动，宣传践行社会主义核心价值观的典型案例，以法治的力量引导社会风尚，使社会主义核心价值观在法治的保障下更加深入人心。

第二节 社会主义核心价值观

社会主义核心价值观作为一种高度凝练的价值体系，全方位地囊括了国家、社会以及公民这三个层面的价值追求，为整个社会的发展指明了清晰明确的价值取向。法治文化建设作为法治领域的重要构成部分，其核心目标在于营造一种全社会皆积极倡导法治、由衷相信法治的浓厚文化氛围，促使法治理念真正深入人心，并切实转化为大众的实际行动。社会主义核心价值观与法治文化建设之间存在着紧密相连、相辅相成且相互促进的关系。深入探究社会主义核心价值观引领法治文化建设的内在逻辑，以及其在科学立法、严格执法、公平司法、全民守法等法治建设关键环节所发挥的引领作用，不仅有助于我们更为全面、深入地认识法治文化建设的本质与意义，而且为推动中国法治建设迈向更高层次提供了坚实的理论支撑与切实可行的实践指导，通过这个过程将有力地推动社会主义核心价值观与法治文化的深度融合，共同为实现中华民族伟大复兴的中国梦筑牢坚实的思想根基与制度基石。

一、社会主义核心价值观引领法治文化建设的内在逻辑

社会主义核心价值观与法治文化深度交融，共同促进社会公平正义。法治不仅规范行为，也承载社会伦理道德，如民法的诚实信用原则，以及刑法对严重犯罪的惩处。社会主义核心价值观引导人们遵守法律，形成良好社会风尚，促进法治与道德的融合，为法治社会建设提供精神动力和价值支撑，推动社会和谐稳定发展。

（一）法治与道德的融合

社会主义核心价值观作为当代中国社会的精神旗帜，全方位、深层次地渗透于社会生活的各个层面，为社会发展提供了强大的精神动力与价值指引。在法治文化建设领域，社会主义核心价值观与法治理念深度交融，展现出独特而紧密的内在逻辑，尤其是在法治与道德的融合方面，彰显出不可忽视的重要意义。

社会主义核心价值观所着重倡导的富强、民主、文明、和谐等社会价值维

度，与法治文化的内在要求呈现出高度的一致性。富强作为国家繁荣昌盛的目标，绝不可能脱离法治的保驾护航。民主的本质是人民当家作主，这极具价值的诉求能够在严谨的法治框架之内切实落地实现，法治所具备的程序性与规范性特质，确保了民主管理、民主监督等一系列民主实践活动能够在有序的轨道上稳步推进，从而使民主这一崇高理念得以真正照进现实。文明、和谐是社会进步与秩序井然的直观体现，法治无疑是实现美好愿景的关键手段。法治以其明确的规范力量对人们的行为加以约束和引导，促使社会逐步孕育形成文明的风俗习惯以及和谐融洽的人际关系。

法治绝非仅被狭隘地界定于法律条文所呈现的刻板规范范畴，其蕴含着丰富且深邃的社会伦理道德意涵。“所谓法治文化，是近年来常用的概念，指在法治建设中形成的一种形态和社会生活方式，其核心是法治理念和法治思维模式，还有法治运行机制和法治软硬件条件，以及法治实践活动。”①法治体系的构建与实施以特定社会伦理道德准则为根基。例如，民法中的诚实信用原则贯穿于整个民事法律关系，其本质是社会道德中诚实守信理念在法律层面的具体体现，要求民事主体真诚、善意，杜绝欺诈和隐瞒，维护商业道德、社会秩序和传统习俗，保障民事活动公正有序。刑法严厉惩处严重犯罪行为，彰显对基本权利的尊重与保护，体现对公平正义等核心伦理道德的坚守。这体现了法治内核与社会伦理道德紧密相连，法治实施就是将伦理道德理念融入社会生活并转化为行动的过程。

在社会主义核心价值观的引领与推动下，着力营造一种将法治与社会公德紧密结合的文化氛围至关重要。此氛围打破了人们对法律刻板生硬的固有印象，让人们重新审视法律，视其为维护社会公平正义的坚固堡垒与保障人民幸福生活的有力且不可或缺的工具，同时凸显法律作为社会公德与道德底线的重要地位。置身于该文化氛围中，在日常生活里，人们在社会主义核心价值观的指引下积极主动践行社会公德与道德，如在社区生活中，居民既严格遵守社区管理相关法律法规，又在友善互助的社会主义核心价值观引导下齐心协力营造和谐融洽的社区环境。这种文化氛围的形成对社会具有促进自我调节与自我修复的重要功能，当社会出现轻微冲突或纠纷时，人们会先自我反思，再基于社会公德与道德观念真诚协商沟通，竭力以和平友好的方式解决问题，只有万不

① 沈国明：《中国社会主义法治文化的历史回溯和进路》，《学术月刊》2022年第9期，第96-110页。

得已才诉诸法律手段。这种先考量伦理道德再借助法律途径解决问题的模式，既极大降低了执法成本，又显著增强了整个社会的凝聚力与稳定性，使社会在有序、和谐的轨道上稳步前行。

（二）社会主义核心价值观与法治的辩证统一

当代中国波澜壮阔的法治进程中，社会主义核心价值观与法治之间实则存在着一种既深邃又紧密的辩证统一关系，这对于深入推动法治文化建设以及全方位塑造社会文化均有着不可忽视的重大意义。社会主义核心价值观作为当代中国社会当之无愧的精神内核，为法治文化建设精准地确立了价值坐标，需明确法治文化建设绝非孤立发展的存在，而是与社会主义核心价值观息息相关。从本质剖析，法律所扮演的角色绝非仅局限于对社会成员行为的规范，它是承载并体现社会公平、正义以及公共道德等社会主义核心价值观的关键载体。

正义是法治矢志不渝追求的核心价值之一，通过规范各种社会关系，法律切实保障了社会秩序有条不紊地运行，从而有力维护着社会的公平与正义。从司法的独特视角审视，每一项公正无偏的司法裁决都是对正义价值的捍卫，“启蒙运动时期，启蒙思想家们在批判中世纪神学的基础上实现了正义观的转变，‘人人生而平等，在尊严和权利上一律平等’成为正义的核心内容，人权、法治、共和等成为正义的具体追求”①。譬如在一些涉及保护弱势群体权益的具体案件当中，司法机关依据法律规定，为弱势群体提供全面的法律保护，确保他们在法律面前能够与其他主体处于平等地位，这是正义价值在司法实践领域的生动彰显与深刻诠释。公共道德作为社会公共生活范畴内理应遵循的基本道德规范，同样在法律体系中有着清晰的体现。以《中华人民共和国环境保护法》为例，其中有关公民负有保护环境义务的相关规定，绝不只是单纯的法律要求，实则是公共道德在法律层面的一种固化与升华，此规定意在引导公民在日常生活点滴中逐步养成良好的环保习惯，进而有力推动公共道德在社会生活中的切实践行。

推进法治建设进程中，强化社会对社会主义核心价值观的深度认同至关重要。法治建设为社会主义核心价值观的传播与践行提供了强有力的制度支撑。法律凭借其强制力与权威性，确保社会主义核心价值观倡导的行为规范在社会广泛深入实施。例如，通过严谨制定并坚定执行相关法律法规，有力保护、鼓

① 王莹:《中国特色社会主义法治文化建设研究》,博士学位论文,东北师范大学,2020,第74页。

励诚实守信的商业行为，让守信者获得支持回报，同时对欺诈等严重违背诚信价值观的行为予以严厉制裁惩处，促使社会成员在经济活动中自觉遵循诚信原则。法治的全方位、深层次保障，使社会主义核心价值观从抽象理论概念转化为具有实际约束力的具体行为准则，深入全面地渗透到社会生活的各角落，成为社会运行发展不可或缺的部分。

唯有全社会成功营造出法治与社会主义核心价值观深度交融的独特社会文化，才有望实现国家治理体系和治理能力现代化的宏伟目标。在这样统一协调的社会文化环境里，法律不再只是外在的强制约束，而是逐渐内化为社会成员自觉自愿遵守的行为准则，与社会主义核心价值观倡导的道德规范相互呼应、彼此促进。以社区治理为例，居民处理邻里纠纷、维护社区秩序时，不仅依照法律法规，还以友善互助等社会主义核心价值观引导自身行为，营造出和谐融洽的社区氛围。这种法治与社会主义核心价值观有机统一的社会文化，在宏观层面对于化解社会矛盾、推动社会整体和谐稳定意义重大，全方位提升社会成员的法律素养与道德水准，潜移默化地培育良好社会风尚，为经济与社会可持续发展创造有利条件，助力国家稳步前行。

二、社会主义核心价值观引领科学立法

社会主义核心价值观在中国立法中起着根本性的价值导向作用，要求立法活动反映人民需求、推动社会进步。立法需确保法律体现公平正义、平等自由、法治精神，同时保护公共利益。科学立法强调立法质量，要求法律适应社会发展，维护社会公平正义，确保法律体系的完善和法治国家的建设。

（一）立法的社会价值导向

在当代中国社会，社会主义核心价值观为立法活动确立了根本性的价值导向，其影响力深深植入立法的社会价值取向之中。在法治建设里，立法绝非简单的社会行为规范活动，而是一项肩负着社会价值追求、积极回应人民需求、强力推动社会发展进步的重大使命。社会主义核心价值观在立法中的充分展现，赋予了法律鲜明的社会服务特质，使其成为捍卫人民福祉、促进社会公平正义的坚实利器。

社会主义核心价值观对立法提出明确要求，即必须精准反映人民的需求和价值取向。人民是国家的主人，立法工作的根本出发点与最终目标始终是维护人民的根本利益。不论是国家层面所倡导的富强、民主、文明、和谐，还是社会层面所秉持的自由、平等、公正、法治，抑或是个人层面所弘扬的爱国、敬

业、诚信、友善，这些价值观都与人民群众的生活息息相关。以民生领域的立法为例，在制定社会保障法、教育法等相关法律法规时，应充分考虑人民群众对美好生活的殷切向往，切实保障人民群众在基本生活、教育、医疗等方面的权利与利益。以教育法而论，通过不断推进教育立法的完善，确保每一位公民都能获得公平且优质的教育机会，这不仅是对平等、公正等社会主义核心价值观的生动实践，而且是人民对教育公平迫切需求的真实写照。

社会主义核心价值观是构建和谐社会的坚实根基，同时也是立法工作不可或缺、必须遵循的重要价值指引。自由绝非毫无约束的肆意妄为，而是在法律框架所划定范围内的有序状态。立法需保证公民在法律允许的范围内充分享有自由权利，同时有效防范因自由的不当使用而侵犯他人合法权益的情况发生。就像在互联网立法方面，既要切实保障公民的言论自由，让他们在虚拟空间能够自由表达见解，又得对网络谣言、恶意诽谤等行为加以规范，以此维护健康有序的网络环境，实现自由与秩序的平衡。平等作为现代法治的一项基本原则，要求立法务必确保全体公民在法律面前人人平等，无论其性别、种族、职业、财产状况等存在何种不同，都平等地享有权利并履行义务。比如在劳动立法中，明确禁止就业歧视，保证劳动者拥有平等的就业机会与劳动权利，这正是立法中平等价值的生动体现。

科学立法的意义不仅在于对社会行为加以规范，而且在于让法律能顺应社会发展的动态需求，成为推动社会进步、实现公平正义的强大助力。社会始终处于不停歇的演变进程中，新的社会问题与矛盾不断出现。这种态势要求立法必须具备前瞻性与适应性。“十一届三中全会以后，法治恢复和重建阶段，实现‘有法可依，有法必依，执法必严，违法必究’，是法治建设的阶段性目标，也是法治文化建设的重要内容。社会主义法律体系形成以后，随着依法治国的推进，实现‘法治国家、法治政府、法治社会’成为法治建设的目标，实现‘科学立法，严格执法，公正司法，全民守法’则成了法治文化建设的重要内容。两个阶段的差别源于社会环境和社会条件发生的变化，说明法治文化在与时俱进。”[①]近年来互联网技术飞速发展，催生出电子商务、在线支付、共享经济等诸多新商业模式，相关法律问题也日益突出。立法机关凭借敏锐的感知，及时制定并完善《中华人民共和国电子商务法》等法律法规，以规范新商业模

① 沈国明:《中国社会主义法治文化的历史回溯和进路》,《学术月刊》2022年第9期,第96-110页。

式下的市场秩序，保障消费者权益，推动新兴行业健康发展。这既充分体现了立法机关对社会变化的敏锐洞察与积极回应，也凸显了社会主义核心价值观在应对社会转型时的引领作用。

（二）社会主义核心价值观对立法制度的促进作用

科学立法若要实现提升质量、达成良法善治之目标，全方位、深层次地贯彻社会主义核心价值观是必经之路。社会主义核心价值观蕴含丰富多元的价值理念，从描绘国家发展蓝图的富强、民主、文明、和谐，到构建社会有序格局的自由、平等、公正、法治，再到塑造个人良好品德的爱国、敬业、诚信、友善，这些理念如坐标般为立法工作各方面提供精准指引。在立法实践中，加强对公共利益的保护是践行社会主义核心价值观的关键体现。公共利益关系全体社会成员，广泛涵盖公共安全、环境保护、公共卫生等社会生活各领域，在立法时充分考量公共利益，确保法律契合最广大人民的根本利益。

平等并非仅指形式上的平等，更强调实质上的平等。在立法过程中，需高度关注不同群体的特殊需求，采取差别化对待方式以实现实质平等。对于老年人、残疾人、妇女和儿童等弱势群体，制定专门法律法规或在相关法律中设专门条款，保障他们在社会生活各方面平等享有权利和利益，这体现了社会主义核心价值观对社会公平正义的深层次追求，让立法更契合社会现实，彰显人文关怀。社会主义法治文化建设依赖科学立法的推进，而科学立法离不开社会主义核心价值观的引领，科学立法确保法律公平性，此乃法治文化建设基础。公平的法律能让社会成员感受到法律的公正无私，增强其对法律的认同感与归属感。如在税收立法方面，应合理设定税率、规范税收征管程序，确保不同收入群体的纳税体现公平原则，使每个人都能在法律框架内公平地参与社会和经济活动。

法律所具备的开放性是科学立法不可或缺的重要维度。开放且透明的立法进程为社会各阶层搭建起广泛参与立法工作的桥梁，使他们能充分表达利益诉求、提出可行建议。这不仅有助于提升立法的科学性与民主性，而且让社会主义核心价值观在法律制定过程中得以淋漓尽致地体现。借助征求公众意见、举行听证会等多样途径，广泛汲取公众智慧，促使法律更契合社会实际状况，体现人民意志。与此同时，法律的开放性显著体现在文本的公开性上，让社会全体成员有机会深入了解法律内容，明确自身权利和义务，进而自觉守法，为营造良好法治文化氛围贡献力量。由此可见，开放透明的立法过程对提高法律社会认可度起着积极的推动作用，也为法治文化的蓬勃发展提供有力支持。

权威无疑是法律至关重要的基本属性之一，而科学立法则是稳固确立法律权威性的核心要素。当立法工作深入且全面地彰显社会主义核心价值观时，法律便筑牢坚实根基，拥有深厚的道德底蕴与稳固的价值支撑体系，其权威性也会进一步强化。一部充分体现公平正义原则、切实保障公共利益的法律，相较其他法律，更易赢得社会成员发自内心的自愿遵守与主动维护。究其深层原因，此类法律的影响力不仅在于其外在强制力，而且在于其能赢得社会成员内心深处的尊重与高度认同。这种基于社会成员对法律价值深度认同而产生的权威，正是法治文化建设致力达成的核心目标之一。“要大力弘扬法治精神，具体来说一是要提高行政执法人员的法治意识和法治水平”[①]，其强大力量能促使社会成员形成对法律的坚定信仰，使法治理念从表面认知真正内化为每位社会成员自身的行为规范准则，如此广泛转变之下，推动全社会法治文化朝着繁荣兴盛方向蓬勃发展。

三、社会主义核心价值观引领严格执法

在法治社会构建中，严格执法是基础，社会主义核心价值观引领着执法的公正性与公信力，要求执法人员摒弃偏见，确保法律面前人人平等。公正执法能增强公众对法治的信任与认同，维护社会公平正义。执法过程中需保障弱势群体权益，建立透明监督机制，以提升法治信任和法治认同，促进法治文化发展。

（一）执法的公正性与公信力

社会主义核心价值观所蕴含的公平正义理念深刻地渗透到执法活动的每一处细节，这明确要求执法不能单纯依照法律条文机械操作，而需在更深层次切实保证正义与公平的实质实现。正义是法治的命脉，执法公正性紧密关联法治尊严与权威，极大影响公众对法治的信任。确保执法不受偏见干扰是公正执法的首要前提，执法人员审视案件时，务必坚决摒弃个人主观偏见，对所有执法对象，无论其身份地位如何，都应始终秉持客观中立的态度。

公正无疑是维系执法公平的关键保障要素，执法人员肩负维护法律尊严与公正的使命，必须坚守法律底线，杜绝因亲属、友情等个人关系侵蚀执法公正。在现实执法场景中，执法人员常面临亲友求情、利益相关方诱惑等来自个人关系的压力，一旦因个人情感动摇，哪怕一丝偏差，都可能损害执法公正、

① 许旭：《弘扬法治文化构建法治社会》，《法理学研究》2016年第1期，第58-59页。

削弱法律权威。因此，执法人员要时刻保持清醒头脑，将法律奉为唯一准则，以坚定的意志和毫不妥协的态度抵制个人情感的干扰，确保执法公平公正，维护法律尊严和权威。

在执法公正的范畴内，公平对待每一起案件是核心要义的关键呈现。无论案件规模大小，皆紧密关联当事人合法权益，深切承载公众对公平正义的期盼。执法人员履职时，需无差别地投入大量精力与关注，确保案件办理的每个环节从受理起始，历经调查取证直至作出处罚决定，均严格遵循法定程序，做到事实清楚、证据确凿、法律适用精准，经得起法律与道德的双重审视。

执法进程中切实保障弱势群体的合法权益，无疑是社会主义核心价值观在执法领域的生动映照与鲜活诠释。"社会主义核心价值观具有'制度建构'和'人民群众行为规范'双重作用。"[①]弱势群体因经济和社会地位的相对劣势，其合法权益更易受损，在执法过程中需要更多关注与周全保护。如在劳动执法领域，不少农民工因缺乏法律知识与维权能力，易面临工资被拖欠、工作条件恶劣等问题，此时执法部门应积极主动履职，加大对此类案件的查处力度，通过构建快速反应机制、提供专业法律援助等有效举措，助力农民工维护自身权益。

执法的公正性对其公信力起着决定性作用。当执法毫无偏私、秉持公正无私的准则时，公众会由衷信任并认可执法活动，进而自觉遵守法律法规，以积极主动之态协助执法工作开展。若执法公正性缺失，其负面影响将极其严重，公众对执法的信任会如被侵蚀的堤坝般遭受重创，甚至可能滋生社会冲突与纠纷。例如，一些备受公众瞩目的执法事件，若处理结果未让公众感受到公平正义，便在公众心中投下质疑的种子，使其不仅质疑执法部门的权威性，还会将质疑延伸至整个法律体系。由此可见，执法部门务必深刻清晰地认识到，唯有始终坚守公正执法的根本原则，通过切实行动生动诠释社会主义核心价值观内涵，方能赢得公众发自内心的信任与坚定支持，稳步提升执法公信力，让执法工作在公众认可与配合下更好维护社会公平正义与和谐稳定。

（二）提升法治信任与法治认同

社会主义法治文化建设凭借严格执法强化公众对法律的信任与认同。它不仅深切关乎法治社会根基的稳固，对法治社会稳定起决定性作用，还深远影响国家治理体系和治理能力现代化进程。在这意义非凡的进程中，社会主义核心

① 阎西塬:《新时代社会主义法治文化建设研究》,博士学位论文,辽宁大学,2023,第55页。

价值观以其强大的影响力和重要的规范与引导功能，有力高效地推动法治意识如春风化雨般在全社会广泛传播并深入人心。

社会主义核心价值观为严格执法提供关键的价值规范，其大力倡导的自由、平等、公正、法治等理念，为执法活动清晰地设定明确的价值标准。以执法中的公平理念为例，执法人员责任重大，在相同情形下，必须确保每位执法对象都受到无差别平等对待，绝不能因身份、财富或社会地位差异而区别对待。这种坚守公平价值的执法方式，能让法律更契合公正合理原则，潜移默化地增强公众对法律的信任与依赖。这充分说明，社会主义核心价值观在执法活动中切实发挥规范引领作用，像无形的纽带将执法与社会价值追求紧密相连，确保执法不仅严格依法，还高度契合社会共同秉持的价值追求，使执法在维护社会秩序与公平正义方面发挥更强大的效能。

社会主义核心价值观对严格执法的引领效用全方位展现在众多维度上。"核心价值观与执法体系的关系，可以看成'神'与'形'的关系，核心价值观是'神'，执法体系是'形'，核心价值观融入执法体系的核心是深入研究核心价值观各要素怎样由表及里地融贯执法体系。"[①]从宏观视角看，它指引执法部门明确执法的根本宗旨为维护社会公平正义、推动社会和谐发展。以城市管理执法为例，不能仅着眼于城市表面整洁有序而忽视小商贩等弱势群体的生存权利，这是对执法本质的偏离。相反，在社会主义核心价值观的指引下，应在城市管理与保障民生间审慎地探寻平衡状态。可通过科学合理规划摊位设置、严谨规范经营时间等可行方式达成，既维护城市良好秩序确保其正常运转发展，又切实保障弱势群体的基本生活需求，让其合法合规维持生计。这种社会主义核心价值观引领下的执法方式蕴含浓厚的人文关怀，让公众真切体会到法律并非冰冷条文堆砌，而是充满对人的尊重与关怀，从而显著增强公众对法治的认可度，在全社会营造更积极健康的法治氛围。

在微观维度，社会主义核心价值观对提升执法人员职业道德与素质的作用非凡。爱国主义、敬业精神、廉洁奉公及友善待人等价值观，高悬精神旗帜，时刻激励执法人员对国家和人民生发出强烈责任感，驱使他们以高度敬业的精神全身心投入执法职责，以廉洁奉公的作风对待每项工作任务，以友善亲和的态度与执法对象沟通交流。当执法人员凭良好职业道德与较高素质履职，便在与公众之间搭建了信任的桥梁，大大增加获得公众理解与支持的可能性，进而

① 阎西塬：《新时代社会主义法治文化建设研究》，博士学位论文，辽宁大学，2023，第56页。

增强公众对法治的信任与认同。日常交通执法场景中，执法人员若摒弃简单粗暴的方式，以文明礼貌的姿态纠正驾驶员违法行为并耐心细致地解释相关交通法规，相比简单生硬执法，驾驶员更易在温和专业的执法氛围中清晰地认识自身的错误，从内心尊重执法人员，对交通法规的认同感也随之显著增强。这种微观层面由社会主义核心价值观引领的执法方式滋润公众与法治的关系，让法治观念在公众心中扎根。

四、社会主义核心价值观引领公正司法

社会主义核心价值观强调司法独立与公正，要求法官依法独立行使权力，确保案件得到公平处理。司法公正不仅是法治文化的核心，也是社会公平正义的体现。司法制度的完善和司法人员素质的提升是实现司法公正的关键。法官须具备深厚的法律素养和高尚的道德情操，确保审判的独立性和公正性。通过司法公开、错案纠正和监督机制，增强司法透明度和公众信任，构建公正、高效、权威的司法体系。

（一）司法独立与公正

社会主义核心价值观所大力倡导的公平正义理念渗透于司法进程的每一处细微角落。法官作为司法公正的最直接践行者，肩负重大责任，履职时须始终坚守依据事实和法律独立行使司法权这个根本原则，毕竟事实是司法裁决的坚固基石，法律是公正判断的唯一依据。故法官务必秉持严谨审慎的态度，展开详尽入微的调查取证工作，认真细致地审查核实各类证据，精准无误地援引法律条款，确保每项判决都基于坚实可靠的事实与明确无误的法律依据。

公正的司法实践无疑是法治文化至关重要的核心要素之一，其重要性体现在与社会公平正义及公众对法治的信任紧密相连。当司法机关以公正无私之态妥善解决社会中各类冲突与纠纷时，便宛如向全社会发出强有力且积极正面的信号：法律是公平正义坚定不移的守护者，无论个体贫富贵贱、身份地位怎样，皆能在法律庇护下平等获取保护与救济的机会。此信号影响深远，既极大增强了公众内心对法治的信任程度，让公众切实感知法律公平权威并非空洞口号，而是能为自身权益保驾护航的有力武器，又进一步引导公众自觉守法，将法律规范内化为自身行为准则，在全社会形成井然有序、和谐稳定的良好法律秩序。反之，若司法出现不公，错案频发，公众对法律原本坚定的信任将遭受严重冲击，这种冲击的后果不仅局限于对个别司法案件的失望，还会蔓延至对整个法律体系的质疑，长此以往，法治文化赖以生存和发展的根基亦将动摇，

将阻碍整个社会的法治进程。

从司法制度维度深入剖析，完善健全的司法制度是实现公平正义这一崇高目标的关键保障。“我国的根本政治制度是人民代表大会制度，基本政治制度有多党合作和政治协商制度、民族区域自治制度、基层群众自治制度等。”[①]科学合理的司法制度保障司法机关独立行使职权，免受外界不当干预，确保司法决策基于法律和事实。健全的诉讼程序保障当事人权利，使其能充分参与司法、表达诉求，维护司法公平公正。有效的监督机制能全方位监督司法权力的运行，防止腐败和职权滥用，维护司法权威。司法责任制明确法官责任，促使法官审慎断案，让判决经得起检验。司法公开制度不断完善，通过庭审直播、文书公开等方式提升司法透明度，增强公众对司法公正的信任。

健全的司法制度尚不足以完全确保司法的公正性，司法人员的业务素质也至关重要。较高的法律素养是公正司法的基础，司法人员不仅要精通法律法规、领悟法律精神与原则，还须具备法治思维以解决问题。随着社会发展，法律体系更加复杂，司法人员需不断学习以更新知识。同时，司法人员要有高尚的道德，司法权力若缺乏道德约束易被滥用，职业道德要求司法人员秉持公平、公正、勤勉原则，抵制诱惑，坚守公平正义底线，作出公正判决。

（二）公平与正义的实现路径

公民平等与公平审判是社会公平正义得以彰显的基石。从法律的本质来讲，它是全体人民意志的体现，理应平等地保护每一个公民的权益。在司法实践中，这意味着无论公民的种族、性别、财富、社会地位、宗教信仰等有何差异，在法律面前都应一视同仁。这种平等对待，不仅是对法律尊严的维护，也是社会主义核心价值观中平等理念在司法层面的具体落实。

公民维护自身合法权益的关键途径之一是拥有获得公正审判的权利。此权利意味着公民在遭遇纠纷或权利受侵害时，有权获取公平公正且公开透明的司法审判。这对司法机关提出严苛要求，在案件从受理、审理到判决各环节都须严格依法律程序，充分保障当事人毫无阻碍地行使诉讼权利。如当事人有权聘请律师辩护，在法庭上有陈述、质证及辩论的权利，切实保障这些权利是实现公正审判的重要环节。同时，司法机关肩负确保审判不受外部非法干涉的责任，法官应依事实和法律作独立公正判决。“司法是维护社会公平正义的最后

① 沈国明:《中国社会主义法治文化的历史回溯和进路》,《学术月刊》2022年第9期,第96-110页。

一道防线，司法公正是看得见的正义，公正的司法裁判比任何宣传都更能使公民信任和依赖法律，从而引导全社会依法行动、依法办事。”[①]如此，公民才会坚信法律公平、司法可信，进而强化对法治的信仰。

社会主义核心价值观为司法决策的公平正义设立更高标准，在实际司法实践中体现在多层面。“社会主义核心价值观不但可以给法治提供精神营养，而且还可以给司法行为建立起一个具有丰富、多样化的价值判断标准，为司法行为建立司法裁判标准。”[②]在事实认定阶段，司法机关应严谨、客观、公正地审查证据，还原案件真相，像在复杂民事侵权案中，需运用专业规则和推理精准认定，司法人员要具备扎实的专业知识且不受外界干扰。在法律适用上，鉴于法律条文的特性，司法人员要准确理解立法目的，结合案件实际选择合适条款，在处理新兴法律问题时作出公正且符合社会发展的裁决。在判决结果方面，司法机关要合理分配责任，适度保护当事人权益，民事案件依过错和损失确定赔偿责任，刑事案件精准量刑，这需要司法人员熟悉法律，深刻理解公平正义，以获得公众对判决结果的认可与尊重。

要切实达成公平正义这个崇高目标，司法机关需持续强化制度与队伍建设。“制度与精神可以相互产生影响，法治的价值理念被社会成员广为认同和接受，将大大提高法律制度在实践中实现初衷的可能性。”[③]在制度建设方面，构建司法公开、错案纠正和司法监督制度十分关键。司法公开能提升透明度，增强公众信任；错案纠正可保障当事人权益；司法监督能确保司法权正确行使，防止腐败与不公。在队伍建设方面，要对司法人员开展职业道德教育和专业技能培训，前者培养其正义感和廉洁意识，后者帮助他们更新知识，提升业务能力，以适应司法实践需求。实现司法公正、维护公平正义是一项复杂的系统工程，需要司法机关以社会主义核心价值观为指引，协同推进理念落地、制度建设和人员培训，保障公民权利，让公平正义体现在每一个司法案件中，推动法治社会不断完善。

五、社会主义核心价值观引领全民守法

全民守法是法治文化建设的核心目标，社会主义核心价值观在普法教育和

① 雷磊：《论新时代社会主义法治文化建设》，《法治社会》2024年第3期，第13–27页。

② 阎西塬：《新时代社会主义法治文化建设研究》，博士学位论文，辽宁大学，2023，第57页。

③ 沈国明：《中国社会主义法治文化的历史回溯和进路》，《学术月刊》2022年第9期，第96–110页。

法治文化传播中起着引领作用。法治教育需深入公民内心，通过各种教育方式和手段，全面提高公民法治意识。法治意识的培养和法治文化的普及是长期而系统的工程，需要政府、媒体和社会组织共同努力，以社会主义核心价值观为指导，推动法治社会的建设。

（一）法治教育与普法宣传

全民守法作为法治文化建设的终极目标，承载着法治社会建设的理想与愿景。在实现这一目标的进程中，社会主义核心价值观在普法教育与法治文化传播中发挥着至关重要的引领作用。唯有全体公民从内心深处真正接纳法治的规范与要求，将法治理念内化为自身的行为准则，法治社会的宏伟蓝图方可成为现实。

法治社会的打造绝非仅依赖完备无缺的法律体系与严谨规范的执法司法流程，更关键的是全体公民对法律发自内心的普遍遵守与信仰。“法治信仰是检验一个国家法治状况的重要指标。”[①]所谓普遍守法，即社会每位成员皆能自发自觉地将法律奉为行为根本准则，在日常点滴生活与广泛社会交往中始终依法律具体规定行事，这不仅是对法律权威的表面尊重，而且是法治文化深植民众内心的重要体现。日常生活中，公民出行时自觉遵守交通规则，无论身在何处都严格做到红灯停、绿灯行，这看似平常简单的行为，正是普遍守法理念在现实生活中的生动实践与具体呈现，反映出公民对法律规范的高度认可与切实遵循，映照出法治意识在公民日常行为中的渗透及法治文化在社会基层的表现。

在法治教育中，社会主义核心价值观意义重大，它从国家、社会、公民三个维度，为法治教育提供精神内涵和价值支撑。比如，将爱国与守法相结合，让公民明白守法是爱国的体现，维护法律秩序是公民的责任。诚信与法治教育紧密相关，在市场经济里，诚信是基本准则，法律保障其落实。把社会主义核心价值观融入法治教育，能引导公民理解法律价值，增强法律认可度和守法自觉性，使法治观念成为公民日常行为的指引。

法治文化并非仅局限于法律知识的简单传递，更关键在于价值观与行为模式的传承，是深层次文化内涵的延续。社会主义核心价值观倡导的自由、平等、公正、法治等理念，与法治文化的核心完美契合，传播这些价值观能潜移

① 王莹：《中国特色社会主义法治文化建设研究》，博士学位论文，东北师范大学，2020，第107页。

默化地引导公众树立正确科学的法治观念，在全社会营造有利于法治文化蓬勃发展的良好氛围。以社区开展的法治文化活动为例，以“公正”为主题，通过案例分析、法律讲座等多样形式，向居民深入浅出地阐释法律保障社会公正的方式，让居民认识到每一个公正的司法判决及每一项公平的政策制定，皆是法律维护社会公正的生动体现与具体实践。此类活动既能让居民领略法治文化的独特魅力，又能使其深刻领悟社会主义核心价值观中“公正”的丰富内涵，进而转化为行动动力，激励居民在日常生活中积极追求正义、维护正义，自觉遵守法律法规，以实际行动为建设法治社会贡献力量。

（二）法治意识的培养与法治文化的普及

在全社会广泛且深入推行法律教育，全方位提升公民法治意识，促使每位社会成员将自觉守法自然转化为本能行为习惯，已然成为法治文化建设不可分割的关键部分。社会主义核心价值观凭借深厚的价值根基与广泛的社会影响力，在构建法治社会的进程中发挥关键作用，有力推动全体公民共同迈向自觉守法的全新法治境界。

明确普及法律教育并非仅对法律条文浮于表面的传播，而是全面深入的思想渗透与启蒙之旅。“社会主义法治文化通过现代法治意识的‘导向’、理性法治行为的‘驱动’、崇高法治信仰的‘涵化’，其教育功能得以充分展现。”[①]核心目标是让每位公民透彻理解法律的本质内涵、根本目的及重要价值，充分认识到法律不仅是外在行为规范约束，而且是捍卫社会公平正义、保障公民合法权利的坚固盾牌。在基础教育阶段，法律教育应巧妙融入日常课程体系，运用生动有趣的案例分析、角色扮演等多样化教学方法，引导青少年早早树立正确科学的法律观念。如中小学积极开展模拟法庭活动，让学生扮演法官、律师、当事人等角色，亲身体验司法审判全过程，使学生在实践中学习法律知识、感受法律的严肃性与公正性，在其幼小纯真的心灵深处播下法治的种子，为其日后成长为高法治素养公民奠定坚实基础。

伴随公民年龄递增与社会角色更迭，法律教育在内容与形式上都需作出相应调整深化。对初入职场的成年人，依其职业特性开展针对性法律培训极为关键。如对企业员工开展劳动法律法规培训，帮助其了解就业劳动中的权利义务并学会用法律武器保护自身权益，同时向企业管理人员普及公司法等与企业运

---

① 冶刚、尹洁:《社会主义法治文化的教育功能及其在学校的实现方略》,《教育理论与实践》2023年第9期,第35-38页。

营相关的法规，引导其依法经营、防范风险。对老年群体，法律教育应聚焦财产继承、消费者权益保护等与日常生活相关领域，通过通俗易懂的讲座与社区宣传，帮其增强自我保护意识，避免因法律知识不足而受侵害。

增强公民法律意识是普及法律教育的必然追求与法治文化深入人心的重要标志。这意味着公民不仅熟知法律条文，而且从内心深处深刻认同法律权威并将其作为行为决策的重要依据，此认同非因外界强制，而是基于对法律所蕴含的公平正义等价值理念的深刻领会与高度认可。“中国特色社会主义法治文化建设的一个重要目标就是增强公民的法治意识、坚定公民的法治信仰。这需要以社会主义核心价值观作为指引，通过具体的普法活动展开。”[①]在日常生活面对利益诱惑时，具有强烈法治意识的公民会自觉以法律为准绳约束自身行为，因他们深知违法乱纪既损害他人利益、扰乱社会秩序，最终也会让自己遭受法律制裁，这种对法律的尊重与自觉遵守是法治意识深入人心的生动写照。

若要有效培养法治意识、普及法治文化，需全社会形成合力。政府应加大法治教育投入，制定科学规划，整合资源构建全面多层次的体系，借助互联网、大数据、人工智能等创新方式方法，如开发在线平台提供多样课程、案例视频及交流论坛，方便公民学习。媒体作为信息传播的关键力量，应担起法治宣传责任，制作高质量节目、发布权威信息、宣传正面案例，营造强大舆论氛围，引导公众关注参与。社会组织也应发挥优势开展多样活动，如法治文化演出、咨询服务、志愿服务等，将法治文化送进社区、农村、企业、学校，贴近百姓生活。“在现有法治文化建设的基础之上，需要深入了解人民内心诉求，从根源上实现全民性的法治文化普及。”[②]法治意识培养与法治文化普及是长期系统工程，需持之以恒，在社会主义核心价值观引领下，全社会共同努力，就能让法治意识扎根于公民心中，让法治文化在我国大地绽放光彩，为建设社会主义法治国家筑牢社会根基。

① 王莹：《中国特色社会主义法治文化建设研究》，博士学位论文，东北师范大学，2020，第106页。

② 徐晓楠：《新时代中国精神的弘扬路径研究》，博士学位论文，吉林大学，2024，第113页。

第六章
新时代社会主义法治文化建设的目标原则

在新时代的宏大征程中，社会主义法治文化建设承载着举足轻重的使命。它不仅是全面依法治国战略深入推进的关键支撑，而且是国家治理体系和治理能力现代化的内在需求。随着社会的飞速发展、经济全球化浪潮的席卷以及国内社会结构的深刻变迁，法治文化建设的紧迫性日益凸显。建设社会主义法治文化，关乎全民族法治素养与道德素质的提升，关联着国家面向现代化、世界与未来的前行步伐，体现着民族性、科学性与大众性的有机统一，更是社会主义本质在法治领域的彰显。明确其目标要求，秉持正确的工作原则，方能精准发力，为全面依法治国筑牢思想根基、提供精神动力，为社会主义现代化建设和中华民族伟大复兴铺就坚实的法治基石。

第一节
新时代社会主义法治文化建设的本质要求

新时代社会主义法治文化建设是我国全面深化改革、推进国家治理体系和治理能力现代化的重要组成部分。在新时代背景下，法治文化建设的本质要求强调了提升法治素养与道德素质对于构建和谐社会的重要性。法治文化作为国家治理体系的重要支柱，对于增强全民法治意识、维护社会稳定具有不可替代的作用。从提高全民族法治素养和道德素质的法治文化、面向现代化与未来的法治文化，以及符合民族科学大众需求的法治文化等多个维度出发，全面阐述法治文化建设的具体路径与策略，旨在为新时代社会主义法治文化建设提供理论支持与实践指导，推动我国法治文化建设不断发展与完善。

一、建设提高全民族法治素养和道德素质的法治文化

（一）法治素养与道德素质的重要性

法治素养与道德素质是法治文化建设的两大基石，两者相辅相成，共同支撑着法治社会的建设。法治素养体现了公民对法律的认识、理解和实践能力，它是法治社会公民行为的基础，确保每个人都能在遵纪守法的情况下有效维护自己的权益。道德素质则深入人们的心灵，它关乎个人品德、社会公德以及职业道德，是构建和谐社会的道德纽带，有助于实现公平正义。

提高公民法治素养的途径有很多。通过法律知识的普及，公民可以了解法律的基本内容和精神，判断自身行为的合法性；通过法治教育和实践，提高公民运用法律手段解决问题的能力。公民的法治素质越高，就越能更好地参与法治社会的建设，成为维护法治秩序的积极力量。道德素质的培养不容忽视，它要求人们在日常生活中践行道德规范，养成诚实守信、尊老爱幼、热爱祖国等良好习惯。这些习惯不仅是个人道德的体现，也是社会和谐稳定的基石。在法治文化建设中，道德素质的提高有助于人们自觉遵守法律，形成崇尚道德的社会氛围。法治素养和道德素质的提高不能一蹴而就，需要长期努力和实践，需要个体、家庭、学校、社会形成合力，构建“四位一体”的协同培育模式。政府应制定相关政策，促进法治教育和道德教育的普及；社会组织可以开展丰富多彩的活动，引导人们积极参与社会实践；家庭则承担着培养孩子良好品德的初始责任。法律素养和道德素质在法律文化建设中具有重要作用，不仅可以促进公民的全面发展，而且是法治社会和谐稳定的重要保障。通过全社会的共同努力，法治精神深入人心，道德风尚普遍形成的美好未来必将成为现实。

（二）法治教育与普及

加强法治教育，提高全民法治意识和法治知识水平，是新时代社会主义法治文化建设的核心任务之一。法治教育的深远意义不仅在于培养公民的法治素养，而且在于营造尊重法律、守法用法的社会环境，为法治国家的长治久安奠定坚实的基础。

全面把法治教育纳入国民教育体系。“在全面依法治国的时代背景下，将法治教育更好地融入思想政治教育，做到让法律体现道德精神，让道德滋养法律理念，是加速实现国家治理法治化、提高思想政治教育实效性的有效路径选

择。”[①]从小培养青少年的法律观念和法律意识是法律教育的基础。将法治课程纳入学校教育，将实践活动与法律知识普及相结合，使青少年在成长过程中逐渐树立对法律的敬畏之心，养成依法办事的习惯。这种教育不仅可以提高青少年的法律素养，还有助于培养他们的社会责任感和公民意识。加强宣传也是不可或缺的一部分，利用媒体、网络等多种渠道，广泛深入开展宣传活动，向全社会各个角落普及法律知识。这些宣传活动可以采取法治讲座、法律咨询、法治文艺演出等多种形式，以更贴近群众、更通俗易懂的方式传播法律知识，提高全民法律素养和增强全民法治观念。这样既能增强公民对法律的认知和了解，又能激发他们学习法律的热情，形成全社会共同尊法、守法的良好氛围。法治教育和法治普及不是一朝一夕的事情，而是需要长期坚持和不断创新的系统工程。只有坚持不懈地推进法治教育，不断创新普法手段，才能逐步提高全民法律素养和增强全民法律意识，为新时代社会主义法治文化建设提供有力支撑和保障！

在新时代背景下，社会主义法治文化建设面临着前所未有的机遇和挑战。加强法治教育和法治普及，不仅可以提高人民群众的法律意识和法律素养，而且可以促进社会主义法治文化的深入发展，为国家治理体系和治理能力现代化奠定坚实的基础。因此，必须高度重视法治教育和法治普及工作，把法治教育和法治普及工作作为新时代社会主义法治文化建设的重中之重，切实推进和落实。

（三）道德教育与法治文化融合

在推进新时期社会主义法治文化建设的过程中，德育与法治文化的融合显得尤为重要。这种整合不仅有助于提高公民的道德素质，而且还可以进一步夯实法治文化的基础，从而形成和谐有序的社会环境。道德教育在法治文化建设中具有重要作用。大力弘扬社会主义核心价值观，倡导诚实、友好、正义等积极向上的道德观念。这些观念是构建和谐社会的基石，能够引导公民自觉守法，共同维护社会秩序。在日常生活中，人们经常需要排队。如果每个人都能遵守公共秩序，不插队，不推挤，那么整个社会的效率将大大提高，人们的生活将更加幸福。这是道德教育在维护社会秩序中的具体体现。将道德教育融入法治实践，也是提升法治文化建设水平的关键环节。公正司法、严格执法等具

① 李霞:《全面依法治国背景下法治教育融入思想政治教育的意义和路径》,《中学政治教学参考》2024年第43期,第1、4–5页。

体行动，既能彰显法治的权威性和公正性，又能增强公民对法治的认同感和信任感。“在我国社会主义法治社会，任何组织和个人都必须在宪法和法律规定的范围内活动，不存在任何法外特权。”[①]当公民看到法律得到公平执行，违法者得到应有的惩罚时，他们就会更加相信法律的公平正义，从而更加自觉地遵守法律。这种信任感和认同感的提升，无疑会为法治文化建设提供强大的动力。提高全民族的法治素养也是法治文化建设的重要目标之一。法治素养不仅包括认识和理解法律的能力，还包括运用法律的能力和依法行事的意识。加强法治教育，可以从小培养青少年的法治观念和法律意识，使他们懂得法律的严肃性和不可侵犯性。同时，利用媒体、网络等渠道普及法律知识，也是提高人民群众法律素养和法治观念的有效途径。当全民法治素养提高时，整个社会就会更加尊重和遵守法律，法治文化建设也会取得更大的成果。法治文化建设与道德教育不是孤立存在的，而是相互促进、相辅相成的。法治文化为道德教育提供了强有力的制度保障和法律支撑，道德教育可以滋养法治文化，使法治文化更加深入人心，更具生命力。因此，在推进新时代社会主义法治文化建设的过程中，应注重二者的有机融合，共同推动社会的和谐稳定与繁荣发展。

德育与法治文化的融合是新时期社会主义法治文化建设的重要组成部分。弘扬社会主义核心价值观，倡导诚实、善良、正义的道德观念，加强法治教育，将道德教育融入法治实践，才能不断提高全民的法治素养和道德素质，为构建和谐社会、实现国家治理现代化奠定坚实的基础。

二、建设面向现代化、面向世界、面向未来的法治文化

（一）现代化与法治文化

现代化是一个复杂的、多维度的过程，它不仅改变了物质生活条件，而且在深层次上重塑了社会结构和价值观念。在这一过程中，法治文化发挥着重要作用，它既是现代化的重要动力，也是现代化的必要保障。在现代化的背景下，人们的生产生活方式发生了深刻的变化。科学技术的飞速发展带来了信息交流的便利和高效，同时也使社会关系日趋复杂。在这样的环境里，人们对法治的诉求日益多样化。人们不仅要求法律保护个人权益，而且希望法律维护市场秩序，促进社会公平正义。为适应这些多样化的法治需求，法治文化建设必

① 谢玲伶：《新时代法治意识的科学内涵及其教育引导》，《中学政治教学参考》2018年第31期，第10-11页。

须紧跟现代化的步伐，不断创新和完善法律体系。这意味着需要对现有的法律制度进行深入的研究和反思，找出其不足和漏洞，并及时进行修改和完善。同时，还应关注新兴领域和新的社会关系，制定相应的法律法规，确保法律体系的全面性和前瞻性。在提高法律制度的科学性和合理性方面，“可以借鉴国际上的先进经验和做法，同时结合我国的实际情况，制定出更为完善和严格的法律法规”[①]。此外，要加强法学研究和法学教育，培养高素质的法律人才队伍，为法治文化建设提供坚实的智力支撑。

加强法治与科技的融合，是现代化对法治文化建设提出的新要求。随着大数据、云计算、人工智能等技术的快速发展，这些技术可以应用到法治工作中，提高法治工作的效率和水平。例如，利用大数据技术对法律案件进行深入分析，为司法决策提供科学依据；通过云计算平台实现法律资源共享和优化配置；借助人工智能技术协助提供法律咨询和法律服务。现代化与法治文化建设是相辅相成、相互促进的关系。在现代化进程中，法治文化应不断创新和完善，以满足人民群众对法治的多样化需求，促进社会的全面进步和发展。

（二）面向世界的法治文化交流

在全球化深入发展的今天，面向世界的法治文化交流显得尤为重要。这种交流不仅是文化层面的交流，也是国家治理智慧和经验的分享。通过与国际社会的深入互动，可以更全面地了解不同国家在法制建设、法治实践、法治文化传承等方面的独特经验和创新做法。

国际法律文化交流为我国法律文化的创新与发展提供了广阔的视野和丰富的资源。在借鉴国际经验的过程中，既要保持开放的心态，借鉴发达国家先进的法治理念和实践，也要关注发展中国家在法治建设方面的探索和尝试。通过这种全方位的研究，可以更准确地把握法律文化的发展趋势，为我国法律文化的创新发展注入新的活力。加强与各国的法律合作与交流，也是提升中国法律文化国际影响力的重要途径。在全球治理体系中，法治是各国合作交流的重要基石。通过与各国的深入合作，可以共同推动全球治理体系的完善和发展，为构建和谐世界作出贡献。在具体合作形式上，可采取举办国际法治论坛、开展法治合作项目、互派学者访问交流等多种形式。这些活动将有助于增进相互了解和信任，并为在国际上传播法治文化奠定坚实的基础。国际法律文化交流不是单向的引进和学习，而是双向的互动和融合。在交流过程中，也要积极向世

① 许迎春:《知识产权经济分析的发展策略研究》,《中国产经》2024年第7期,第167-169页。

界展示中国法治文化的独特魅力和实践经验，为全球法治文化的发展贡献中国智慧和中国方案。面向世界的法治文化传播，对于提升我国法治文化的国际影响力具有重要意义。积极参与国际交流与合作，推动法治文化创新发展，为完善和发展全球治理体系贡献中国力量。

（三）未来法治文化的展望

在对未来法治文化的展望中，可以预见一种日益多元、开放和包容的法治文化格局。这种变化不仅源于社会的进步和人们思想的解放，也得益于科学技术的快速发展。在多元化趋势下，未来的法治文化将更加注重尊重和保护各群体的权益。无论性别、种族、宗教或社会地位如何，他们都将在法律框架内得到平等对待。这种多元的法治理念将促进社会的包容与和谐，让每个人都能在法律的保护下自由地追求梦想。开放将成为未来法治文化的另一个显著特征。随着全球化的进一步发展，国际法律交流与合作将更加频繁。这不仅有利于借鉴国际先进法律经验，也有利于促进我国法律文化的创新与发展。在开放的推动下，中国法治文化将逐步融入世界法治文化大潮，共同为完善全球治理体系作出贡献。包容性是法治文化的核心。法治文化将在尊重差异、包容多元的基础上，努力在各种利益诉求之间寻求平衡，最大限度地满足人民群众的合理需求。这种包容的法治精神有利于化解社会矛盾、增进社会共识，为构建和谐社会提供坚实的法律基础。

科学技术的发展和应用将为法治文化创新提供强大动力。随着大数据、人工智能等现代信息技术的广泛应用，法治工作的效率和水平将显著提高。例如，通过智能法律服务体系，人们可以更方便地获取法律知识，解决法律纠纷；大数据分析有助于更准确地把握社会法治需求，为政策制定提供科学依据。未来，法治文化将在多元、开放、包容的基础上不断发展创新，为构建更加公正和谐的社会提供有力支撑。科学技术的进步将为这一进程注入源源不断的活力，推动法治文化在新时代焕发出更加灿烂的光芒。

三、建设民族的科学的大众的法治文化

（一）民族特色与法治文化

在法治文化建设中，体现民族特色和文化传统尤为重要。中国作为一个多民族国家，有着丰富的民族文化和发展历史，这些独特的文化资源为法治文化建设提供了深厚的土壤。在漫长的历史发展过程中，各民族形成了自己独特的法律文化和价值观念。这些独特的法律文化传统不仅代表了各民族的智慧和创

造力，而且构成了中国法治文化建设不可或缺的组成部分。

“国家‘八五’普法规划指出，要着力提高普法针对性实效性，创新普法内容，适应人民群众对法治的需求从‘有没有’向‘好不好’的转变，提高普法质量，形成法治需求与普法供给之间更高水平的动态平衡。”①在推进法治文化建设的过程中，要深入梳理和挖掘各民族的法律文化传统，使这些宝贵的文化遗产在新时代焕发出新的光彩。加强各民族法律文化的交流与融合，共同探索中国特色社会主义法律文化发展之路。可举办形式多样的民族文化节、法治文化论坛等，为各民族提供展示交流的平台。在这些活动中，各民族可以展示自己的法律文化传统，分享彼此的经验和智慧，共同促进法治文化的繁荣和发展。注重将民族法律文化的内容融入法治教育。通过对青少年进行法律知识和各民族文化传统教育，培养他们对多元文化的尊重和包容，为他们将来成为具有法治素养和国际视野的公民奠定坚实的基础；充分利用互联网、大数据等现代科技手段，促进民族法治文化的数字化保护和传播。通过这些手段，让更多的人了解和欣赏各民族的法律文化传统，进一步促进法治文化的普及和发展。

在法治文化建设中充分体现民族特色和文化传统，不仅有利于保护和传承我国丰富的民族文化资源，也将为法治文化建设注入新的活力和内涵；推动各民族法律文化交流融合，共同构建更加包容开放多元的法治文化环境，为国家治理体系和治理能力现代化提供强有力的文化支撑。

（二）科学精神与法治文化

科学精神在法治文化建设中具有重要作用。它倡导理性、客观、经验的态度，与法治所追求的正义、公平、公开的原则不谋而合。科学精神的引入，不仅为法治实践提供了新的视角和方法，也为法治文化的深入发展注入了源源不断的活力。法治文化在吸收科学精神的过程中，需要注意科学方法在法治实践中的应用。例如，在立法过程中，可以借鉴科学研究的实证方法，通过数据收集和分析来评估法律规定的实际效果，从而提高立法的针对性和有效性；在司法实践中，可以利用科技手段辅助案件侦查取证，提高司法效率和保证司法公正。法学研究和法学教育是培养具有科学素养和法治精神的专业人才的重要环节。通过对法治理论与实践的深入研究，结合科学精神的培养，可以将更多具

①《中央宣传部、司法部关于开展法治宣传教育的第八个五年规划(2021—2025年)》,《中华人民共和国国务院公报》2021年第18期,第11-18页。

有创新思维和解决问题能力的人才输送到法治文化建设中来。这些人才不仅可以在各自的岗位上推动法治工作的进步，还可以为法治文化的普及和传播作出贡献。为进一步加强科学精神与法治文化的融合，可以从以下几个方面入手：一是加强跨学科研究，促进法学与其他学科的交流与合作，共同探索法治发展的新路径；二是推动科技成果在法治领域的应用，运用科技手段提高法治工作的智能化和精准化水平；三是加强法治宣传教育，提高公众对科学精神和法治文化的认识和认同，形成全社会参与的良好氛围。

通过以上努力，可以期待科学精神与法治文化在更深层次上的融合与发展，共同推动我国社会主义法治文化建设的繁荣与进步。这种整合不仅有助于提高我国法治建设的整体水平，而且为构建和谐社会、实现国家长治久安提供强有力的文化支撑。

（三）公众需求与法治文化

法治文化的普及要取得成效，就必须紧紧围绕公众的需求进行。每个人都是社会的一员，每个人的需求、期望和反馈都是促进法治文化发展的重要参考。因此，有必要走到基层，倾听人民的声音，了解他们对法治文化的具体需求和期望。在实践中，可以通过问卷调查、社区访谈、网络征求意见等方式广泛收集民众对法治文化的意见和建议。这些宝贵的第一手资料将有助于更准确地把握公众的需求，为法治文化的普及提供有力的指导。在了解了公众的需求之后，接下来要做的就是通过各种形式的活动和宣传手段来推广法治文化。这些活动包括法治讲座、法律咨询及法治展览等，以生动有趣的方式向公众传递法治知识和法治精神。此外，可以利用媒体、网络等渠道，扩大法治文化宣传的覆盖面，让更多的人了解和认同法治文化。除了活动和宣传，法治文化产品的开发和推广也是一个关键环节。这些产品可以是以法治为主题的书籍、电影、网络课程等，以更直观易懂的方式呈现法治文化，有助于提高公众对法治的兴趣。通过这些产品的广泛传播，法治文化将逐渐渗透到人们的日常生活中，成为不可或缺的一部分。在推动法治文化发展的同时，也需要注重创新和多样性，不断创新宣传方式和手段，以适应不同群体的需求和偏好。例如，可以为青少年开发创意和互动的法治文化产品，例如以法治为主题的动画、游戏等，以激发他们的兴趣和参与热情。法治文化的普及也需要社会各界的共同努力，政府、企业、社会组织和个人都应该承担起弘扬法治文化的责任和义务，共同营造尊法、守法的良好社会氛围。

总的来说，满足公众的需求是法治文化普及的出发点和落脚点。只有深入了解公众的需求和期望，才能制定切实可行的普及策略，使法治文化真正深入人心，成为推动社会进步的重要力量。

四、建设社会主义法治文化

（一）社会主义法治文化的内涵

社会主义法治文化内涵丰富而深刻，以社会主义核心价值观为指导，体现了社会主义法治文化的价值取向。“社会主义核心价值观是当代中国精神的集中体现，凝聚着全体人民共同的价值追求。”[①]在法治文化建设中，社会主义核心价值观的引领作用十分重要，为法治文化的发展提供了正确的方向和价值导向。

以宪法和法律为基础是社会主义法治文化的另一个重要特征。宪法和法律是治国理政的基本依据，也是维护社会秩序、保障公民权益的重要工具。在社会主义法治文化中，宪法和法律具有至高无上的地位。它们既是规范社会行为、调节社会关系的准则，又是促进社会进步、实现公平正义的保障。正义、平等、自由、法治是社会主义法治文化的核心。这些思想体现了法治精神的基本要求，也是建设社会主义法治国家的重要目标。正义，要求法律面前人人平等，没有任何特权和歧视；平等，强调公民在法律上地位平等，享有同样的权利和义务；自由，是指公民在法律规定的范围内享有广泛的自由权利；法治，要求一切国家机关、社会组织和公民个人都必须遵守法律、依法办事。

维护社会公平正义，维护人民权益，这是社会主义法治文化的根本目标。公平正义是社会主义法治文化的核心价值追求，这就要求法律制度的设计和实施必须体现公平原则，维护每一个公民的合法权益。同时，社会主义法治文化也强调对人民权益的保护，包括人身权、财产权、知情权、参与权等基本权利。这些权益的保障是实现人的全面发展的基础，是构建和谐社会的关键。

总的来说，社会主义法治文化的内涵反映了社会主义制度的本质要求和人民群众的根本利益。它既是建设社会主义法治国家的重要支撑，也是推动社会进步、实现国家治理现代化的重要力量。加强社会主义法治文化建设，可以更好地弘扬法治精神，提高全民法律素养，为构建和谐社会、实现中华民族伟大复兴的中国梦奠定坚实基础。

① 习近平:《决胜全面建成小康社会　夺取新时代中国特色社会主义伟大胜利——在中国共产党第十九次全国代表大会上的报告》,人民出版社,2017,第42页。

（二）社会主义法治文化的实践

在实践中，社会主义法治文化的深刻内涵得到了充分体现。这种体现不仅贯穿于立法、执法、守法的各个方面，而且融入社会生活的各个角落。在立法层面，坚持科学立法的原则，深入挖掘社会现象的本质，确保每一项法律规定都建立在理性的基础上。民主立法保证了法律的广泛代表性和公众性，使法律真正成为人民意志的体现；依法立法是对立法行为的自我约束，保证了立法程序的合法性和法律内容的合法性。在此过程中，中国特色社会主义法律体系不断完善，为社会和谐稳定提供了坚实的法律保障。执法水平是社会主义法治文化实践的另一个重要领域。坚持严格执法，对违法行为零容忍，维护法律的严肃性和权威性。公平司法要求在处理案件时，要做到公正，严格遵守法律，以事实为基础，以法律为准绳，确保每一个当事人都能公平公正地维护自身合法权益。文明执法是对执法行为的高标准要求，它要求在执法过程中，既严格又文明，既有力度又有限度，以达到法律效果和社会效果的统一。在守法方面，知道法律的生命力在于实施，而实施的关键在于公民的自觉守法。因此，要不断加强对公民的法治宣传教育，通过多种形式和渠道普及法律知识，加强社会主义法治文化建设，大力弘扬法治精神，让人民群众感受到法律的温暖和力量，营造全社会尊法、学法、守法、用法的良好氛围，使依法治国成为每个公民的自觉行动和生活方式。

社会主义法治文化的实践还体现在法律服务的普及和优化上，致力于构建覆盖城乡的公共法律服务体系，为广大群众提供便捷、高效的法律服务。不论是法律援助、法律咨询，还是法律调解，都力求满足人民群众日益增长的法律服务需求。强调运用现代科技手段促进法治文化的实践，运用互联网、大数据、人工智能等技术，提高法治的效率和透明度，让人民群众更加真切地感受到法治带来的公平正义。社会主义法治文化的实践是一个全方位、多层次的过程，要求在立法、执法、守法、法律服务等各方面精益求精，实现法治文化的民意支撑和全面发展。

（三）社会主义法治文化的创新与发展

推进社会主义法治文化创新发展，既是对传统法治文化的继承，也是适应新时代社会发展的需要。在这一过程中，有必要从多个维度来探讨法治文化的未来走向。理论研究是推进法治文化创新的基础。要深入开展社会主义法治文化的学术研究，挖掘法治文化的深层内涵和价值，为实践提供有力的理论支撑。同时，鼓励学者专家对国内外法治文化进行比较研究，为中国法治文化建设提供有益的启示。实践探索是检验法治文化创新成果的重要途径。要在立法、执法、司法等各方面进行积极尝试和改革，以适应社会发展和群众需求的变化。例如，可以探索更加科学和民主的立法程序，以提高法律的针对性和有效性；在执法过程中，更加注重程序正义和人权保障，彰显法治的公正性和权威性。国际交流与合作对促进中国法律文化的国际化具有重要意义。在全球化背景下，要积极参与国际法治对话，分享法治文化建设的经验和成果，积极借鉴各国有益做法。通过国际合作，我们可以共同应对全球性法律挑战，推动国际法律秩序朝着更加公正合理的方向发展。

法律文化人才的培养和团队建设是保证法律文化创新与发展的关键。加大对法学教育和研究的投入，培养一批具有较高专业素质和创新能力的人才。同时，通过建立和完善激励机制，吸引更多优秀人才参与到法治文化建设中来，为我国法治文化的不断创新和发展作出贡献。

推进社会主义法治文化创新发展是一项系统工程，需要从理论研究、实践探索、国际交流合作、人才培养等方面入手，共同为中国特色社会主义法治文化建设贡献力量。

第二节
新时代社会主义法治文化建设的目标要求

新时代社会主义法治文化建设是全面推进依法治国、建设社会主义法治国家的基石，意义深远。深入分析新时代法治文化建设的目标要求，指出它是提升国家法治形象、增强全民法治观念的关键举措，也是维护社会公平正义、促进国家长治久安的重要途径。在新时代背景下，按照《关于加强社会主义法治文化建设的意见》要求，把建设社会主义法治文化作为建设中国特色社会主义法治体系、建设社会主义法治国家的战略性、基础性工作和建设社会主义文化强国的重要内容，着力建设面向现代化、面向世界、面向未来的，民族的科学的大众的社会主义法治文化，为全面依法治国提供坚强思想保证和强大精神动力，为国家长治久安、人民幸福生活提供坚实法律保障。

一、为全面依法治国提供坚强思想保证和强大精神动力

（一）法治文化建设与依法治国的关系

法治文化建设与全面依法治国有着密切的内在联系，两者相辅相成，共同

促进国家法治水平的提高。法治文化是全面依法治国的重要精神支柱和思想保障，它不仅为法治提供了坚实的理论基础，也为法律的实施提供了必要的价值取向。全面依法治国为法治文化建设提供了广阔的实践平台和有力的制度保障，使法治文化在实践中不断深化和发展。

“广义的法治文化不仅包括法治理念，而且包括法治精神”①，法治文化是一种特殊的文化形态，其核心是法治理念和法治精神。这种文化形式强调法律的权威性、正义性和普适性，倡导人们尊重和遵守法律，通过法律手段解决纠纷，维护自身权益。在全面依法治国的大背景下，法治文化建设显得尤为重要。它不仅可以提高人们的法治意识，而且可以促进法律体系的完善和法律实施的规范。全面依法治国需要法治文化作为支撑，法治文化可以为法律制度提供价值基础和思想源泉，使法律制度更加符合人们的价值观念和道德观念。同时，法治文化还可以促进人们对法律制度的认同和遵从，提高法律制度的实施效果。在全面依法治国的实践中，法治文化建设可以促进法律体系的不断完善和创新，提高国家治理的法治化水平。全面依法治国为法治文化建设提供了强有力的制度保障和实践平台。全面依法治国通过一系列法律制度的制定和实施，为法治文化建设营造了良好的法律环境；同时，全面依法治国的实践又为法治文化建设提供了丰富的材料和案例，使法治文化在实践中不断发展和完善。

法治文化建设与全面依法治国有着密切的关系。两者相互促进、相辅相成，共同促进国家法治水平的提高。在未来的发展中，要进一步加强法治文化建设，提高全民法治意识，推动全面依法治国深入实施；还要不断创新法治文化建设的路径和方法，以适应社会发展的需要。例如，通过加强法治教育，普及法律知识，推广法律文化产品，提高公众对法治的认同感和参与度。此外，还可以利用互联网、社交媒体等现代科技手段，扩大法治文化的传播范围和影响。在全面依法治国的进程中，法治文化建设是一项长期而艰巨的任务。要不断探索实践，逐步完善法治文化的理论体系和实践模式，更好地为全面依法治国伟大事业服务；同时，也要认识到法治文化建设的重要性，把法治文化建设作为国家治理现代化的重要组成部分加以推进。只有这样，才能真正实现全面依法治国的目标，建设更加公正、文明、和谐的社会。在这一过程中，法治文化建设将发挥不可替代的重要作用，为国家的长治久安和人民的幸福生活提供

① 陈华娟:《新时代中国特色社会主义法治文化建设的基本路径》,《南阳师范学院学报》2020年第5期,第1–5页。

坚实保障。

（二）法治文化对思想保障的作用

法治文化在新时代社会主义法治建设中起着举足轻重的作用，特别是为全面依法治国提供了强有力的思想保障。这一作用的发挥，主要得益于法治文化所蕴含的深刻的法治理念和法治精神。法治文化通过广泛传播和深入推广，可以引导公众树立正确的法治信念，强化法治观念，使法治真正成为社会的共同追求和行动指南。“法治文化的建设也可以让其他国家看到中国文化的软实力及中国法治文化的深厚底蕴，提高中国的话语权与国际竞争力。”①

在法治文化的深刻影响下，人们逐渐意识到法律的重要性和权威性，开始更加尊重和遵守法律。这种对法律的尊重和遵守，不仅体现在个人的言行上，也体现在整个社会的风气和氛围上。在日常生活和工作中，人们开始自觉地以法律为准则，规范自己的行为，维护社会的公平正义。法治文化的影响促进了社会习俗的变化。在法治文化的引领下，人们开始崇尚道德、追求良善，形成了积极、公平、正义的社会风尚。这种风尚的形成，不仅提高了社会的整体道德水平，也为全面依法治国提供了强有力的道德支撑。更重要的是，法治文化通过其独特的魅力和影响力，使法治理念深入人心，成为全社会的共识。这一共识的形成，为全面依法治国奠定了坚实的思想基础和社会基础，促进了法治建设的顺利推进。法治文化在思想保障中的作用是多方面的、深层次的，既能引导人们树立法治信念，增强法治观念，又能促进社会风俗习惯转型升级，为全面依法治国提供坚实的思想保障和强大的精神动力。因此，在新时代的社会主义法治建设中，必须高度重视法治文化的建设和发展，充分发挥其在全面依法治国中的重要作用。

（三）法治文化的传播与教育

法治文化的传播和教育对全面推进依法治国具有重要作用。通过多元化的传播渠道和教育方式，“深入推进法治文化建设，着力提升全民法治素养，才能为全面依法治国提供坚实的思想基础、精神动力和文化支撑”②，进而提升全民法治素养，为法治社会建设奠定坚实的思想基础。

在法治文化的传播中，“抽象的法律知识、法治原则、法治观念只有以听

① 郭善玲、支高文、张开：《法学教育中法治文化的培育之路》，《东莞理工学院学报》2024年第4期，第71-76页。

② 刘畅：《提升我国法治文化软实力路径研究——以法律法规外译为视角》，《华章》2024年第8期，第84-86页。

得到、看得见、摸得着的符合群众接受能力的恰当方式大规模、密集型传播才可能为社会大众广泛接受，取得理想的宣传教育效果”[①]。媒体是宣传的重要途径，包括电视、广播、报纸和新兴的网络媒体，这些平台能够迅速地将法治理念、法律知识传播给大众，引导人们树立正确的法治观念。此外，文化活动也是一个不可忽视的沟通渠道，如以法治为主题的文艺演出、法治知识竞赛等，这些活动让人们以寓教于乐的方式感受法治文化的魅力，从而增强对法治的认同感和归属感。在法治教育方面，要构建完善的教育体系，把法治教育贯穿国民教育的各个阶段。“高校可以举办法治讲座，邀请法律专家、学者或实务工作者，为学生讲解法律知识、分析法律案例，引导学生深入思考法治问题；也可以举办法治文化节等活动，结合校园文化特色，开展法治主题的文艺演出、法治主题展览等丰富多彩的活动，让学生在轻松愉快的氛围中接受法治教育。”[②]同时，家庭和社会也要承担起法治教育的责任，通过家长的言行和社会实践活动，共同营造尊重法律、遵守法律的良好氛围。法治文化的传播和教育不是一蹴而就的，需要持续地努力和投入，建立长效机制，确保法治文化传播教育的连续性和有效性。此外，还要注重传播和教育方式的创新，以适应时代发展的需要和人们观念的变化。法治文化的传播和教育是实现全面依法治国的重要基础。通过加强媒体宣传、文化活动等多元化传播渠道，完善法治教育体系等有效教育方式，不断提高全民法治素养，为建设法治社会提供强大的思想保障和文化支撑。

二、为全面建设社会主义现代化国家夯实法治保障

（一）法治保障与现代化国家建设

法治保障在全面建设社会主义现代化国家中具有重要作用。现代化国家不仅意味着经济繁荣和科技进步，还包含着社会治理体系和治理能力现代化的深刻内涵。法治是实现现代化的关键。法治通过明确的法律规范和公正的司法制度为社会行为划定了明确的界限，使得每个人在行动时能够在一定程度上预测其行为是否合法，从而大大减少了社会冲突和矛盾。在这样的环境里，社会秩序才能得到有效维护，人民群众的权益才能得到充分保障。不论是财产安全、

① 姜金兵:《大力推进法治文化建设　全面提升“法律六进”水平》,《中国司法》2010年第1期,第26-28页。

② 宋海妍:《中国式法治现代化理论在高校思政教育中的融入策略探析》,《河北法律职业教育》2024年第4期,第46-50页。

人身自由、知识产权，还是环境保护，法治都为这些权利提供了坚实的保障。经济社会发展离不开稳定和谐的社会环境。法治通过打击犯罪、调解社会矛盾、保护市场公平竞争，为经济社会发展创造有利的外部条件。在法治的护航下，企业可以放心经营，创新者可以大胆探索，消费者可以放心消费，从而为经济增长注入强大动力。

法治在规范和约束政府行为方面发挥着重要作用。政府依法行政，既保证了政策的连续性和稳定性，又增强了政府的公信力和执行力。在法治框架下，政府决策更加科学透明，资源配置更加公平高效，为现代化建设提供了强有力的制度保障。更重要的是，法治的保障也体现了对人民主体地位的尊重和保护。在全面建设社会主义现代化国家的进程中，人民是历史的创造者，是发展的根本力量。只有加强法治政府建设，才能保障人民知情权、参与权、表达权、监督权的实现，才能让人民真正监督行政权力，让行政权力在阳光下运行。法治保障了人民的知情权、参与权、表达权、监督权，激发了人民的创造力和积极性，使现代化建设更加符合人民的期待和利益。法治保障是全面建设社会主义现代化国家不可或缺的重要因素。只有不断加强法治建设，才能为建设现代化国家提供坚实的基础和有力的保障。

（二）法治文化对法治建设的贡献

法治文化在新时代社会主义法治建设中具有重要作用。法治文化通过法治理念的普及和法治行为的引导，为全面建设社会主义现代化国家提供坚实的法治保障。这种保障不仅体现在法律制度的完善和实施上，而且深入人们的思维方式和行为习惯中。

法治文化对促进政府依法行政具有重要作用。在法治文化的影响下，政府部门及其工作人员更加注重依法行政，严格按照法律规定的程序和权限履行职责。这不仅提高了政府的公信力和执行力，而且有效地保护了公民的合法权益，为现代化建设营造了稳定和谐的政治环境。对于企业来说，法治文化有着深远的影响。在法治文化的引导下，企业更加注重合规经营，遵守市场规则和商业道德，这不仅有助于维护市场秩序，也为企业赢得了良好的社会声誉。同时，法治文化激发了企业的创新意识，促使企业在遵纪守法的前提下不断探索新的商业模式和发展路径。在公民层面，法治文化营造了守法用法的社会氛围。人们普遍认识到法律的重要性，自觉遵守法律，并使用法律武器来保护自己的权益。这种法治理念的推广，不仅减少了社会矛盾，也为现代化建设提供了强有力的社会支持。更重要的是，法治文化引导人们追求诚信、守法、公平、正义的价值观。这样的价值观深入人心，使人们在日常生活中更加注重道德操守和社会责任。在这种文化氛围下，人们的行为更加规范，社会秩序更加井然，为现代化国家的建设注入了强大的精神动力。

法治文化通过塑造全社会的法治观念和法治行为，为全面建设社会主义现代化国家提供坚实的法治保障。这种保障是全方位的、深层次的，涉及政府、企业、公民等各个层面，为现代化建设注入了源源不断的正能量。在今后的发展中，我们要继续加强法治文化建设，推动法治文化普及，为全面建设社会主义现代化国家提供更加坚实的法律保障。

（三）法治文化的实践与创新

法治文化的实践与创新是新时代社会主义法治文化建设的重要组成部分，对促进法治文化的深入发展和广泛传播具有重要意义。在实践中，既要重视法治文化的理论建设，又要积极探索法治文化在社会生活中的具体应用和创新。

在丰富法治文化内涵的同时，要把新时代的特点和社会发展的需要紧密结合起来。随着社会的不断进步和科学技术的飞速发展，人们对法治的认识和要求也在不断提高。因此，有必要更新法治文化的概念，扩大法治文化的外延，使其更符合当代社会的价值观和伦理观。例如，可以举办各种法治文化活动，如法治讲座、法律知识竞赛等，增强公众的法治意识，同时利用这些活动更深入地挖掘法治文化的深层内涵。现代科技手段为法治文化建设探索新路径提供了广阔的空间。利用互联网、大数据等先进技术，创新法治文化的传播方式，使法治文化更高效、更便捷地惠及广大人民群众。例如，可以开发法治教育的移动应用程序或在线课程，让人们随时随地都能感受到法治文化的影响；同时，大数据分析有助于更准确地了解公众对法治文化的需求和偏好，从而为制定更精准的传播策略提供参考。除了以上两个方面，加强国际合作与交流，还可以促进法治文化的实践与创新。在全球化的背景下，各国之间的文化交流越来越频繁，这也为学习和借鉴其他国家优秀的法治文化成果提供了机会。加强国际合作，既可以引进国外先进的法治理念和实践，也可以向世界推广我国法治文化，展示我国法治形象和软实力。注重基层法治文化的实践和创新。基层是法治文化建设的重要阵地，也是检验法治文化成效的关键环节。因此，要积极推动法治文化走进社区、农村、学校等场所，让更多的人亲身参与法治文化的实践，感受到法治文化的积极影响；同时，要鼓励基层群众在实践中创新和发展法治文化，使其更符合当地实际和人民群众的需求。

法治文化的实践与创新是一个长期而复杂的过程，需要从多方面进行探索和完善。只有这样，才能促进新时代社会主义法治文化不断发展，为全面建设社会主义现代化国家提供坚实的法律保障。

三、为实现中华民族伟大复兴夯实法治基础

（一）法治基础与民族复兴

依法治国作为治国理政的基本方式，对实现中华民族伟大复兴具有重要意义。它是维护国家秩序、保障社会稳定的基石，也是促进经济发展和社会进步的重要力量。在民族复兴的道路上，法治基础建设显得尤为重要。

法治可以为国家的长治久安提供坚实的保障。法治通过建立健全的法律体系，明确国家权力运行的界限和规则，可以有效遏制腐败的发生，维护国家政治的廉洁；同时，法治可以规范社会行为，规范社会关系，促进社会和谐稳定。在法治框架下，人民的合法权益得到充分保障，社会公平正义得以彰显，从而为国家发展创造了良好的社会环境。法治在促进民族团结、维护国家统一方面发挥着重要作用。在多民族共同生活的中国，依法治国是处理民族关系、解决民族问题的基本准则。依法维护各民族合法权益，促进各民族平等、团结、互助、和谐，可以凝聚起民族复兴的强大力量。同时，依法治国可以坚决打击破坏国家统一、分裂国家的违法犯罪行为，维护国家统一和领土完整，为实现中华民族伟大复兴提供强有力的政治保障。法治基础的建设有助于提升国家的国际形象和国际竞争力。在全球化背景下，法治已成为国际社会的普遍共识和基本准则。法治国家往往能够吸引更多的国际投资和合作机会，从而促进国民经济的快速发展。同时，法治国家形象有助于提升国家在国际舞台上的话语权和影响力，为民族复兴赢得更广阔的外部空间。依法治国是实现中华民族伟大复兴不可或缺的重要支撑。通过加强法治建设，确保国家长治久安，促进民族团结，提升国际形象和竞争力，为实现中华民族伟大复兴奠定更加坚实的基础。

（二）法治文化对法治基础的影响

法治文化作为社会主义法治建设的重要组成部分，对法治基础有着深刻的影响。不断增强全社会的法治意识和法治信念，为实现中华民族伟大复兴奠定了坚实的思想基础。在法治文化的影响下，人们逐渐认识到法治的重要性，开始具有法治思维，能够在发生矛盾时运用法治思维和法治方式来解决问题。这种转变不仅体现在国家层面的决策和治理上，而且延伸到社会治理和个人行为的各个层面。不论是政府决策、企业管理和经营，还是公民的日常行为，法治

都已成为不可或缺的规范。随着法治文化的不断深入，国家法治体系也在不断完善，从立法到执法，从司法到守法，各方面都得到了有效规范和提升。法治能力的提高，使国家能够更好地维护社会秩序，保障人民权益，从而为民族复兴提供强有力的法律支撑。法治文化促进了民族团结和国家统一。在法治框架下，各民族交流融合不断加强，共同致力于民族复兴的伟大事业。这种团结的力量，是民族复兴不可缺少的重要支撑。法治文化促进了全社会对公平正义的追求。在法治文化的引导下，人们更加重视公平、正义、诚信等价值观，这是民族复兴进程中不可或缺的重要因素。当每个人都能自觉遵守法律、尊重法律时，整个社会的法治氛围就会更加浓厚，就能为民族复兴提供更加坚实的法律基础。

法治文化对法治基础的影响是全方位的、深远的。它不仅增强了全社会的法治意识和法治信念，而且促进了国家法治体系的完善和法治能力的提升，为民族复兴提供了强有力的法律支撑。在未来的发展中，我们要深入推进法治宣传教育，加强社会主义法治文化建设，推动全社会形成浓厚的法治氛围，为民族复兴的伟大事业注入更加强大的动力。

（三）法治文化的国际交流与合作

法治文化的国际交流与合作在新时代社会主义法治文化建设中具有重要作用。通过国际交流与合作，既可以开阔视野，借鉴世界各国在法治文化建设方面的先进理念和实践，也可以借此平台展示中国法治文化的独特魅力和成就，从而提升中国在国际舞台上的软实力和话语权。在积极参与国际法治交流与合作的过程中，应保持开放包容的态度，尊重各国法治文化的多样性。通过深入交流，可以了解不同国家在法律制度、法律观念、法律实践等方面的差异与共性，从而为中国法律文化的创新与发展提供有益的借鉴。同时，要敢于展示在法治方面取得的成就，分享在法治建设过程中的经验教训，为世界法治文化的繁荣发展贡献力量。加强与共建“一带一路”国家的法治文化交流与合作，具有特殊的战略意义。“一带一路”倡议的推进，不仅促进了共建国家的经济合作和基础设施建设，也为法治文化的交流和传播提供了难得的契机。通过与共建“一带一路”国家的深入交流合作，共同探索建设符合各国实际的法治之路，推动形成更加公正合理的国际法治秩序。同时，这也有助于增强共建国家对中国法治文化的了解和认同，为民族复兴创造更加有利的国际环境。在进行法治文化的国际交流与合作时，需要注意策略和方法。一方面，充分利用现有国际法律组织和多边合作机制，加强与各国的对话协商，推动形成更多具有广泛共识的国际法治成果。另一方面，非政府组织和学术机构应发挥桥梁作用，通过举办国际法治研讨会和文化交流活动，促进各国法治文化互鉴。

法治文化的国际交流与合作是推进新时代社会主义法治文化建设不可或缺的重要组成部分。要以更加开放包容的姿态积极参与国际交流与合作，不断提升法治文化的国际影响力和竞争力，为中华民族伟大复兴贡献智慧和力量。

在新时代背景下，社会主义法治文化建设不仅肩负着普及法治理念、提高全民法治素养的重要使命，也面临着与经济社会发展和国家治理现代化深度融合的挑战。为了更好地推进法治文化建设，有必要总结过去的经验，展望未来，提出有针对性的建议。

有必要对法治文化建设进行更深入的理论研究。虽然取得了一定的成绩，但法治文化的内涵和外延还需要进一步丰富和完善。通过对法治文化核心理念、价值取向和实践路径的深入分析，可以为法治文化建设提供更加坚实的理论支撑。实践探索是法治文化建设不可缺少的组成部分。在今后的发展中，要鼓励各地区、各部门结合实际，开展丰富多彩的法治文化实践活动。这些活动不仅可以增强人们的法治意识，而且为理论研究提供了宝贵的实践经验。推进法治文化建设与经济社会发展、国家治理现代化深度融合，需要加强顶层设计，明确目标任务、路径措施和保障措施等。通过制定科学合理的规划，确保法治文化建设与国家发展战略相适应，实现法治文化建设与经济社会发展的良性互动。在队伍建设方面，要注重培养一支高素质、专业化的法律文化工作者队伍。这个团队不仅要有深厚的法律理论基础，还要有丰富的实践经验和创新能力。通过加强培训、交流和实践练习，不断提高团队的整体素质和专业水平。媒体在法治文化的传播和教育中发挥着重要作用。要积极探索媒体融合创新，利用新媒体平台加强法治文化传播教育，通过制作好的法治文化作品，让更多的人了解法治、认同法治、践行法治。国际合作与交流是推进法治文化建设的重要途径。积极参与国际法治交流与合作，学习借鉴国外法治文化的有益经验，提升我国法治文化的国际影响力和竞争力；通过加强与国际社会的对话交流，不断拓展法治文化建设的国际视野，为推动构建人类命运共同体贡献中国智慧和中国方案。新时代社会主义法治文化建设是一项长期而艰巨的任务。通过深化理论研究、加强实践探索、改进顶层设计、加强团队建设、推动媒介融合创新、加强国际合作交流等措施的落实，推动新时代社会主义法治文化建设不断取得新的更大成就。

第三节
新时代社会主义法治文化建设的工作原则

建设新时代社会主义法治文化，是全面依法治国、建设社会主义法治国家的重要基石。从“坚持党对全面依法治国的领导，坚持以人民为中心，坚持法安天下、德润人心，坚持知行合一、重在实践，坚持继承发展、守正创新，不断发展和繁荣社会主义法治文化”[①]，本节对新时代社会主义法治文化建设的工作原则进行了深入探讨。研究发现，党的领导是依法治国建设的根本保证，通过加强党对立法、执法、司法等工作的全面领导，可以确保依法治国建设的正确方向和高效推进。同时，以人为本是法治建设的核心，要维护人民权益，促进公平正义，增强法治意识和法治素养。依法治国与以德治国相结合，是新时代法治文化建设的重要原则，两者相辅相成，共同促进社会治理体系的完善。此外，认识与实践相结合，注重实践，要求法治理论知识与法治实践紧密结合，在实践中不断检验和发展法治理论。最后，继承发展、保持创新是新时代法治文化建设的重要方向，要在继承传统法治文化的基础上，结合时代需要进行创新发展。

一、坚持党对全面依法治国的领导

（一）党的领导是法治建设的根本保证

在我国，党的领导在社会主义法治建设中起着至关重要的作用。“坚持党的领导是依法治国的根本保证，这是由我国的社会主义国家性质和党的执政地位决定的”[②]，体现了历史和人民的选择。在法治建设中，党发挥全面领导和协调各方的作用，确保法治建设沿着正确的方向稳步前进。党对法治建设的领导不仅体现在指导方向上，而且体现在一系列政策的制定和实施上，为深入推进依法治国提供了坚实的政治和制度保障。党的领导确保了法治的权威性和有效性，使得法治成为维护社会秩序、保障人民权益的重要工具。党的领导是全面依法治国顺利实施的关键。依法治国要求一切国家事务必须在依法治国的框

① 本刊特约评论员：《坚持和发展“和”文化积极推进社会主义法治文化建设》，《人民调解》2021年第5期，第1页。

② 刘长秋、李丽辉、史聪：《依规治党与依法治国的关系研究》，《南海法学》2017年第6期，第18–28页。

架内进行，党的最高政治领导力量的领导作用保证了依法治国原则在各级的贯彻落实。这不仅有利于建设公平公正的社会环境，也有利于国家治理的现代化。正确认识和处理党的领导与依法治国的关系，是依法治国建设的核心问题。这关系到法治的发展方向，也影响到法治工作的实际效果。因此，“依法治国是党领导人民治理国家的基本方略，党的领导是社会主义法治最根本的保证。把党的领导贯彻到依法治国全过程和各方面，是我国社会主义法治建设的一条基本经验”[①]。在实现全面推进依法治国总目标的过程中，必须坚持党的领导的基本原则，这既是建设中国特色社会主义法治国家的底线，也是依法治国的基础。党的领导是社会主义法治建设的根本保证，在新时代社会主义法治文化建设中显得尤为重要。只有加强党的领导，才能更好地推进法治建设，提高全社会的法治质量和水平，为构建和谐社会、实现中华民族伟大复兴奠定坚实基础。

（二）加强党对法治建设的全面领导

加强党对法治建设的全面领导，是新时代社会主义法治文化建设的关键。党的领导不仅是一项政治原则，也是法治建设的现实要求。不断完善党的领导制度，才能保证法治建设的正确方向和有效推进。在实现全面领导的过程中，党对立法工作的领导尤为重要。立法是法治建设的先导环节，是法治建设的基础。加强党对立法工作的领导，就是要保证立法工作符合宪法和法律精神，真正反映人民的意志和利益。这意味着在立法过程中，既要充分体现党的路线方针政策，又要广泛听取和吸纳民意，使法律成为维护人民权益、促进社会公平正义的有力工具。加强党对执法工作的领导至关重要。执法是法律实施的重要环节，直接关系到法律的权威性和法治的有效性。党要加强对执法工作的领导，确保执法公正、执法严格、执法文明，防止和纠正执法不正之风，维护法治的严肃性和公信力。这就要求执法机关和执法人员严格依法办事，不得滥用职权、徇私舞弊，确保法律统一正确实施。加强党对司法工作的领导是全面推进依法治国的重要内容。司法是维护社会公平正义的最后一道防线，司法的公正、效率和权威直接关系到法治建设的成败。党必须加强对司法工作的领导，保证司法机关依法独立、公正地行使职权，不受非法干涉。同时，不断提高司法的公正性、高效性、权威性，持续改进执法司法方式，让人民群众在每一个

① 任进:《我国“依宪治国”与西方国家“宪政”有本质区别》,《领导科学论坛》2014年第22期，第23-24页。

案件中都感受到公平正义。在加强党对法治建设的全面领导过程中，还要注重法治文化的培育和传播。法治文化是法治建设的灵魂，是推动全社会形成尊重法律、遵守法律、运用法律的良好氛围的重要基础。加强法治宣传教育，提高全民法治意识和法治素质，可以为依法治国建设提供坚实的文化基础和道德支撑。

加强党对法治建设的全面领导，是新时代社会主义法治文化建设的重要保障。通过完善党的领导制度，加强对立法、执法、司法工作的领导，培育和普及法治文化等多方面努力，不断推进依法治国进程，为实现中华民族伟大复兴的中国梦提供坚实的法律保障。

（三）落实党对法治建设的全面领导责任

落实党对法治建设的全面领导责任，是新时代社会主义法治文化建设的关键环节。各级党组织和党员干部要深刻认识法治建设的重要性，切实把法治建设作为一项政治责任。这不仅关系到党的执政地位的巩固，也关系到国家治理体系和治理能力现代化的实现。在落实党对法治建设的全面领导责任过程中，首先要明确各级党组织和党员干部的责任。党组织要发挥领导核心作用，协调推进依法治国工作，确保各项任务有效落实。党员干部要带头尊重法律、遵纪守法，用实际行动践行法治精神，为全社会树立良好榜样。加强监督检查考核评价，是确保依法治国任务落到实处的重要手段。要建立健全监督检查机制，定期监测依法治国进度，及时发现问题，督促整改。同时，要把依法治国建设纳入各级党组织和党员干部考核评价体系，作为衡量工作绩效的重要标准，促进工作落到实处。除监督检查考核评价外，加强依法治国宣传教育也是落实党对依法治国建设全面领导责任的重要举措。要通过多种形式开展法治宣传教育活动，提高党员干部和广大群众的法治意识和法治素质。这不仅有助于增强全社会的法治观念，而且为法治建设营造了良好的社会氛围。在落实党对依法治国建设的全面领导责任过程中，也要注重发挥党员干部的先锋模范作用。党员干部要自觉践行法治精神，带头遵守法律法规，坚决维护法治权威。同时，要积极引导群众依法表达诉求、维护权益，“通过法律程序、运用法律手段解决，推动形成办事依法、遇事找法、解决问题用法、化解矛盾靠法的良好环境”①。

落实党对依法治国建设的全面领导责任是一项长期而艰巨的任务。只有各级党组织和党员干部切实履行职责，加强法治宣传教育，强化监督检查考核评

① 习近平:《切实维护国家安全和社会安定》,《人民日报》2014年4月27日第1版。

价，才能确保法治建设不断取得新成效，为新时代社会主义法治文化建设提供有力保障。为了更好地落实党对依法治国建设的全面领导责任，还需要不断完善相关制度建设，建立健全依法决策机制，确保决策的科学性和合法性；推进依法行政，严格规范、公正文明执法；加强司法保障，维护社会公平正义。同时，还需要加强对法治建设的监督问责，严肃处理违法违规行为，确保法治建设的权威性和有效性。在新时代背景下，社会主义法治文化建设面临着新的机遇和挑战。只有坚持党的领导，全面落实党对法治建设的领导责任，才能不断推动法治文化建设向更高水平迈进。这不仅是现代化建设的必然要求，也是保障人民权益、促进社会公平正义的重要途径。

二、坚持以人民为中心

（一）人民群众是法治建设的主体

人民作为法治建设的主体，其地位和作用不容忽视。在新时代社会主义法治文化建设中，必须深刻认识人民群众的重要性，把人民群众作为推动法治进步的核心力量。人民群众是法治实践的参与者，法治建设既是国家机关和法律界人士的事情，也是广大人民群众的共同事业。人民参与立法、执法、司法，为依法治国建设提供了宝贵的实践经验和智慧。他们的参与不仅可以反映社会状况和民意，还可以促进法治的完善和发展，确保法治建设更现实、更贴近民生。人民是依法治国的受益者。法治建设的最终目的是维护人民的合法权益，促进社会公平正义。因此，在法治建设中，必须始终把人民群众的利益放在首位，通过加强法律援助、普及法律知识、促进公平正义，让人民群众感受到法治带来的好处和便利。只有这样，才能赢得人民的信任和支持，为依法治国奠定坚实的群众基础。充分发挥人民群众在法治监督中的作用。人民群众是依法治国最直接的监督者，人民群众的监督可以有效地促使国家机关及其工作人员依法行使权力、履行职责。要建立健全社会监督机制，畅通社会监督渠道，鼓励和支持人民依法监督，确保法治建设在阳光下进行。

人民是新时代社会主义法治文化建设的主力军，必须始终坚持人民主体地位，充分发挥人民群众的积极性和创造性，推进依法治国建设。通过加强法治宣传教育、完善法治、加强法治实践，不断提高人民群众的法治意识和法治素养，为建设社会主义法治国家提供坚实的群众基础和保障。

（二）保障人民权益，促进公平正义

保障人民权益和促进公平正义作为法治的两大支柱，既体现了社会主义法

治的优越性，也积极回应了人民群众的期待。为了实现这一目标，需要在多个层面上作出努力。

法治建设是重中之重。法律是治国理政的重要工具，是维护人民权益的基石。因此，必须继续推进科学立法和民主立法，确保每一部法律都能真正反映人民的意愿和维护人民的利益。同时，要注意法律的时效性和可操作性，对不适应社会发展的法律规定及时进行修订，使法律制度更加完善、更加符合现实。司法保障是人权不可缺少的组成部分。司法是维护社会公平正义的最后一道防线，也是保障人民权益的重要途径。加强对司法工作的监督，确保司法机关依法独立公正行使职权，不受非法干涉。同时，要完善人权司法保障制度，加大对侵犯人权行为的处罚力度，切实保障人民群众的合法权益。严格的执法标准也是关键。执法不严、执法不公是当前群众反映强烈的突出问题。为解决这些问题，必须加强执法规范化建设，制定严格的执法标准和执法程序，确保执法行为在法治化轨道上运行。同时，要加强对执法人员的培训教育，提高执法人员的业务素质和法律素养，使执法人员更好地履行职责，更好地为人民服务。除上述措施外，还应加强宣传教育，普及法律知识，提高人民群众的法治意识和法治素质。通过广泛开展普法活动，让人民群众了解法律、尊重法律、运用法律，形成全社会尊重法律、遵守法律、运用法律的良好氛围。这不仅有利于增强人民群众的自我保护能力，也有利于促进社会和谐、稳定、发展。

维护人民权益、促进公平正义，是新时代社会主义法治文化建设的重要任务。为实现这一目标，需要不断完善法律体系，加强人权司法保障，严格规范执法工作，加强法律宣传教育。同时，也要认识到这项任务的长期性和艰巨性，坚持不懈地推进依法治国建设，为人民群众创造更加美好的生活环境。

增强法治意识，提高法律素养，是新时代社会主义法治文化建设的重要内容。为实现这一目标，需要采取多种措施，加强法治宣传教育是关键。“开展多种形式的法治宣传活动，包括举办法律知识讲座、开展法治宣传月活动、制作法治宣传资料等”[①]，普及法律知识，传承法治精神。这些活动不仅可以让人民群众了解法律的基本原则和规定，还可以引导人民群众树立正确的法治观念，自觉遵守法律法规。普及法律知识是提高法治水平的重要途径，可以利用各种传播渠道，如电视、广播、报纸、网络等，广泛宣传法律知识，使人们在日常生活中随时随地都能接触法律知识，从而逐步提高法律素养。法治实践对

① 王宇:《乡村治理体系中法治建设的路径探究》,《法制博览》2024年第5期,第148–150页。

增强法治意识具有不可替代的作用。通过组织模拟法庭、法律辩论赛、法律援助等活动，让人民群众亲身参与法治实践，感受法律的尊严和公正。这些实践活动不仅可以加深人们对法律的理解和认识，还可以培养他们的法律思维和解决问题的能力。除了上述措施外，加强法治文化建设也是提高全社会法治素养的重要手段。法治文化是一种包含法治精神、法治理念和法治价值的文化形态，它潜移默化地影响着人们的思想和行为。因此，要积极推进法治文化建设，通过创作和传播优秀的法治文化作品，如法治电影、法治电视剧、法治小说、法治歌曲等，让人民群众在享受文化作品的同时接受法治思想的影响和洗礼。

增强人民群众的法治意识，提高人民群众的法治素养，是新时代社会主义法治文化建设的重要任务。要通过多种渠道和手段，全面推进法治宣传教育，普及法律知识，开展法律实践活动，加强法律文化建设，为建设社会主义法治国家奠定坚实基础。同时，要不断总结经验，不断改进和创新工作方法，以适应新时代法治建设的新要求和新挑战。

三、坚持法安天下与德润人心

（一）法治与德治相结合的重要性

法治与德治就像社会治理舞台上一对默契的舞者，相互补充、相互促进。法治以其严格的制度和规则，为社会行为划定了界限，保证了社会秩序的稳定。它就像一个严谨的指挥者，引导社会成员在法律框架内有序行动，共同维护公共利益。德治以其柔软的道德力量和精神引导，激发人们内心的善良向上品质，促进社会风气的净化。它就像一位温暖的老师，通过道德教育和熏陶，引导人们自觉追求真善美，共同创造和谐、稳定的社会环境。

在新时代社会主义法治文化建设中，依法治国与以德治国相结合显得尤为重要。一方面，随着社会的快速发展变化，各种新的社会问题和矛盾不断涌现，单靠法治的强制力是难以充分应对的。此时，德治的灵活引导，可以通过道德的力量在化解矛盾、凝聚共识方面发挥独特作用，为依法治国提供有力支撑。德治的推进也需要法治的保障和支撑。道德规范的遵守和执行离不开法律的强制力和威慑作用。同时，法治的完善也为德治提供了更为广阔的空间和平台，使道德的力量在法治的框架内得到更好的发挥和拓展。在推进新时代社会主义法治文化建设的过程中，必须始终坚持依法治国与以德治国相结合的原则，通过两者的有机融合、相互促进，共同构建严谨有序、充满温情的社会治理体系，为实现中华民族伟大复兴的中国梦提供坚实的法律和道德保障。

（二）强化法治对道德的支撑作用

法治作为社会治理的重要手段，不仅在于其维护社会秩序和公共利益的能力，而且在于其支撑和促进道德的作用。法治以其明确的规范性和强制性，为道德建设提供了有力保障。在法治建设中，强化法治对道德的支撑作用，首要任务是完善法律法规体系。通过制定和实施一系列符合道德准则的法律法规，规定人们应该享有什么权利、履行什么义务，使人们明确哪些行为是合法的、哪些行为是违法的，从而对人们的行为起到规范的作用。当道德规范被纳入法律体系时，违反道德规范的行为将受到法律的惩罚，这不仅可以有效地维护社会道德秩序，而且可以对人们的道德观念产生积极的影响。通过法律手段促进社会主义核心价值观和道德规范建设。社会主义核心价值观是社会所遵循的价值观和行为准则，道德规范是人们在日常生活中应该遵循的基本道德要求。通过法律的引导和推动作用，这些价值观和道德规范能够深入人心，成为人们自觉遵循的行为准则。例如，通过立法明确鼓励和保障勇敢、诚实、友好等道德行为，以及对不道德行为的惩罚和纠正，可以有效引导人们树立正确的道德观念。加强法治对道德的支撑作用，还需要注重法治教育与道德教育的有机结合。在学校、社区等场所开展法治教育和道德教育课程，普及法律知识和道德规范，提高人民群众的法治意识和道德素养。同时，要加强法治文化建设，通过举办各类法治文化活动营造尊重法律、守法用法的良好氛围，使人们潜移默化地接受法治和道德的影响。

加强法治对道德的支撑作用，是新时代社会主义法治文化建设的重要任务之一。完善法律法规体系、弘扬社会主义核心价值观和道德规范、加强法治道德教育等措施，可以有效提高全社会的道德水平，为构建和谐社会提供有力的法律保障。

（三）发挥道德对法治的滋养作用

道德作为社会生活的重要组成部分，对法治建设具有深远的滋养作用。它不仅为法治提供了价值基础和精神支撑，而且促进了法治的发展。在新时代社会主义法治文化建设过程中，必须深刻认识道德的重要性，积极发挥道德对法治的滋养作用。加强道德教育，提高人民的道德素质。道德教育的目的是培养具有高尚道德品质的人，使其自觉遵守社会规范，尊重他人的权益，维护公共利益。通过家庭、学校、社会等方面的共同努力，营造重德、向善的社会环境，为法治建设奠定坚实的道德基础。在这一过程中，还应注重创新德育的方式和方法，结合时代特点和人民群众的需要，开展形式多样、内容丰富的德育活动，使德育真正深入人心。要通过道德规范的引导，促进人们自觉遵守法律法规。道德规范是社会生活中广泛存在的一种行为准则，在调节人与人之间的关系、维护社会秩序方面起着重要的作用。在法治建设中，要充分发挥道德规范的引导作用，使人们从心底认识和遵守法律法规。因此，有必要不断完善道德规范体系，以确保其与时俱进，满足社会发展的要求。同时，还应该通过各种渠道和方式对道德规范进行宣传和普及，使其在全社会形成共识，从而促进人们自觉遵守法律、运用法律和维护法律。还应该关注道德在法治实践中的具体作用。在制定法律的过程中，要充分考虑道德因素，确保法律法规符合社会公德、职业道德、家庭美德等方面的要求。在法律实施过程中，要注意运用道德手段增强法律的效力。在法律监督的过程中，应积极倡导道德监督，鼓励人们从道德的角度对法律的实施进行监督和评价。

发挥道德对法治的滋养作用，是新时代社会主义法治文化建设的重要任务之一。通过加强道德教育，完善道德规范体系，重视道德在法治实践中的具体作用，可以促进法治与德治的深度融合，为构建和谐社会、实现全面依法治国的目标提供有力保障。

四、坚持知行合一与重在实践

（一）知行合一的内涵与实践要求

知行合一的内涵是指所学的知识要能够指导实践，同时在实践中加深和完善对知识的认识。这一理念对新时代中国特色社会主义法治文化建设具有深远的指导意义。在法治文化建设中，知行合一的实践首先体现在对法律知识的深入学习和准确理解上。这不仅包括对国家法律法规的掌握，还包括对法律原则、法律精神和法律背后所蕴含的价值的理解和认识。通过学习，人们可以明确自己的权利和义务，增强法治意识，从而为依法办事奠定坚实的理论基础。知识与行动的结合要求将法律知识转化为实际行动，这不仅是一种简单的遵守法律法规的行为，也是在日常生活中积极运用法律知识维护自身权益的重要举措，有助于促进社会公平正义。例如，在发生纠纷时，他们可以主动寻求法律援助，通过法律手段解决问题；在参与社会公共事务时，能够积极行使权利，提出建设性意见，促进社会进步。知行合一，强调在实践中不断反思和总结，提高法律素养。通过实践，人们可以检验自己对法律知识的理解是否正确，发现自己的不足，并及时调整和完善。这一反思与总结的过程，不仅有助于个人法治素养的提高，也为法治文化的繁荣与发展贡献了智慧和力量。

在新时代中国特色社会主义法治文化建设中，坚持知行结合的原则十分重要。只有将理论知识与实践经验相结合，才能更好地理解法治精神，践行法治原则，推动法治文化深入发展。同时，通过在实践中不断反思和总结，不断提高自身的法律素养，为建设社会主义法治国家贡献力量。

（二）法治文化建设中的“知行合一”

在探讨法治文化建设中的知行合一原则时，不得不提到理论研究的重要性。理论研究是知行合一的基石，为人们认识和理解法治文化提供了必要的途径。通过对法治理论的系统学习，人们可以更深入地把握法治文化的本质和精髓，从而为实践奠定坚实的基础。因此，在法治文化建设过程中，必须大力加强理论学习，弘扬社会主义法治精神，努力培育社会主义法治文化，在全社会形成尊法学法守法用法的良好氛围，保障人民安居乐业，为建设社会主义法治国家贡献力量。实践经验的积累和总结也不容忽视。实践是检验真理的唯一标准，也是法治文化不断发展的重要动力。在法治文化建设的实践中，需要不断探索新的路径和方法，及时总结经验教训，以便更好地指导今后的实践。只有通过对实践经验的不断积累和总结，才能更准确地把握法治文化建设的规律，推动法治文化向更高层次发展。除了理论学习和实践体验外，宣传教育和实践指导也是实现知行合一的关键环节。宣传教育是普及法治文化理念、提高人民群众法治素质的有效途径。实践指导可以帮助人们将法治文化理念转化为实际行动，形成全社会参与法治建设的良好局面。因此，在法治文化建设中，必须注意加强宣传教育和实践引导，使法治文化真正深入人心，融入人民群众的日常生活。

为进一步推动知行合一原则在法治文化建设中的落实，可采取一系列具体措施。例如，加强法治文化理论研究，为实践提供更有力的理论支持；可以开展丰富多彩的法律文化实践活动，吸引更多的人参与；加强与媒体的合作，扩大法治文化的传播范围和影响。通过这些措施的落实，相信法治文化建设将不断取得新的成效。

在实践中推进法治文化建设是新时代中国特色社会主义事业的重要组成部分。要切实加强法治文化建设和管理，必须采取切实措施，确保各项任务落到实处、取得成效。重点加强法治宣传教育，深入开展法治宣传教育活动，普及法律知识，提高人民群众的法治意识和法治素质。这不仅要注意宣传教育的覆盖面，而且要注意宣传教育的质量和效果。运用网络、电视、广播等媒体手段，拓宽宣传教育渠道，创新宣传教育形式，使法治理念深入人心。加强法治文化设施建设和管理。法律文化设施是传播法律文化、弘扬法律精神的重要载体。因此，有必要加大对法治文化设施的投入，完善相关设施的建设和管理制度。例如，建设法治主题公园和法治教育基地，为人们学习和体验法治文化提供丰富的场所。同时，要加强对这些设施的日常维护和管理，确保其能够正常发挥作用。加强依法组织管理文化活动。举办法治讲座、法治展览、法治文艺演出等形式多样的法治文化活动，广泛吸引群众积极参与，促进法治文化广泛传播和深入发展。在组织活动的过程中，要注意活动的策划设计，保证活动主题鲜明、内容丰富、形式多样。同时，要加强活动的宣传推广，提高活动的知名度和影响力。还要充分发挥社会各方面的积极作用。在推进法治文化建设的过程中，政府、企业、社会组织和个人应该承担各自的责任和义务。政府应加强政策引导和资金支持，为法治文化建设提供有力保障。企业要依法经营，诚信守法，树立良好的法治形象；社会组织要积极参与法治文化建设，发挥桥梁纽带作用；个人要自觉遵守法律法规，维护法治和公共利益。最后，需要强调的是，在实践中推进法治文化建设是一项长期而艰巨的任务，必须保持坚定的信念和顽强的毅力，不断探索和创新法治文化建设的方法和途径。通过全社会的共同努力，一定能够建设更加繁荣和谐的社会主义法治文化。

五、坚持继承发展与守正创新

（一）继承发展传统法治文化

传统法治文化所蕴含的丰富思想和价值，对新时代社会主义法治文化建设具有重要的指导意义。在传承传统法治文化的同时，应深入挖掘其精髓，如“以人为本”“依法为先”等理念，这些理念与现代法治精神高度契合，有助于构建符合时代要求的法治体系。我们应以开放的心态对待传统法治文化，既要继承其优秀元素，又要敢于创新和发展。传统法治文化中可能存在一些过时或不恰当的理念和做法，需要在继承的基础上进行扬弃和完善。传统法治文化与现代法治理念相结合，才能焕发新的活力，更好地为新时代中国特色社会主义法治建设服务。为实现传统法治文化的有效传承和发展，可以采取多种措施。首先，加强对传统法治文化的研究和传播，通过学术研究、教育和培训，让更多的人了解和认识传统法治文化的价值；其次，鼓励传统法治文化的创新实践，结合现代社会治理的需要，探索传统法治文化与现代法治建设相结合的途径；最后，建立完善的保护机制，保护和传承传统法治文化中的优秀元素，确保其在新时代得到发扬光大。通过对传统法治文化优秀元素的深入挖掘和传承，结合时代发展需要进行创新发展，为新时代中国特色社会主义法治文化建设奠定坚实基础，推动法治建设不断向前发展。

（二）守正创新，推动法治文化繁荣

诚信创新是推动法治文化繁荣发展的核心理念，既要坚持原则，又要勇于探索。要在坚持中国特色社会主义法治道路和法治理论体系的同时，不断探索和实践适应时代发展需要的新方法、新路径。在维护正义方面，必须深刻理解和贯彻中国特色社会主义法治理念。这就是说，必须始终坚持党的领导，确保依法治国方向正确；必须坚持以人民为中心，维护人民权益，促进社会公平正义；必须严格执法，确保法律的严肃性和权威性，把握好走中国特色社会主义法治道路的基本原则，以正确的立场、正确的路径、正确的方法，确保依法治国蹄疾步稳、有序有效。在创新方面，要积极探索新时代法治文化建设的新思路、新方法。随着科学技术的进步和社会的发展，法治文化的表达方式正在发生深刻的变化。要充分利用互联网、大数据等现代科技手段，创新法治文化的传播方式，让法治理念更加深入人心；同时，也需要不断探索新的法律实践模式，提高法治建设的效率和水平。

加强与国际社会的交流与合作，是促进法治文化繁荣的重要途径。在全球化背景下，各国在法治建设方面可以相互借鉴。要积极参与国际法治对话与合作，吸收和借鉴各国有益经验，为中国法治文化建设注入新的活力和动力。总而言之，坚持诚信创新是推动法治文化繁荣发展的关键。要在坚持中国特色社会主义法治道路和法治理论体系的基础上，不断探索和实践新的方法和路径。加强与国际社会的交流与合作，共同促进中国法治文化的繁荣发展。

（三）传统文化与现代法治的融合发展

传统文化与现代法治的融合发展，是新时代中国社会主义法治文化建设不可或缺的组成部分。这种整合旨在构建既体现民族精神又适应现代社会发展需要的法治文化，从而推动国家治理体系和治理能力现代化进程。在融合发展的过程中，首先需要深入挖掘传统文化中的法律资源。传统文化中蕴含着丰富的法治思想和法治观念，如儒家所强调的“礼治”、法家所倡导的“以法治国”等，都是法治的宝贵文化遗产。通过对这些思想的系统梳理和研究，可以更好地把握传统法治文化的精髓，为现代法治建设提供有益的借鉴。将传统文化的优秀元素与现代法治理念相结合是必要的。现代法治理念强调法律的权威性、公正性和普适性，这与传统文化中的一些理念不谋而合。例如，传统文化中的

“以人为本”理念与现代法治中的“人权保障”理念相呼应，体现了对人的权益的尊重和保护。因此，在融合发展的过程中，要善于找到传统文化与现代法治的契合点，实现两者的良性互动，也要警惕传统文化中的糟粕对现代法治建设的负面影响。传统文化中并不是所有的元素都是积极向上的，也有一些落后过时的思想。如果对这些糟粕不加以清除，它们很可能会阻碍现代法治建设的步伐。因此，在融合发展的过程中，应该保持清醒的头脑，批判地继承传统文化，取其精华，弃其糟粕。

传统文化与现代法治的融合发展需要注重实践探索。理论整合固然重要，但更重要的是将这种整合落实到法治的具体实践中。通过在实践中不断探索和创新，可以更好地检验融合发展的成果，为未来的法治文化建设积累更多经验。传统文化与现代法治的融合与发展是一项长期而艰巨的任务，只有深挖传统文化的法律资源，将优秀元素与现代法律理念有机结合，剔除糟粕，注重实践探索，才能逐步构建中国特色社会主义法治文化体系，为新时代全面依法治国提供坚实的文化支撑。

第七章
新时代社会主义法治文化建设的推进路径

法治文化不仅是法治国家建设的社会文化基础，也是文化软实力的重要组成部分。社会主义法治文化是中国特色社会主义先进文化的重要组成部分，是社会主义法治建设的灵魂和基础，也是全面贯彻落实习近平关于文化自信的重要论述和全面依法治国新理念、新思想、新战略的重要举措。社会主义法治文化建设是一项长期的、系统的工程，需要我们用坚持不懈的精神和持之以恒的努力来实现。完善社会主义法治体系是全面推进依法治国的重要目标，引领和推动社会主义法治文化深入发展是完善社会主义法治体系的重要举措。在新时代，我们必须高度重视社会主义法治文化建设，拓宽法治文化的宣传路径，不断创新和丰富社会主义法治文化体系，坚持走社会主义法治建设道路，弘扬社会主义法治精神，扎实推进社会主义法治文化建设。

第一节
整合社会主义法治文化的内容资源

历史经验表明，文化是一个国家的灵魂，任何国家法治的发展与实践都离不开本国或者本民族的文化土壤。社会主义法治文化作为中国特色社会主义文化不可分割的重要组成部分，加强其建设是社会主义法治国家的战略性、基础性工作，对于构建中国特色社会主义法治体系具有重要意义。党的二十大对新时代新征程党和国家事业发展作出全面部署，强调了大力弘扬社会主义法治文化在推进文化自信自强以及铸就社会主义文化新辉煌方面的重要作用。深入贯彻落实党的二十大精神，坚定不移走中国特色社会主义法治道路，就必须整合社会主义法治文化的内容资源，大力弘扬社会主义法治文化精神，建设社会主义法治文化。

一、整合社会主义法治文化的思想理论资源

坚守马克思主义法学思想在社会主义法治文化建设中的根本指导地位。首先，马克思主义法学思想深刻揭示了法的本质特征、价值功能、历史起源、发展规律等根本问题，科学阐明了法与阶级和阶级斗争、法与国家和政权、法与社会物质生活条件等的内在关系。马克思主义法学思想是人类历史上重要的思想理论体系之一，对社会主义法治文化建设具有深远的指导意义。它揭示了社会发展的客观规律和资本主义社会的内在矛盾，为社会主义法治文化建设提供了科学的世界观和方法论。在社会主义法治文化建设中，马克思主义法学思想不仅指导了法律规范体系的完善，还推动了法治实施、法治监督和法治保障体系的构建。马克思主义法学思想理论为人们对法的认识提供了科学的世界观和方法论指导，对全人类的法治思想发展产生了深远的影响。其次，马克思主义法学思想作为马克思主义科学理论体系的重要组成部分，对中国特色社会主义法治体系的建立与发展起到了重要的指导作用。在社会主义法治文化建设中，坚守马克思主义法学思想的根本指导地位，意味着要确保法治文化建设的正确方向，体现社会主义的本质要求。这一思想不仅是中国法治建设的理论基础，也是推动全面依法治国、建设社会主义法治国家的行动指南。最后，要推动中国法治文化建设的进程，必须选择既能坚守社会主义文化方向，又能彰显中国独特文化需求的法治思想。这样的社会主义法治思想，只能是马克思主义法学思想。马克思主义旨在为无产阶级的革命和建设提供理论指导，因此马克思主义法学思想成为契合社会主义法治文化建设的理想选择。该思想体系以维护公有制、人民民主专政以及中国共产党的领导为核心目标，与社会主义制度的本质要求高度一致，是引领社会主义法治文化建设的根本指南。

习近平法治思想和习近平文化思想是新时代全面依法治国的行动指南，也是推进中国特色社会主义法治文化建设的根本遵循。在波澜壮阔的新时代新征程中，习近平法治思想蕴含着独特的思想魅力，它以自身强大的实践伟力引领我国社会主义法治建设取得历史性成就、发生历史性变革；习近平文化思想以其深邃的思想内涵和鲜明的时代特色，为中国特色社会主义文化建设指明了方向。两大理论成果凝聚着我们党领导文化建设和法治建设的经验和智慧，蕴含着深远战略思维、鲜明政治导向、强烈历史担当和真挚为民情怀，彰显了我们党文化强国、法治兴国的坚定意志，揭示了中国特色社会主义道路的强大生命

力和巨大优越性，为新时代推进社会主义法治文化建设提供重要的思想保障。首先，习近平法治思想和习近平文化思想始终坚持理论和实际相结合，在实践中统筹历史与现实、国际与国内两个方面，深刻阐述了新时代为什么要推进社会主义法治文化建设以及如何推动社会主义法治文化建设等一系列重大问题，构成了一个富有开创性、实践性、真理性、前瞻性的科学思想体系，推动了中国特色社会主义法治文化建设和实践实现跨越式发展，诠释了党对中国特色社会主义法治文化建设内涵和人类法治文化发展规律的深刻认识和独到见解。其次，习近平法治思想和习近平文化思想是马克思主义法治思想中国化时代化的最新理论成果。中国共产党始终在中国革命、建设、改革的历史进程中坚持把马克思主义基本原理同中国具体实际相结合、同中华优秀传统文化相结合，不断推进马克思主义中国化时代化。习近平法治思想和习近平文化思想是在遵循马克思主义立场、观点和方法的基础上，将中华民族长期积淀的法律文化和人类法治文明建设的伟大成就相结合所取得的重大理论创新。习近平法治思想和习近平文化思想是我们党在实践中形成的重大理论成果，它不仅与我国传统的法治文化思想一脉相承，同时也蕴含着浓厚的时代色彩，为新时代进一步丰富和发展中国特色社会主义法治思想作出了原创性、集成性贡献。在新时代，习近平法治思想和习近平文化思想进一步继承和发扬了中华民族优秀传统文化，以新的视野和新的认识对我国法治建设的实践经验进行提炼和升华，为推进中国特色社会主义法治文化建设提供了科学的理论指导。最后，习近平法治思想和习近平文化思想以其独特的思想魅力引领我国社会主义法治建设取得历史性成就、发生历史性变革。它不仅揭示了中国特色社会主义法治建设所蕴含的强大生命力，也向世界展示了其具有的巨大优越性，是新时代建设社会主义法治文化强国的根本遵循。同时，习近平法治思想和习近平文化思想也科学回答了法治文化建设的中国之问、世界之问、人民之问、时代之问。它体现了我们党强烈的文化担当、坚定的文化自信、高度的文化自觉，为做好新时代社会主义法治文化宣传工作、担负起中国式现代化建设新的法治文化使命明确了根本遵循，为推进国家治理体系和治理能力现代化提供了强大的思想武器和行动指南。

因此，推进中国特色社会主义法治文化建设，就必须坚持把马克思主义法治理论与中国具体实际相结合，不断推进马克思主义法治理论中国化时代化大众化；就必须加强对中国特色社会主义法治理论的研究，完善中国特色社会主义法治理论的学术体系、理论体系、话语体系；就必须从我国国情和实际出发，研究回答法治中国建设中的重大问题，提炼标识性法学学术概念，凝练中国特色社会主义法律体系的特点和优势，促进法学研究成果的推广和应用；就必须加强新型法治智库建设，加大对重大法治理论、法治文化研究课题的支持力度，加强法律实务部门和理论研究部门的交流互动，为法治实践提供高质量的决策参考。

二、整合社会主义法治文化的历史资源

习近平在党的二十大报告中指出："弘扬社会主义法治精神，传承中华优秀传统法律文化，引导全体人民做社会主义法治的忠实崇尚者、自觉遵守者、坚定捍卫者。"①习近平的这一论述，为中华优秀传统法律文化实现创造性转化、创新性发展提供了思想动力，为全面依法治国指明了前进的道路，提供了根本的思想遵循。

中国传统法治思想为社会主义法治文化建设提供了丰富的历史文化滋养。首先，中国传统法治思想为社会主义法治文化建设提供了深厚的文化底蕴。例如，儒家倡导的德治理念强调道德感化和人际关系的协调，有助于调解社会矛盾，促进社会和谐，这对国家治理现代化仍具有深刻意义。法家思想中的与时俱进和法律普及观念，对于当代法治建设中的法律条文完善和法律体系完备具有重要启示。同时，传统法治思想中"民惟邦本，本固邦宁"的民本理念强调人民是国家治理的主体，统治者的合法性来源于人民的拥护和支持，这与新时代以人民为中心的法治立场具有高度的契合性，也为社会主义法治文化建设提供了重要的文化支撑，有助于增强社会主义法治文化建设的人民性和民主性。

其次，中国传统法治思想为社会主义法治文化建设提供了重要的历史借鉴，也为推动社会主义法治文化的创新发展提供了坚实的基础。中国传统法治思想植根于特定的社会历史环境，是中华民族悠久历史和文化的重要组成部分。这种法律文化不仅包含了丰富的法律思想、法律制度，还涵盖了法律实践等，历经几千年的历史积淀与发展演变，形成了独具中国特色的文化特征与法律品格。习近平多次强调，中华优秀传统文化是中华民族的文化根脉，其中蕴含的思想观念、人文精神和道德规范不仅是我们的精神内核，而且对解决人类的共同问题具有重要价值②。中国传统法治思想为社会主义法治文化建设提供

① 冯玉君:《在法治轨道上建设中国式现代化》,人民出版社,2023,第104页。

② 全国干部培训教材编审指导委员会编《推动社会主义文化繁荣兴盛》,人民出版社,2019,第144页。

了重要的历史借鉴，帮助我们在立法、执法和司法过程中更好地理解和应对现实问题。中国传统法治思想中蕴含的“天人合一”“德主刑辅”“民贵君轻”等理念与新时代中国特色社会主义法治文化建设的愿景具有高度的一脉相承性，这不仅为全面推进社会主义法治文化建设提供了丰富的思想源泉和原生力量，也为其创造性转化和创新性发展奠定了基础。通过对传统法治文化思想的创造性转化和创新性发展，能够为现代法治文化建设提供新的思路和动力，推动中国特色社会主义法治文化的繁荣和发展。

最后，传承和发展中华优秀传统法治文化是完善中国特色社会主义法治体系的必然要求。中华优秀传统法治文化蕴含的一系列法律原则、德治思想、价值观念，至今仍为中国特色社会主义法治理念、法治原则的生成与发展提供丰富的启迪，对于完善中国特色社会主义法治文化具有重要意义。对中华优秀传统法治文化的纵向传承、代有兴革是中国特色社会主义法治文化发展演进的重要规律。要坚持回望过去，不断赓续中华优秀传统法治文化，同时也要面向未来，不断开辟中国特色社会主义法治文化建设的新境界。中国特色社会主义法治文化建设实践要坚持对传统法治思想进行批判性继承和创新性发展，从而实现治理体系和治理能力现代化。

党的二十大报告指出：“弘扬社会主义法治精神，传承中华优秀传统法律文化，引导全体人民做社会主义法治的忠实崇尚者、自觉遵守者、坚定捍卫者。”①中华优秀传统文化是新时代全面依法治国的重要思想渊源，要深入挖掘好、整合好、利用好这一资源富矿，汲取传统智慧，赓续中华文脉，助力法治中国建设。首先，融合“引礼入律、出礼入刑”的立法理念。“引礼入律、出礼入刑”理念就是传统文化对法律影响的重要体现，这一思想中所包含的循礼、求仁、崇义、尚公的观念代表了由传统中国绵延至今的主流价值观，为当今的法治建设提供了丰厚的资源。当前，社会的快速发展在带给人们便利的同时，也催生了各种负面思潮，暗含了隐忧和乱象，这些问题都增加了社会治理的难度，单纯依靠道德引导难以有效发挥作用，需要因地制宜更新法律制度供给，构建更为完善、多元、丰富的法律规范体系。“仁爱孝悌”“克己忠恕”“守义谋利”等传统道德观念在家庭关系、人际关系、商业贸易等方面的立法中可以发挥重要作用，实现道德教化与法律约束的统一，消弭分歧、凝聚共识，以德法互济的形式筑牢民族共同的心理基础，形成共同的价值信仰，推进

①《中国共产党第二十次全国代表大会文件汇编》，人民出版社，2022，第45页。

社会主义法治文化建设。其次，赓续“执法严明、不避权贵”的执法理念。法治政府建设是全面依法治国的主体工程，对建设法治社会具有示范带动作用。在这一系统工程中，需抓好行政执法这个以点带面的关键抓手，从而发挥“四两拨千斤”的作用。中国是一个人情社会，人情、法理二者相融共生，“亲疏有别”“优亲厚友”的现象在古代社会屡见不鲜。在进入现代法治社会后，这类问题仍偶有发生，在一定程度上削弱了法律权威和政府的公信力，因此，法治社会、法治政府建设的重点和难点仍在于严格执法。关于这一方面，传统吏治文化值得学习借鉴，比如，借鉴明代的“南人官北、北人官南”回避制度，通过职务回避、地区回避、亲族回避等方式，可以有效避免因乡土意识、裙带关系、家族势力而形成的地方保护主义，保证执法的公正严格。再比如，借鉴官吏考课制度，“四善二十七最”明确考核内容，对包括政治素质、工作表现、家风私德等在内的指标进行综合考核；“三等九级”细化考核等级，进一步量化各项指标，正确评价执法人员表现，增强考核的合理性和科学性。再次，追求“天下无讼、以和为贵”的司法目标。社会和谐是中国特色社会主义的本质属性，是国家富强、民族振兴、人民幸福的重要保证，习近平高度重视发挥道德引领、浸润教化对社会建设的作用，他指出“要挖掘和传承中华法律文化精华如‘天下无讼、以和为贵’的价值追求等传统思想理念”[①]。构建礼义有序的和谐社会，一方面要发挥传统文化中“品德修炼、克己退让”的道德教化作用，另一方面又要继承传统调解制度中的合理经验。例如，在化解各类纠纷时既要遵照法律制度的要求，又要注重将民间习俗、情理、礼制作为重要依据，将多数人认可的共同价值观念作为准则，充分尊重并将社情民意、民间习惯、公序良俗、道德规范与法律相结合，以充分获得当事人的接受和回应，实现争议纠纷实质性化解，即“不能使民无讼，莫若劝民息讼”。最后，浸润“化民成俗、其必由学”的守法理念。法治社会建设，既靠严格执法，也离不开全民自觉守法，二者是法治中国建设的一体两面，互为支撑、互相促进。要善于发挥优秀传统文化的教化作用，以良好风俗助力法治社会建设，形成全面守法的良好局面。一方面要明确教育内容，在教育实践中融入“仁者爱人”“克己”“慎独”的价值观念，既能抵御利己主义、享乐主义和拜金主义，又能唤醒坍塌的道德和失落的信仰，实现人们的法治认同。另一方面要因地制宜地选择教

① 中共中央宣传部、中央全面依法治国委员会办公室编《习近平法治思想学习纲要》，人民出版社，2021，第61页。

育方式，要注重发挥“互联网+”的作用，利用短视频、公众号等人们了解熟悉、易于接受的传播平台，制作大家喜闻乐见且起到春风化雨作用的作品，融入“温、良、恭、俭、让”的个人美德和“仁、义、礼、智、信”的社会公德，让人们在观看、阅读、欣赏中潜移默化地受到道德、法治教育，从而深化对社会主义核心价值观和社会主义法治的认同感，自觉遵守法律，形成全民守法的良好局面。因此，要善于挖掘、整合中华优秀传统文化的丰富资源，找准其与法治中国、法治社会融合的契合点，通过创造性转化、创新性发展，既赋予传统文化新的时代内涵，又助力法治社会建设，实现二者的交相辉映、共存共荣。

党的二十大报告明确指出法治中国建设的方法论，即“坚持古为今用、推陈出新，把马克思主义思想精髓同中华优秀传统文化精华贯通起来，同人民群众日用而不觉的共同价值观念融通起来，不断赋予科学理论鲜明的中国特色”[①]。整合社会主义法治文化的历史资源，要推动中华优秀传统法律文化创造性转化、创新性发展。既要传承中华法系的优秀思想和理念，研究我国古代法治传统和成败得失，挖掘民为邦本、礼法并用、以和为贵、明德慎罚、执法如山等中华传统法律文化精华，也要根据时代精神加以转化，加强研究阐发、公共普及、传承运用，使中华优秀传统法律文化焕发新的生命力。

三、整合社会主义法治文化的国际资源

推进社会主义法治文化建设，不仅要传承发展好中华民族优秀的法治思想，还要在开放包容的基础上加强与各民族法治文化的交流和鉴别。习近平指出：“中华文明自古就以开放包容闻名于世，在同其他文明的交流互鉴中不断焕发新的生命力。”[②]因此，推进社会主义法治文化建设不是要减少而是要增加与世界各国法治文化的交流。

推进社会主义法治文化建设必须对西方法治思想进行科学辨析和合理借鉴。一方面，批判性借鉴西方法治思想中的有益成分，可以为中国特色社会主义法治文化建设提供重要的理论支撑和实践经验。西方法治思想在历史发展过程中积累了丰富的理论和实践经验，其中的有益成分对于完善我国的法治体系、推动法治文化建设具有重要的参考价值。通过批判性借鉴，我们可以吸收

① 习近平:《高举中国特色社会主义伟大旗帜　为全面建设社会主义现代化国家而团结奋斗——在中国共产党第二十次全国代表大会上的报告》,人民出版社,2022,第18页。

② 任初轩:《怎样弘扬中华优秀传统文化》,人民日报出版社,2022,第165页。

和借鉴西方法治思想中的积极因素，为中国特色社会主义法治文化建设注入新的活力和动力。另一方面，批判性借鉴意味着在吸收西方法治思想时，要保持审慎和理性的态度，我们既要认识到西方法治思想的积极价值，也要警惕其可能存在的局限性和负面影响。西方法治思想并非尽善尽美，其形成和发展的背景与我国存在显著差异。习近平强调："我们要建设的中国特色社会主义法治体系，必须是扎根中国文化、立足中国国情、解决中国问题的法治体系，不能被西方错误思潮所误导。"[①]因此，在借鉴西方法治思想过程中，必须充分考量我国的实际情况，对西方法治思想进行筛选和改造，以确保其与我国的社会主义法治文化和全社会的法治需求相契合。同时，我们还要警惕西方法治思想中可能存在的与我国社会主义核心价值观相悖的内容，避免盲目照搬和全盘西化。综上所述，批判性借鉴西方法治思想中的有益成分是推动我国法治建设的重要途径之一。我们需要以开放包容的心态，积极吸收和借鉴有益经验，同时保持审慎理性的态度，确保社会主义法治文化建设的正确方向。

整合社会主义法治文化的国际资源，要加强法治文化的国际交流，把建设社会主义法治文化作为提高国家文化软实力的重要途径，对外阐释构建人类命运共同体的法治内涵和法治主张。既要注重在共建"一带一路"中发挥法治文化作用，建立和完善相关纠纷解决机制和组织机构，推动共建国家、地区开展法治文化交流合作，也要建立涉外工作法务制度，加快我国法律域外使用的法律体系建设和研究，推动海外法律服务高质量发展，更好地服务于海外法律纠纷解决和涉外法律工作，提高涉外工作的法治化水平。要坚持把法治外宣作为国际传播能力建设的重要内容，善于讲述中国法治故事，展示我国法治国家的形象，不断提升社会主义法治文化的影响力，开展与世界各国法治文化的对话。

四、整合社会主义法治文化的实践成果资源

整合丰富多样的社会主义法治文化实践成果资源，对社会主义法治文化建设起着至关重要的推动作用。首先，各级政府依法行政，推进政务公开，提高行政效率，为社会主义法治文化建设提供了生动的实践案例。中国特色社会主义实践向前推进一步，法治建设就要跟进一步。建设法治型政府不仅是全面依法治国的主体工程，也是推进国家治理体系和治理能力现代化的重要支撑，其建设进程和水平深刻影响着国家整体法治建设的进程和水平。在制度建设方

---

① 习近平:《习近平谈治国理政》第4卷,外文出版社,2022,第301页。

面，法治政府建设推动了依法行政制度体系的健全，搭建了“常态化”审查体系，构建了“一体化”运行体系，确保了法治政府建设的顺利开展。在组织领导方面，法治政府建设强化了组织领导，将法治建设纳入工作全局的重要位置，健全法治建设工作机制，夯实了法治基础。在法治素养提升方面，法治政府建设注重加强理论学习，有效提升了党员干部的法治意识和法治能力。其次，司法公正是现代社会政治民主、进步的重要标志，也是现代社会主义法治文化建设的重要保证。司法公正实践有助于维护社会公平正义，增强人民群众对法治的信仰和信心。司法公正是社会主义法治文化的核心体现。司法作为社会主义法治文化建设的重要力量，其公正性直接反映了社会主义法治文化的内涵和价值追求。在法治社会的大厦中，司法公正犹如支撑起整个结构的坚实柱石，涵盖了法律适用、程序正义、裁判公正等多个层面。它不仅是法治国家的核心价值之一，更是确保法律权威性与严肃性的重要保障。这种公正性正是社会主义法治文化所倡导的公平、正义等社会主义核心价值观的具体体现，能够确保法律的权威性和严肃性，使人民对法律充满信心。没有司法公正，法治国家建设和社会主义法治文化建设将无从谈起。司法公正有助于树立社会主义法治文化信仰。司法公正对于维护社会秩序、保障人民权益具有至关重要的作用。司法公正是提升法律信任度和司法公信力的关键，公正的司法活动能够增强人民群众对法律的信任和尊重，使人民群众愿意通过法律途径解决纠纷；公正的司法活动可以有效化解社会矛盾，防止冤假错案的发生，从而维护社会稳定；司法公正有助于树立良好的社会风气，促进社会公平正义的实现。因此，司法公正能够增强人民群众对法治的信任和依赖，从而树立法治信仰，这种对法治的信任和依赖是社会主义法治文化得以深入人心的关键所在。最后，社会主义法治实践提高了全社会的法治意识和法治素养，丰富了社会主义法治文化的内涵。社会主义法治实践是提升全社会法治意识和法治素养的重要途径。在法治实践中，公民通过参与法律活动、了解法律程序、感受法律权威，逐渐形成了对法律的认同和尊重。这种认同和尊重促使公民在日常生活中更加自觉地遵守法律、维护法律秩序，从而提升全社会的法治意识和法治素养。社会主义法治实践丰富了社会主义法治文化的内涵。法治文化是一种以法律为核心的价值观念、行为方式和制度体系的总和，在社会主义法治实践中，法律不仅作为一种规范工具存在，而且作为一种文化力量影响着人们的思想和行为。通过法治实践，人们逐渐形成了对法律的信仰和敬畏，这种信仰和敬畏又进一步推动了法治文化的形成和发展。同时，法治实践中的成功案例、法治人物、法治故事等也成了法治文化的重要组成部分，为社会主义法治文化注入了新的活力和内涵。

此外，整合社会主义法治文化的实践成果资源也需要在法治文化的建设实践中培养广大公民的法治素养。坚持科学立法，就是要在坚持党的领导这一根本前提下，把党的主张按照法定程序上升为国家意志，并将社会主义核心价值观贯穿到法律法规立改废释的各个环节，从而以良法保障善治。坚持严格执法，就是要增强执法意识，提高执法水平。坚持公正司法，就是要健全和完善司法制度，使公正、高效、权威的精神贯穿司法案件的始终，使广大人民群众在司法活动的各个环节切实体会到公平与正义。坚持全民守法，就是要加大普法力度，让遵守法律成为社会生活的一种风尚与习惯。坚持以案普法、以案释法的原则，通过典型案例分析，不断提高广大公民的法治素养，以社会主义核心价值观引领社会主义法治文化新风尚。

因此，社会主义法治实践通过其广泛而深入的影响，不仅提升了全社会的法治意识和法治素养，也丰富了社会主义法治文化建设的时代内涵，为全面建设社会主义法治文化强国奠定了坚实的基础。

五、整合社会主义法治文化的制度规范资源

社会主义法治文化作为中国特色社会主义文化不可分割的组成部分，为社会主义法治建设提供了重要保障。整合社会主义法治文化的制度规范资源，需要从加强制度建设、完善法律体系、强化法治实施、加强法治监督等方面入手。

就强化制度建设而言，首先要确保党的领导贯穿社会主义法治文化建设的始终，从而保证社会主义法治文化建设的正确政治导向。党和法治的关系是法治建设的核心问题①，坚持党的领导是社会主义法治文化建设的根本要求，也是社会主义法治文化建设的核心。“法治当中有政治，没有脱离政治的法治。…… 每一种法治形态背后都有一套政治理论，每一种法治模式当中都有一种政治逻辑，每一条法治道路底下都有一种政治立场。”②坚持党的领导是保障党和国家各项事业发展的根本，是历史的客观选择、人民的衷心期待。在社会主义法治文化建设中，党的领导不仅体现在对社会主义法治文化建设的方向引领和

①《中共中央关于全面推进依法治国若干重大问题的决定》，人民出版社，2014，第54页。

② 中共中央文献研究室编《习近平关于全面依法治国论述摘编》，中央文献出版社，2015，第34页。

战略部署上，也体现在对社会主义法治文化建设具体实践的指导和支持上。第一，党的领导为社会主义法治文化建设提供了根本遵循。党的路线、方针、政策是社会主义法治文化建设的指导思想，党的领导确保了法治文化建设始终沿着正确的方向前进。同时，党还通过制定和完善相关法律法规，为法治文化建设提供了坚实的制度保障。第二，党的领导推动了社会主义法治文化建设向纵深发展。党通过开展法治宣传和法治教育活动，营造良好的法治文化宣传氛围，切实提高广大人民群众的法治意识和法治素养。党还通过推动法治实践，将法治理念融入社会生活的各个方面，使法治成为全社会的共同追求和自觉行动。第三，党的领导是社会主义法治文化建设不断取得新成就的根本保证。在党的领导下，社会主义法治文化建设取得了显著成效，法治观念深入人心，法治实践不断丰富，法治文化在全社会得到了广泛传播和深入发展。第四，建立健全法治文化建设的组织协调、督促检查、考核评价等机制，是加强社会主义法治文化建设的重要保障，有助于形成工作合力。推动社会主义法治文化建设需要建立健全相应的组织协调机制，既要明确各部门、各单位的职责分工，加强跨部门、跨领域的协作配合，确保法治文化建设工作的有序开展，也要通过有效的组织协调，整合各方资源，形成工作合力，共同推动法治文化建设取得实效。同时，通过定期或不定期的督促检查，可以及时了解法治文化建设工作的进展情况，发现存在的问题和不足，并采取相应的整改措施，确保法治文化建设工作的质量和效果，推动各项任务落到实处。此外，建立科学的考核评价机制也是加强法治文化建设的重要手段。通过制定明确的考核标准和评价指标，对法治文化建设工作进行全面、客观、公正的评价，这不仅可以激励先进、鞭策后进，还可以为今后的工作提供有益的参考和借鉴，推动法治文化建设不断迈上新的台阶。

就完善法律体系而言，必须加强重点领域立法，完善中国特色社会主义法律体系，为社会主义法治文化建设奠定重要的基石。不断加强重点领域立法，就是要对经济社会发展中的关键领域和薄弱环节制定和完善相关法律法规，明确法律边界，规范社会行为，保护公民权益，确保各项事业都在法治轨道上稳步前行，进一步为社会主义法治文化的培育和发展提供有力的法律支撑。同时，完善中国特色社会主义法律体系也是法治文化建设不可或缺的一环。中国特色社会主义法律体系是一个科学完备、统一权威的法律体系，它涵盖了国家生活的各个方面，为全面依法治国提供了坚实的法治基础。在法治文化建设过程中，必须注重法律体系的完善，确保各项法律法规之间协调一致、相互衔接，形成有机统一的整体。这样不仅可以提高法律的权威性和公信力，还可以为法治文化的传播和普及提供有力的法治保障。具体而言，法律体系的完善需要从多个方面入手。一方面，要加强立法工作，确保每一项法律法规都符合宪法精神，反映人民的意志和利益；另一方面，要加强法律法规的解释和宣传工作，让人民群众了解法律、理解法律、遵守法律。此外，还要不断完善法律实施机制，确保法律的有效执行。只有这样，才能真正形成一个科学完备、统一权威的法律体系，为法治文化建设提供坚实的支撑。在法治文化建设的背景下，法律体系的完善不仅是一项法律工程，而且是一项社会工程，它需要全社会的共同努力和参与，需要各个部门、各个行业、各个群体的协调配合。只有这样，才能让法治理念深入人心，让法治精神成为社会共识，从而推动中国特色社会主义法治事业不断向前发展。

就强化法治实施而言，各级行政机关要严格依照法定权限和程序行使权力，做到严格规范、公正文明执法。依法行政是依法治国基本方略的重要内容，而程序合法、正当是规范权力运行、保障权力行使的重要方面。行政机关在履行职责时，必须严格遵守法律法规，不得超越法定权限，也不得违反法定程序，这不仅是法治政府的基本要求，也是维护社会公平正义、保障人民群众合法权益的重要保障。行政机关在执法过程中，应当坚持严格执法、公正执法、文明执法，这意味着行政机关在行使权力时，不仅要严格遵守法律法规，还要确保执法的公正性和文明性。严格执法要求行政机关对违法行为进行严厉打击，不徇私情，不枉法裁判；公正执法要求行政机关在执法过程中不偏不倚，确保每一个案件都能够得到公平公正的处理；文明执法要求行政机关在执法过程中注重方式方法，尊重和保护当事人的合法权益，避免使用粗暴和过激的手段。此外，行政机关还应该积极推广信息化手段在执法过程中的应用，提高执法效率和透明度，减少人为干预和错误。总之，要推进社会主义法治文明建设，各级行政机关必须始终坚持以人民为中心的发展思想，严格按照法定权限和程序行使权力，做到严格规范公正文明执法，为实现社会公平正义和人民的幸福生活提供坚实的保障。

就加强法治监督而言，首先，法治监督是确保法律准确执行的重要机制。通过严格的法治监督，可以促使执法和司法机关在行使职权时严格遵循法律规定，防止和纠正违法行为，进而维护法律的权威和尊严。这一过程不仅保障了法律的准确执行，还增强了公众对法律的信任与尊重，为法治文化的培育提供了坚实的实践基础。其次，法治监督有助于维护社会公平正义。法律监督通过对执法和司法活动的审查，确保公民在法律面前人人平等，不会因身份、地位或财富的差异而受到不公正的待遇。这种对公平正义的维护是法治文化的核心价值之一，有助于构建和谐社会，增强社会的凝聚力和向心力。再次，法治监督是防止权力滥用和腐败的关键手段。通过法治监督，能够及时发现并纠正滥用职权、徇私舞弊等违法行为，从而保护国家和人民的利益不受侵害。这种对权力的有效制约是法治文化的重要体现，也是社会主义法治文化的必然要求。最后，法治监督的实施过程是普及法律知识、提升公民法律意识的过程。公民通过法治监督可以更深入地了解法律规定和要求，增强法治观念，自觉遵守法律。这种法律意识的提升是法治文化深入人心的关键，也是推进社会主义法治文化建设的重要途径。

综上，整合社会主义法治文化的内容资源能为全面推进依法治国提供坚实的文化支撑。法治文化犹如法治建设的灵魂与血脉，蕴含着法治意识、法治精神、法治理念以及法治信仰等核心要素。通过对内容资源的有机整合，可以构建起系统而全面的法治文化体系，为依法治国进程注入更为丰富的文化滋养与强大的精神动力。

第二节
构建社会主义法治文化的弘扬机制

推进法治文化建设具有现实性与时代性双重意义，是健全完善社会主义法治体系的重大课题。党的十八届四中全会通过的《中共中央关于全面推进依法治国若干重大问题的决定》明确指出，必须弘扬社会主义法治精神，建设社会主义法治文化[①]，从而为全面推进依法治国，建设中国特色社会主义法治体系，建设社会主义法治国家，奠定社会基础、提供精神动力。

构建社会主义法治文化的弘扬机制是推进社会主义法治国家建设的重要保障，也是实现国家治理体系和治理能力现代化的必然要求。构建社会主义法治文化弘扬机制的必要性主要体现在：第一，能够弥补法治文化建设的不足。尽管我国在立法和司法改革方面取得了显著成就，但法治文化的培育仍显滞后，法律实施机制中的失灵现象，如执法不严、违法不究等问题依然存在。这一切的根源在于全社会尚未形成浓厚的法治文化氛围，公民的法治意识和法治素养

①《中共中央关于全面推进依法治国若干重大问题的决定》，人民出版社，2014，第54页。

有待提高。因此，构建有效的社会主义法治文化弘扬机制显得尤为重要，它不仅有助于弥补现有短板，还能通过多渠道、多形式的法治教育，推动法治文化深入人心。第二，能够推动社会转型升级。中国古代社会长期受封建人治思想主导，法治思想较为薄弱。推进中国社会从“人治”向“法治”转变，不仅是健全完善法律法规的过程，而且是法治观念、文化观念的深刻变革。构建社会主义法治文化的弘扬机制有助于形成与现代法治要求相适应的文化观念，为法治实施创造良好的社会环境。第三，能够增强法治的实践效果。社会主义法治文化的核心在于法治精神的普遍实践和实现，构建社会主义法治文化的弘扬机制有助于将法治精神内化为公民的自觉行动，推动法治在立法、执法、司法等各环节得到全面落实，提升法治的实践效果。第四，能够为法治国家建设提供精神动力，提升国家的治理能力和治理水平。法治文化是建设法治国家的基本要素，是法治国家的精神支柱。通过构建弘扬机制，可以系统地培育公民的法治意识、法治观念和法治思想，从而形成全社会尊法学法守法用法的良好氛围。这不仅为法治国家建设提供了强大的精神动力，也有助于在实践中进一步巩固法治基础。法治是国家治理体系和治理能力现代化的重要方面，构建社会主义法治文化的弘扬机制有助于提升全社会整体的法治素养，提高各级领导干部运用法治思维和法治方式来深化改革、推动发展、化解矛盾、维护稳定的能力，从而推进国家治理能力和治理水平的跨越式发展。这不仅促进了社会公平正义，也增强了政府的公信力，更为全面依法治国提供了坚实的基础。第五，能够促进民主政治的健康发展，维护社会公平正义。民主与法治具有内在统一性，真正的民主离不开法治的保障，法治文化为民主政治提供精神支柱，引导公民理性参与政治生活，保障民主在法治轨道上健康发展。公正是法治的生命线，构建社会主义法治文化的弘扬机制有助于公正司法和严格执法，提高司法公信力，彰显以公平正义为核心的法治价值体系。

构建社会主义法治文化的弘扬机制是推动全面依法治国、提升全民法治素养的重要途径。这一机制需要系统整合制度保障、法治思想教育、法治文化传播方式、实践示范和社会参与等多重维度，形成全社会共同参与、协同推进的格局。

一、弘扬社会主义法治文化的核心价值

社会主义核心价值观是当代中国精神的集中体现，凝结着全体人民共同的价值追求，是国家强盛发展的兴国之魂，同时也是提高全民法律素养的关键要

素，是推进国家治理体系和治理能力现代化的重要引领。社会主义核心价值观是社会主义法治文化的核心精髓，应当将其全方位、深层次地融入法治建设的每一个环节，始终确保法治文化建设的社会主义方向。社会主义核心价值观奠定了中国特色社会主义法治文化建设的思想基础，它不仅为中国特色社会主义法治文化建设提供了理想目标和价值指引，也为中国特色社会主义法治文化建设提供了价值共识和价值评价标准。作为价值共识，社会主义核心价值观使法治文化建设得到广泛的支持和参与；作为价值评价标准，社会主义核心价值观为评判法律制度和实践的优劣提供了根本的标尺，确保法治文化建设的每一步都朝着公正、公平、公开的方向开展。习近平强调："要用法律来推进社会主义核心价值观建设，要把社会主义核心价值观贯彻到依法治国、依法执政、依法行政实践中，落实到立法、执法、司法、普法和依法治理各个方面，用法律的权威来增强人们培育和践行社会主义核心价值观的自觉性。"①

首先，社会主义核心价值观为社会主义法治文化建设凝聚价值共识。第一，社会主义核心价值观有助于凝聚全社会的法治共识。在社会转型期，不同群体之间的利益冲突和观念差异加剧，容易导致社会矛盾激化。社会主义核心价值观以其广泛的包容性和强大的感召力，能够在多元思想观念中寻求最大公约数，引导人们树立正确的权利义务观念，自觉遵守法律，形成全社会共同遵循的法治准则。这种共识的凝聚，不仅有助于减少社会冲突，维护社会稳定，还能为法治建设提供坚实的民意基础。第二，社会主义核心价值观能够坚定公民的法治信仰。法治信仰是法治文化的核心要素，是人们对法律的尊重、信任和依赖。在西方民主思想的影响下，一些人对我国法治建设的道路和模式产生怀疑和动摇。社会主义核心价值观通过强调法治的公正性、权威性和人民性，使人们深刻认识到社会主义法治的本质和优势，从而增强对社会主义法治的认同感和归属感。这种坚定的法治信仰，能够激发人们积极参与法治实践的热情，推动法治建设不断深入。第三，社会主义核心价值观为法治文化建设提供了价值引领。法治文化不仅仅是法律制度的总和，更是法律精神、法律意识和法律价值观的集中体现。社会主义核心价值观以其丰富的内涵和深刻的价值意蕴，为法治文化建设注入了强大的精神动力。它引导人们在法治实践中秉持公正、公平、公开的原则，尊重和保障人权，维护社会正义。同时，它还强调诚信、友善等道德规范在法治建设中的重要作用，推动形成良好的社会风尚和法

① 李清环、易志军、聂峰：《培育和践行社会主义核心价值观》，人民出版社，2014，第73页。

治环境。在社会转型的时期，我们要充分发挥社会主义核心价值观在法治文化建设中的引领作用。一方面，要加强社会主义核心价值观的宣传和教育，提高全社会的法治意识和法治素养。另一方面，要将社会主义核心价值观贯穿社会主义法治建设的各个环节，推动构建完善的法律法规体系、严格的法治实施机制、健全的法治监督程序以及有力的法治保障手段，为全面推进社会主义法治文化建设奠定坚实的法治基础。

其次，社会主义核心价值观是社会主义法治文化的核心和灵魂，为社会主义法治文化建设提供思想保证。在全面推进依法治国的进程中，社会主义核心价值观与法治文化建设紧密相连、相互作用，共同促进社会的和谐与进步。在社会层面，社会主义核心价值观确定了法治建设的基本价值取向。社会主义法治不仅能为社会主体提供基本的自由和秩序的诉求，也能为构建基于“实质”和“形式”合理性辩证统一的法治秩序提供保障。“自由、平等、公正、法治”的社会层面的价值观深刻阐释了社会主义法治的价值定位，体现了国家法治建设的价值理想。自由、平等、公正、法治这些价值观念，是法治文化的核心要素，它们为社会成员的行为提供了规范和指引，使社会在有序的状态下不断发展进步。在个人层面，社会主义核心价值观规范了社会主义法治建设中社会个体的价值准则。“爱国、敬业、诚信、友善”的个人层面的社会主义核心价值观不仅与中华民族优秀的文化一脉相承，也与新时代中国特色社会主义法治文化建设的基本价值准则、价值基础以及道德观念相契合。爱国是每个公民的基本道德义务，敬业是职业道德的核心，诚信是社会交往的基石，友善是人际关系的润滑剂。这些价值观在社会主义法治文化建设中发挥着重要作用，它们引导人们自觉遵守法律，维护社会秩序，形成良好的法治氛围。总之，社会主义核心价值观为法治文化提供了强大的道德支撑。在全面依法治国的进程中，我们必须大力弘扬社会主义核心价值观，将其融入法治建设的各个环节，使法治文化深深植根于道德的沃土之中，为推进国家治理体系和治理能力现代化提供切实的保障。

最后，社会主义核心价值观明确了社会主义法治文化建设的基本价值准则。社会主义核心价值观作为中国特色社会主义的本质体现，不仅塑造了国家与社会的灵魂，也为社会主义法治文化建设提供了明确的价值导向。这一价值观体系从国家、社会和个人三个层面，全面而系统地勾勒出法治文化的核心要素，使其在法治实践中具备指导性和引领性。

其一，社会主义核心价值观在国家层面上确立了法治文化建设的根本目标。社会主义法治文化建设是提升国家治理体系和治理能力的关键环节，也是推动国家层面价值目标实现的重要手段。社会主义核心价值观以“富强、民主、文明、和谐”作为国家层面的价值目标，推进社会主义法治文化建设要服从并服务于这一价值目标，这就为建设社会主义法治文化强国指明了前进的方向。其二，社会主义核心价值观从社会层面阐释了社会主义法治文化建设所倡导的根本价值取向。自由、平等、公正、法治，这些价值观反映了现代社会对法治的基本诉求，强调了法治在保障公民权利、维护社会秩序、促进社会公平正义中的重要作用。法治文化的建设必须围绕这些基本价值取向展开，要推动构建“实质”与“形式”合理性双重统一的法治秩序，确保法律既符合社会发展的实质正义，又具备形式上的公正与权威。其三，社会主义核心价值观在个人层面上为法治文化建设提供了基本的价值准则和行为规范。爱国、敬业、诚信、友善，这些价值观不仅是个人道德修养的体现，也是法治社会对公民的基本要求。法治的有效实施，离不开公民对法律的尊重和遵守，而这种尊重和遵守的基础，正是公民内心的道德自律和价值认同。社会主义核心价值观通过倡导这些基本价值准则，为法治文化的建设奠定了坚实的伦理基础和道德支撑，使法治成为内化于心、外化于行的社会共识。这种价值体系的全面性和深刻性，使其成为社会主义法治文化建设的灵魂和指南。在全面推进依法治国的进程中，社会主义核心价值观不仅明确了法治文化建设的方向和目标，而且为法治的实施提供了强大的精神动力和道德支撑。

历史和实践证明，社会主义核心价值观不仅彰显了中华民族伟大的民族精神，也是新时代党引领社会主义法治文化建设的时代精神的高度凝练，它所倡导的价值观也成为新时代中国特色社会主义法治文化强国建设的价值内核和基本遵循。

二、营造社会主义法治文化建设的浓厚氛围

建设社会主义法治国家离不开法治文化的培育和法治精神的养成。只有不断增强广大社会成员对法治文化的认同和理解，不断提高广大社会成员对社会主义法治文化建设的主动性和积极性，才能营造社会主义法治文化建设的良好氛围。

一方面，要培育社会主义法治文化观念。法治精神为法治文化建设赋予了精髓与灵魂，社会主义法治文化的建设过程从本质上讲就是要发挥其教育和引导的功能，引导广大社会成员将法治精神与法治文化内化于心、外化于行。社

会主义法治文化有助于促进正确法治观念的形成，法治观念是人们对法律的基本认识和态度，是法治社会建设的基础。通过弘扬法治精神，全体社会成员将法治精神内化于心、外化于行，逐步形成对法律的信仰和尊重。法治文化不仅仅是法律条文的普及，更是法治精神的深入人心。只有法治观念深入人心，才能形成全社会共同遵守法律的自觉行动，从而为依法治国奠定坚实的思想基础。社会主义法治文化有助于人们理解法律的内在精神，法治文化通过教育、引导和熏陶，使人们深刻理解法律的内在精神，认识到法律不仅是社会秩序的保障，而且是公民权利的护盾。这种对法律内在精神的深刻理解，有助于公民在行为中自觉遵守法律，维护法律的尊严和权威。因此，营造社会主义法治文化建设的良好氛围，就是要培育广大社会成员尊法学法守法用法的意识，就是要充分发挥社会主义核心价值观的引领、感召、规诫等功能，让社会主义法治文化成为引领中国社会的主流文化。另一方面，要树立社会主义法治文化思维，就是要让法治文化贯穿国家治理、社会治理和公民教育各方面、全过程，就是要用法治视角审视问题，用法治逻辑分析问题，用法治方式处理问题，用法治手段解决问题。树立社会主义法治文化思维，是全面依法治国、实现国家治理现代化的基础性工程，也是现代社会治理的基石，它通过法律至上、权力制约、公平正义、权利保障和正当程序等基本原则的贯彻落实，能够有效整合社会张力、化解社会矛盾，为社会的和谐稳定奠定坚实基础。我们要提高运用法治思维和法治方式深化改革、推动发展、化解矛盾、维护稳定的能力，努力推动形成办事依法、遇事找法、解决问题用法、化解矛盾靠法的良好法治环境，在法治框架内推动各项工作顺利开展。

坚持依法治国和以德治国相结合，助力中国特色社会主义法治文化建设。坚持依法治国和以德治国相结合，是建设中国特色社会主义法治文化的重要方略。这一理念不仅汲取了中华优秀传统文化的精髓，也体现了现代法治社会的基本要求，是推动国家治理体系和治理能力现代化的重要保障。

首先，要发挥道德对法治文化的滋养作用。道德对社会成员具有强大的教化作用，为法治文化建设提供重要支撑。推进社会主义法治文化建设从本质上讲就是要加强道德建设，大力弘扬中华民族传统美德，全面提升社会成员的思想道德素养，用良好的道德风尚引领全社会树立讲法治、守法治的良好风气。社会主义法治文化建设要坚持依法治国和以德治国相结合，要特别发挥道德的教化与启蒙作用，引导中华传统道德体系与社会主义法治体系相互协调，培养全体社会成员的法治意识和法治观念，引导全体社会成员自觉履行特定的责任和义务，引领全社会形成自觉遵纪守法的新风尚。其次，要以法治引领文化风尚。根据法律，通过强制性方式规范人们的言行，惩罚违法行为，引领道德风尚，建设健康文化。法律作为社会规范的重要组成部分，具有强制性和普遍约束力。通过制定和实施法律，国家可以有效地规范人们的行为，惩罚违法行为，从而引领道德风尚，建设健康文化。法治的核心在于公平、公正、公开，它不仅要求法律面前人人平等，而且强调法律的普遍适用性和严格执行。正是这种特性，使得法治成为引领文化风尚的有力工具。以法治引领文化风尚，还需要强化法律的实施和执行。再好的法律，如果得不到有效执行，也只能是一纸空文。因此，各级执法机关要严格按照法律规定，加大对文化领域违法行为的打击力度，确保法律的权威和尊严。以法治引领文化风尚，还需要注重发挥法律的引导和教育作用。法律不仅具有惩罚功能，而且具有引导和教育功能，通过宣传来发挥法律的教育功能，增强全体社会成员的法治意识和法治观念，促使社会成员形成遵纪守法的良好习惯。

习近平指出："要注意把一些基本道德规范转化为法律规范，使法律法规更多体现道德理念和人文关怀，通过法律的强制力来强化道德作用、确保道德底线，推动全社会道德素质提升。"[①]社会主义法治文化倡导的思想、理念和原则，是被社会普遍认可的价值观念，是公民道德的基本准则，也是立法、执法、司法的重要目标。只有在建设社会主义法治文化进程中，把法律和道德的力量、功能紧密结合起来，把他律和自律贯通联动起来，才能实现依法治国和以德治国相统一。

三、筑牢社会主义法治文化宣传阵地

法律的权威源自人民的衷心拥护和真诚信仰。习近平曾明确指出："法律要发挥作用，需要全社会信仰法律。"[②]这种法律信仰的形成，离不开法治文化的熏陶。法治文化阵地是传播和培养法治精神的重要载体，也是推进法治文化建设的重要平台，对于增强广大人民群众的法治观念具有重大意义。为此，必须筑牢社会主义法治文化宣传载体。第一，要深入挖掘法治历史文化、非遗文化和特色文化，强化对各类法治文化遗产的保护、研究和利用，使传统文化与法治文化相互融合，持续巩固法治文化阵地的建设。第二，要着力解决法治建

① 中共中央文献研究室编《习近平关于全面依法治国论述摘编》，人民出版社，2015，第40页。

② 中共中央宣传部、中央全面依法治国委员会办公室编《习近平法治思想学习纲要》，人民出版社，2021，第120页。

设过程中的短板问题，在社会主义法治文化建设的宣传实践中不断增强其针对性和实效性，实现法治文化宣传从有形覆盖向有效覆盖的跨越式发展，确保法治文化深入人心，发挥其应有的社会作用。第三，要充分利用现有的法治文化宣传载体和阵地，丰富法治文化和法治元素的表达方式，使法治的种子在社会群体心中生根发芽。同时也要突出法治元素亮点，增强法治文化阵地的辐射效应，让法治文化阵地更实用、更丰富、更生动。推动社会主义法治文化建设，需要我们进一步加强社会主义法治文化阵地的建设，不断提升群众的参与度，积极引导人们增强厉行法治的主动性和热情，全面深入地发挥社会主义法治文化在开展人民教育、塑造人民法治思维与价值观念等方面的重要作用，进而推动法治精神切实转化为具体的法治实践。

筑牢社会主义法治文化宣传阵地，还需要大力弘扬宪法精神。宪法是国家的根本大法，是治国安邦的总章程。弘扬宪法精神，是建设社会主义法治文化的基础和核心。筑牢社会主义法治文化宣传阵地，需要大力弘扬宪法精神，这不仅是全面依法治国的重要举措，而且是实现国家治理体系和治理能力现代化的必然要求。宪法作为国家的根本法，具有最高的法律效力，它规定了国家的根本制度和根本任务，规定了公民的基本权利和义务，是保持国家统一、民族团结、经济发展、社会进步和长治久安的法律基础。弘扬宪法精神，有助于在全社会树立宪法权威，形成尊法学法守法用法的良好氛围，从而筑牢社会主义法治文化宣传阵地。一方面，弘扬宪法精神有助于增强全民法治意识。宪法是公民权利的保障书，通过宣传宪法，广大人民群众了解宪法、认同宪法、践行宪法，从而形成自觉遵守法律、依法行使权利和履行义务的意识。只有当宪法精神深入人心，法治文化才能在全社会生根发芽。另一方面，弘扬宪法精神有助于推进法治国家建设。宪法是治国安邦的总章程，是国家制度和政策的法律基础。通过弘扬宪法精神，推动宪法实施，确保一切国家机关、社会组织和公民个人都依照宪法和法律行使权力或权利、履行职责或义务，从而实现国家治理的法治化、规范化。因此，大力弘扬宪法精神就是把宪法教育和爱国主义教育有机结合起来，以宪法教育激发爱国热情，增进各族群众对伟大祖国、中华民族、中华文化、中国共产党、中国特色社会主义的认同。

四、丰富法治文化作品创作，创新法治文化传播方式

在新时代法治文化建设的宏伟蓝图中，丰富法治文化作品的创作与创新法治文化的传播方式占据着至关重要的位置。这不仅对于提高全民法治素养有着

举足轻重的意义，还为推进全面依法治国注入了强劲动力。

丰富法治文化作品创作，首先要加大法治文化产品投入。加大对法治文化产品的资金投入，不仅是推动社会主义先进文化繁荣发展的重要途径，而且是全面落实依法治国战略的必然要求。增加必要的经费支持，能够有力促进法治文化作品的创作与传播，提升全社会的法治观念与文化素养。其次要完善法治文化产品创作机制。积极鼓励和支持各类社会组织、文化团体以及个人踊跃参与法治文化作品的创作，通过设立专门的法治文化建设项目来引导和激励创作者，推出更多深受群众喜爱的优秀法治文化作品。这样不仅能够提升公众的法律意识，还能促进法治精神的广泛传播。再次要实施法治文化作品精品工程。实施法治文化精品工程，致力于打造一批能够深刻反映时代精神、充满活力且深受群众喜爱的法治文化作品。通过开展多层次、多渠道的社会调研，我们能够深入了解群众的思想状况和实际需求，进而有计划地创作和推出一批卓越的法治文化作品。最后要充分整合社会资源，形成法治文化建设的合力。通过与文化团体紧密合作，法治文化更加深入地融入社会生活的各个层面，从而推动法治文化产品的创新创作与广泛传播，提升公众对法治的认知与理解，营造良好的社会法治氛围。

创新法治文化传播方式，一是要拓宽法治文化产品的传播渠道，扩大其覆盖面。提升法治文化产品的传播效能，必须践行多元化的传播策略，要拓宽传播渠道，实现从以大众媒介为主向人人皆可成为传播者的转变。在这一过程中，媒体平台需紧跟移动传播和社交传播的发展趋势，充分利用短视频、微博、微信及客户端等现代传播平台，加速推进深度融合。同时要不断提升网络法治文化产品和服务的质量，借助数字科技推动产业全面转型升级，实施“法治文化+”战略，拓展产业链，为法治文化产品的传播打造全新场景。此外，要充分利用现代科技手段，依托数字媒体技术，采用全媒体整合和分众传播模式，构建融媒体传播矩阵，形成多点开花、全域覆盖、纵深发展的法治文化产品传播格局。此外，还可以积极开发新的软件，用于宣传展示、模拟感受和传播共享法治文化产品，实现法治文化产品的全方位覆盖、全天候推送、多平台传播。二是要丰富法治文化的传播内容，增强其吸引力。新媒体为法治文化的传播提供了丰富的素材和多样的表现形式，通过漫画、动画、微电影等丰富多彩的内容创作，生动形象地呈现法治文化，更具吸引力地捕捉公众的目光。这些作品以寓教于乐的方式，让受众在轻松愉悦的氛围中接受法治理念，显著提升了法治文化的影响力和感染力。同时也可以通过建设宪法教育基地等法治文化阵地，全方位地展示宪法及其他法律法规的历史背景、发展脉络与核心内容。这不仅能让公众在学习法律知识的过程中领略到法治文化的独特魅力，还能将法治文化与地方特色文化深度融合，打造出具有地域特点的法治文化品牌。三是要创新法治文化产品的传播方式，提高其互动性。新媒体平台具备强大的互动功能，可以支持用户进行评论、转发以及分享操作，这种显著的互动性，使得法治文化的传播成功地从单向灌输转变为双向交流，极大地增强了公众的参与感与主动性。通过精心开展在线法律知识竞赛、深入探讨法治话题等一系列活动，公众在积极参与的过程中，能够更为深刻地理解和认同法治精神。四是要满足个性化需求，精准传播法治文化产品。新媒体技术的运用让法治文化的传播实现了精准定位，能够为不同的受众群体提供个性化的法治信息。要通过大数据分析，深入洞察受众的兴趣和需求，进而有针对性地推送相关内容。这种精准化的传播方式，极大地提升了法治宣传的针对性和实效性，确保法治信息能够高效、准确地传达给目标受众。要结合群众喜好和时代特点进行法治文化传播。创作法治戏曲、法治故事、法治动漫等法治文化作品，以及举办法律知识竞赛、法治文艺演出、法治电影展映等基层法治文化活动，让法治文化更加贴近群众生活，满足群众多样化的学习需求。同时，还可以利用新媒体平台进行法治文化传播，如短视频、直播等形式，以更加便捷、高效的方式将法治文化传递给公众。五是要融合多元媒介，提升法治文化产品的传播效果。新媒体与传统媒体的融合，为法治文化的传播开辟了更多样化的途径。通过充分整合报刊、广播、电视等传统媒体的优势，新媒体能够实现全方位、多层次的传播效果。这种融合不仅大幅提升了法治信息的传播速度，还进一步增强了传播内容的深度和广度，使得法治文化能够更广泛地渗透到公众的日常生活中。

五、提升中国法治话语的国际化水平

习近平深刻指出，要坚定法治自信，积极阐释中国特色涉外法治理念、主张和成功实践，讲好新时代中国法治故事，加强国际传播能力建设，全面提升国际传播效能，形成同我国综合国力和国际地位相匹配的国际话语权。提升中国特色涉外法治的国际影响力、吸引力是一项系统工程，需要理论界和实务界共同努力。一是弘扬中国特色涉外法治理念。涉外法律制度是国家法制体系的重要组成部分，是涉外法治的基础。我国厉行法治，推进全面依法治国，根本目的是依法保障人民权益，坚持以人民为中心，坚持为了人民、依靠人民。党的领导是中国特色社会主义法治之魂，是我国法治同西方资本主义国家法治最大的区别，凸显了中国法治的政治属性。中国特色的法治理念强调全面推进依法治国，倡导将法治融入国家治理，全面推进国家各方面工作法治化，更好发挥法治固根本、稳预期、利长远的保障作用，注重坚持统筹推进国内法治和涉外法治。二是坚持国际法的基本原则。我国始终倡导主权平等原则这一当代国际关系基本准则，尊重各国法律体系的多样性，尊重各国的法律文化传统，反对将单一法律体系强加于他国。在国际法治传播中，我国始终强调平等互利，倡导各国在法治建设中相互学习、交流、合作，共同促进国际法治进步。我国始终坚定维护以国际法为基础的国际秩序，推进国际关系法治化，以国际良法促进全球善治，助力构建人类命运共同体。三是注重国际法治传播的基本规律。要充分考虑不同文化背景的公众对法治理念的接受程度，尊重差异、互鉴共赏，让中国法治通过国际传播更具感召力。顺应信息时代的基本规律，在全球化和信息化的大背景下，充分利用新媒体和新技术，提高信息传播的速度和效果，使中国法治理念更广泛地为国际社会所了解。国际社会对法治的需求是多元的，要顺应国际社会需求，有针对性地进行国际法治传播，让中国法治更好地为全球法治事业作出贡献。四是加强中国法治研究成果外译项目。要构建中国特色、融通中外的涉外法治理论体系和话语体系，同时关注国际法学研究热点，深入研究前沿问题，将中国法学研究成果同国际法学对话相融合，使中国法治理念更好地融入国际法学体系。优化翻译出版机制，打造高素质专业化翻译队伍，加强与国际权威出版机构合作，推动中国法治研究成果以更规范、更丰富的形式呈现在国际舞台上。倡导学科交叉，将中国法治研究成果与其他学科成果相结合，促进国际社会对中国法治的全面理解。推动中华优秀传统法律文化创造性转化、创新性发展，向世界展示蕴含在中华优秀传统法律文化中的丰富法治思想和深邃政治智慧。五是阐释中国特色涉外法治理念和主张。要倡导共商共建共享的全球治理观，跨越不同文明、文化、社会制度、发展阶段，国际社会通过平等协商、共同建设、共享成果的方式推动国际法治体系的完善。促进多边主义和世界多极化，通过联合国等多边机制解决全球性问题，维护国际和平与安全。通过文明对话增进相互了解，促进国际法治观念的多样性发展，建设开放包容、互联互通、共同发展的世界，为构建人类命运共同体创造良好条件。六是展示中国特色涉外法治成功实践。要积极参与国际人权机制建设，在平等和相互尊重的基础上开展人权领域的国际交流与合作，倡导平等、合作、共赢的国际人权治理理念，推动国际人权事业健康发展。将可持续发展理念融入国际环境治理，构建人与自然和谐共生的全球生态体系，为全球环境治理贡献中国智慧，共同构建人与自然生命共同体。通过参与国际和平维护行动、积极应对全球性挑战等方式，为国际社会提供中国方案，推动构建以合作共赢为核心的国际法治新秩序和新型国际关系。

总之，构建社会主义法治文化的弘扬机制具有重要的理论和实践意义。弘扬法治文化不仅能为法治实践提供源源不断的精神动力，确保法治建设持久而深入地推进，而且使全社会能够对法治形成广泛的认同和坚定的信仰，更好地为法治实践奠定坚实的社会基础，形成一种积极向上的文化态势，使法治成为社会成员的自觉追求和行为规范。

第三节
营造社会主义法治文化的培育环境

良好的培育环境是弘扬社会主义法治文化的重要依托，对社会主义法治文化的建设起着至关重要的作用。营造社会主义法治文化的培育环境要从以下五个方面着手：其一是法律体系的不断完善，公平正义的法治环境是社会主义社会发展的基石；其二是加强法治宣传教育，并营造大众喜爱的宣传教育环境，这是提升全民法治素养、推动法治理念深入人心的关键所在；其三是增强法治文化软实力，在国际舞台上充分彰显中国法治文化的魅力与价值，提升中国法治文化的国际话语权；其四是强化依法行政，确保社会治理的法治化水平，实现法治文化建设整体水平的提升；其五是加强各级组织领导，完善党领导的体制机制，提供坚实的组织保障。

一、不断完善法律体系，强化公平正义的法治环境

在新时代背景下，全面依法治国、建设社会主义法治国家是我国发展的重要战略。不断完善法律体系，强化公平正义的法治环境，是实现国家治理体系和治理能力现代化的重要保障。法律体系是任何一个法治国家推进法治化的基础，法律体系的完善程度直接决定了其法治环境的优劣。

在社会主义社会中，公平正义是法治的核心价值追求，完善的法律体系是实现公平正义的基石。法律作为一种社会规范，其根本目的是维护社会秩序、保障公民权利，进而实现公平正义。亚里士多德曾指出，法治应包含两重意义：已成立的法律获得普遍的服从，而大家所服从的法律又应该本身是制定得

良好的法律。这深刻阐明了完善法律体系对于法治社会构建的重要性，只有不断完善法律体系，营造公平正义的法治环境，才能为社会的稳定发展、人民的幸福安康提供坚实保障。

科学有效的立法是完善法律体系的重要保障，也是夯实公平正义的制度基础的重要途径。立法是法律体系完善的核心环节，立法遵循科学规律是实现良法善治的前提，一定要确保立法质量，确保法律的科学性、民主性和可操作性。在制定法律时，运用实证研究方法，广泛开展调研，深入了解各阶层的利益诉求和实际情况。例如，通过问卷调查、实地访谈等方式，收集不同群体对于特定法律问题的看法和需求，确保法律内容符合客观实际，具有可操作性。引入专家论证、公众听证等多元参与机制，让不同领域的专业人士和社会公众都能参与到立法过程中。

在完善法律体系的过程中，应以问题为导向，针对社会经济发展中的重点领域和突出问题，加快推进相关立法工作，尤其随着社会的不断发展，现代化程度越来越高，新兴领域不断涌现，各种错综复杂的问题亟须法律不断更新和完善，要围绕社会发展进程中突出的重点领域、重点问题完善立法。要加强民生领域立法，围绕与广大人民群众切身利益相关的教育、医疗、就业、社会保障等民生问题，制定和完善相关法律法规，确保公民的基本权利得到有效保障，满足人民群众日益增长的物质精神需求，提高广大人民群众的生活质量；要推进经济领域立法，随着经济全球化趋势的不断蔓延，我国社会经济的发展速度也越来越快，为适应市场经济发展的需要，完善公司法、证券法、反垄断法等经济领域的法律法规，促进市场公平竞争，维护经济秩序，为广大对经济发展作出贡献的群体提供政策及制度上的支持；要强化生态环境保护立法，我国“五位一体”发展是将“生态保护”始终纳入其范畴之中的，生态保护始终是我国发展中非常重要的一环，针对日益严峻的生态环境问题，完善环境保护法、资源利用法等法律法规，推动绿色发展，保障生态安全；需要及时修订和完善法律，法律具有一定的稳定性，但也要与时俱进。随着社会经济的发展和技术的进步，一些现行法律可能出现滞后现象。

立法在先，执法在后，完善的法律体系建设完备之后需要规范有效地执行。建立健全执法程序和规范，明确执法的步骤、方式和时限，这是依法行政的基本要求。加强对执法人员的培训，提高其法律素养和执法能力，使其严格按照法定程序和权限行使权力。推行行政执法全过程记录制度，通过文字、音像等方式对执法活动进行全过程记录，确保执法行为的可追溯性，防止执法随意性和滥用职权。在执法的过程中需要进一步对执法进行监督，构建全方位的执法监督体系，包括内部监督和外部监督。内部建立上级对下级的层级监督机制，加强执法部门内部的法制审核，确保执法决定的合法性和合理性。充分发挥人大监督、政协民主监督、司法监督、社会监督和舆论监督的作用，设立专门的投诉举报渠道，方便公众对执法不公、执法腐败等问题进行监督举报，对违法违纪的执法行为严肃查处，形成强有力的监督威慑。

公正司法，是守护公平正义的最后一道防线。一是要确保司法独立，司法机关依法独立行使职权，不受行政机关、社会团体和个人的干涉。司法独立是实现司法公正的重要保障。完善司法人员分类管理制度，明确法官、检察官的职责和权限，建立健全司法责任制，做到“让审理者裁判，由裁判者负责”。加强司法人员的职业保障，提高其待遇和社会地位，减少外部因素对司法审判的干扰，确保司法人员能够公正、独立地履行职责。二是要提高司法效率，优化司法流程，减少不必要的环节和程序，提高案件审理的速度。加快信息化技术在司法领域的应用和普及，实现网上立案、在线庭审、电子送达等功能，方便当事人诉讼，提高司法效率。建立多元化的纠纷解决机制，鼓励当事人通过调解、仲裁等非诉讼方式解决纠纷，分流案件，减轻司法机关的负担，使司法资源能够更集中地用于解决复杂疑难案件。三是要推进司法公开，以公开促公正，让司法活动在阳光下运行，增强司法透明度，接受社会公众的监督，提升司法公信力。同时，公开的司法信息也能为社会提供法治教育素材，增强公众的法治意识。

二、加强普及宣传教育，创造大众喜爱的宣传教育环境

法治宣传教育是中国法治文化建设的重要保障，从1982年开始就将“法律面前人人平等”的法治理念转化为全民共识，这在后发型法治国家中是十分难得的[①]。在法治社会的构建进程中，加强法治宣传教育并营造大众喜爱的宣传教育环境，是提升全民法治素养、推动法治理念深入人心的关键所在，具有重要的理论与实践意义。法治宣传教育作为法律社会化的重要途径，能够促进公众对法律规范的认知、理解与认同，进而塑造全社会的法治信仰。美国法学家庞德曾指出：“法律的生命在于它的施行，而法治宣传教育则是推动法律有效

① 王曼倩:《社会主义法治文化建设的中国经验及启示》,《山东社会科学》2024年第9期,第157-165页。

施行的基础环节。”良好的法治宣传教育不仅能够增强公民的法律意识，使其自觉遵守法律，还能在全社会营造出崇尚法治的浓厚氛围。

随着互联网和新媒体技术的飞速发展，传统法治宣传方式已难以满足大众需求，亟须我们创新宣传形式，增强法治宣传教育的吸引力。我们应积极利用微信公众号、微博、抖音等新媒体平台，制作并发布多样的法治宣传内容。例如，制作以生动动画、真实案例改编的情景短剧等形式呈现的法治短视频，将晦涩的法律条文转化为通俗易懂的故事，让大众在轻松氛围中学习法律知识；在公众常用的微博发起法律话题讨论，邀请法律专家、学者及广大网友参与，激发公众对法律问题的关注与思考；利用直播平台开展在线法律讲座、法律咨询活动，实时解答观众疑问，增强互动性。同时，将法治宣传与文化活动紧密结合，能让法治宣传更具感染力。组织法治文艺演出，编排法治主题的小品、相声、歌曲等节目，深入社区、乡村、学校等地巡回演出，在演出中巧妙融入法律知识，使观众在欣赏文艺节目的同时潜移默化地接受法治教育。举办法治文化展览，通过实物展示、图文介绍、多媒体演示等方式，展示法治建设成果、法律历史文物、经典案例等，让观众全方位了解法治文化。举办法治文化创作大赛，鼓励公众创作法治诗歌、散文、绘画、书法等作品，激发公众参与法治宣传的积极性，丰富法治文化内涵。此外，打造具有特色和影响力的法治宣传品牌，有助于提高法治宣传的辨识度和吸引力。比如，打造“法治讲堂”品牌，邀请知名法律专家、法官、检察官等定期举办讲座，针对社会热点法律问题进行深入解读，为公众提供专业法律知识；创建“法治小记者”活动品牌，组织中小学生参与法治新闻采访、报道，培养他们的法律意识和社会责任感。通过品牌化运营整合各类资源，形成规模效应，吸引更多公众关注和参与法治宣传教育。

法治文化的宣传一定要聚焦重点人群，实现精准普法。青少年作为国家的未来和希望，加强对他们的法治教育意义重大。将法治教育纳入学校教育体系的全过程，从幼儿园到大学，根据不同年龄段学生的认知特点和心理需求，编写专门的法治教材，设置系统法治课程；从小学到中学再到大学阶段创新不同的宣传方式。农村地区是法治宣传教育的重点和难点，针对农村居民的特点和需求，采取贴近生活、通俗易懂的宣传方式。可以自发地组织法律志愿者深入农村开展“送法下乡”活动，通过举办法律讲座、法律咨询、发放宣传资料等形式，向农村居民普及土地承包法、婚姻法、老年人权益保障法等与日常生活密切相关的法律法规。利用农村广播、宣传栏、文化墙等宣传阵地，宣传法律知识和法治文化；培养农村“法律明白人”，选拔有文化、有威望的村民进行法律培训，让他们成为农村法治宣传的骨干力量，带动身边群众尊法学法守法用法。企业作为市场经济的主体，加强企业人员法治培训有助于提高企业依法经营管理的水平，防范法律风险。针对企业管理人员和普通员工制订不同的普法培训计划，增强其法律意识，不能只依靠法务部门，也要提高自身的法律能力。建立企业法律顾问制度，为企业提供法律咨询、合同审查、纠纷调解等法律服务，帮助企业防范和化解法律风险。

法治文化的宣传教育是长期长效的，所以必须建立长效的保障机制。制定科学合理的法治宣传教育规划是确保工作有序开展的重要前提。根据国家法治建设的总体目标和要求，结合本地实际情况，制定中长期法治宣传教育规划，明确各阶段目标任务、工作重点和保障措施。规划要具有前瞻性、针对性和可操作性，充分考虑不同地区、不同群体的法治需求，合理安排资源，确保法治宣传教育工作全面、深入、持久开展。打造一支高素质的法治宣传教育队伍是提高法治宣传教育质量和效果的关键。加强法治宣传教育工作者的培训，定期组织他们参加法律知识培训和宣传技能培训等，提高他们的业务水平和综合素质。鼓励法律实务工作者、法学教育研究人员、退休政法干警、律师及其他具备法律专业知识或相关经验的人员，加入法治宣传志愿者队伍，充实法治宣传教育力量；建立健全法治宣传教育工作者激励机制，对表现突出的单位和个人进行表彰奖励，激发他们的工作积极性和创造性；建立科学的法治宣传教育评价机制，有助于及时了解法治宣传教育工作的成效和存在的问题，为改进工作提供依据。

三、增强法治文化软实力，提高中国法治文化的国际话语权

在全球化深入发展的时代背景下，法治文化作为国家文化软实力的重要组成部分，其国际话语权的提升对国家形象塑造与国际合作推进具有关键意义。中国拥有深厚的法治文化底蕴与显著的发展成就，要在国际舞台上充分彰显中国法治文化的魅力与价值，仍需付出诸多努力。

马克思对国家与文化之间的关系有一个非常经典的判断：“法的关系正像国家的形式一样，既不能从它们本身来理解，也不能从所谓人类精神的一般发展来理解，相反，它们根源于物质的生活关系。”[①]中国法律文化存续和发展的

① 马克思、恩格斯:《马克思恩格斯文集》第2卷,人民出版社,2009,第591页。

历史显示了法律生存发展的社会条件与基础的重要性。深度挖掘与传承中国法治文化内涵是提升其国际影响力的根基。中国传统法治文化源远流长，蕴含着丰富的智慧。法家“以法治国”的理念虽与现代法治存在差异，但其对法律权威性、制度规范性的强调，为现代法治文化建设提供了参考；儒家“德主刑辅”思想重视道德在社会治理中的基础作用，与法治相辅相成。儒法思想在秦汉时期得到统一，构建了大一统的专制国家以及颇为有效的政治和经济体制，这个文明样本延续千年，为中华法律文化打下了坚实的基础[①]。对传统法律典籍如《唐律疏议》进行系统研究，提炼其中罪刑法定、法律平等适用等原则性内容，以现代视角解读并展示其在人类法治发展进程中的贡献，能让世界了解中国法治文化的深厚历史根基。同时，在传承传统法治文化的基础上，紧密结合当代中国法治建设实践进行创新。中国在全面依法治国进程中形成了一系列具有中国特色的法治理论与实践成果，如基层治理中广泛推行的“枫桥经验”，通过多元主体参与、协商调解等方式解决矛盾纠纷，实现“小事不出村、大事不出镇、矛盾不上交”，体现了中国法治在维护社会稳定、促进社会和谐方面的独特实践路径。将这些实践成果进行理论升华并融入法治文化建设，能丰富国际法治文化的话语体系，为其他国家提供可借鉴的经验模式。

提升中国法治文化的国际话语权需要进行多渠道宣传，要充分地借助国际知名媒体平台发布关于中国法治建设的深度报道、专家评论等内容，打破西方媒体在国际法治话语传播中的垄断局面。制作高质量的法治文化专题纪录片，以生动的案例和真实的场景展示中国法治建设的成就与特色，如展示中国司法体制改革中司法公开、便民诉讼等举措，在国际媒体平台播出，吸引国际受众关注。同时，利用社交媒体平台的传播优势，开设官方账号，及时发布中国法治动态，与国际网友互动交流，增强中国法治文化在国际网络空间的传播力。主动参与各类国际法治论坛、研讨会、学术会议等交流活动，鼓励中国学者、官员、法律实务工作者在国际会议上积极分享中国法治建设的经验与成果，针对国际法治热点问题（如网络空间治理、跨境数据流动等），提出中国方案与主张。积极鼓励国内各大高校、科研机构与国际同行开展合作研究，共同举办学术活动，促进中国法治文化与国际法治文化的交流融合，提升中国法治文化在国际学术界的认可度；加大对法治文化产品的创作与推广力度，推动其“走出去”；创作具有国际吸引力的法治文学作品、影视作品、动漫游戏等文化产

① 瞿同祖:《中国法律与中国社会》,商务印书馆,2010,第349页。

品，以法治题材的影视作品为例，拍摄反映中国司法公正、法律援助等内容的电影、电视剧，通过国际电影节、电视节等平台进行展映推广，让世界观众从文化艺术的角度感受中国法治文化的魅力；开发具有中国特色的法治动漫、游戏，以趣味性、互动性的方式传播中国法治理念，尤其针对青少年群体，增强中国法治文化在国际年轻一代中的影响力。

人才培养是增强法治文化软实力的重要支撑。在高等教育中，设置专门的法治文化相关学科与专业，培养既精通法律专业知识，又具备深厚文化素养和国际视野的复合型人才；鼓励高校与科研机构联合培养研究生，开展法治文化领域的深入研究，为法治文化建设提供理论支持。同时，加强对在职法律工作者的培训，定期开设法治文化专题培训课程，提升他们的法治文化传播意识与能力。选拔一批具有良好外语能力、熟悉国际传播规则的人才，组建专门的法治文化国际传播团队，对这些人才进行系统培训，使其深入了解中国法治文化内涵与国际传播技巧。开展国际传播实践活动，如组织国际传播团队参与国际法治文化项目的策划与执行，通过实际操作积累经验，提高传播效果。建立国际传播人才激励机制，对在法治文化国际传播中表现突出的个人和团队给予表彰奖励，激发他们的积极性与创造性，打造一支高素质的法治文化国际传播人才队伍。

构建国际法治话语体系是提高中国法治文化国际话语权的核心任务。从中国法治实践与理论中提炼具有国际影响力的核心话语概念，如 “全过程人民民主” 理念下的法治实践，强调人民在立法、执法、司法、守法等各个环节的广泛参与，充分展现出社会主义法治文化是人民至上的文化，人民以自身的主体性来建设和创造社会主义法治文化，将“人民至上”贯彻到社会主义法治文化建设的方方面面[①]，并将这一理念转化为国际法治话语概念，阐释其在促进社会公平正义、保障公民权利方面的独特价值，为国际法治话语体系注入中国元素。深入研究中国特色社会主义法治理论，总结出如 “良法善治”“法治为民” 等核心话语概念，并对其内涵进行深入阐释，使其在国际上得到理解与认同，成为中国法治文化在国际传播中的重要标识。在国际经济、政治、文化等领域的规则制定中，积极融入中国法治理念与主张。在国际贸易规则制定中，强调公平、公正、透明的原则，推动建立符合发展中国家利益的贸易法治规

① 苏怡丹、王利民：《“人民至上”在建设社会主义法治文化中的精神省思》，《学术探索》2023年第1期，第73-82页。

则，展示中国在全球经济治理中的法治担当；在国际人权领域，基于中国的人权法治实践，倡导以人民为中心的人权观，反对将人权问题政治化，推动国际人权法治朝着更加公正、合理的方向发展；通过参与国际规则制定，将中国法治文化的价值取向融入国际规则，增强中国法治文化在国际事务中的影响力，提升中国法治文化的国际话语权。

四、不断强化依法行政，提高社会治理的法治化水平

在现代社会治理体系中，依法行政是法治政府建设的核心要义，它深刻关联着社会治理的法治化水平以及人民群众的根本利益。依法行政要求行政机关在行使权力和履行职责时，必须严格遵循法律规定，以确保行政行为兼具合法性、合理性与公正性。习近平明确指出："依法治国、依法执政、依法行政是一个有机整体，关键在于党要坚持依法执政、各级政府要坚持依法行政。"①

健全依法行政制度体系是依法行政的基石，规范行政执法行为是依法行政的关键环节。严格执法程序对依法行政至关重要，行政机关在执法过程中必须严格遵循法定程序，以保障执法的合法公正。建立行政执法全过程记录制度，借助文字、音像等方式对执法现场状况以及执法人员与当事人的沟通交流进行全程记录，这不仅规范了执法人员的行为，还能为后续可能出现的行政争议提供证据。执法人员的个人综合素质直接关系到行政执法的质量，因此要加强对执法人员的法律知识培训，定期组织学习活动，运用知识更新理论，不断更新执法人员的法律知识体系，使其熟练掌握与本职工作相关的法律法规；同时，注重对执法人员的职业道德教育，培养其敬业精神、责任意识和廉洁自律意识，树立正确的执法理念；建立健全执法人员考核评价机制，考虑各个责任主体的诉求，根据实际运行情况确定考核范围，不断完善考评机制②。

习近平反复强调："公权力姓公，也必须为公。只要公权力存在，就必须有制约和监督。"③加强行政执法监督是确保依法行政的重要保障。强化内部监督，建立健全行政机关内部层级监督机制，加强对下级行政机关的监督检查，定期对下级行政机关的执法工作进行检查和指导，及时发现并纠正存在的问题。发挥行政机关内部法治机构的监督作用，建立健全行政执法过错责任追究制度，对执法人员在执法过程中因故意或重大过失导致的执法错误，依法追究

① 习近平:《习近平谈治国理政》第3卷,外文出版社,2020,第285页。

② 林必恒:《落实普法责任制须完善考核评估体系》,《学习时报》2017年11月13日第3版。

③ 习近平:《论坚持全面依法治国》,中央文献出版社,2020,第240页。

其责任，形成有效的内部监督约束机制。拓宽外部监督渠道，充分发挥全国人大监督作用，全国人大通过听取和审议政府工作报告、开展执法检查等方式，依据宪法监督理论对行政机关的依法行政工作进行监督。加强政协民主监督，政协通过提出提案、开展调研等方式，对行政执法工作提出意见和建议，促进依法行政。强化司法监督，人民法院通过行政诉讼等方式，对行政机关的具体行政行为进行合法性审查，维护公民、法人和其他组织的合法权益。同时，鼓励社会公众和媒体参与监督，建立健全举报投诉制度，畅通举报投诉渠道，对公众举报的行政执法问题及时进行调查处理，并将处理结果向社会公开，媒体发挥舆论监督作用，对行政执法中的违法违规行为进行曝光，形成强大的舆论压力，促进依法行政。

推进依法行政与社会治理融合是提升社会治理法治化水平的必然要求。建立多元协同治理机制。社会治理是一个复杂的系统工程，需要政府、社会组织、企业和公民等多元主体共同参与。依法行政要与多元协同治理机制相结合，充分发挥各主体的优势和作用。政府要发挥主导作用，制定社会治理政策和规划，引导和规范其他主体的行为。社会组织具有贴近群众、专业性强等优势，能够在社会治理中发挥重要作用。政府可通过购买服务、项目合作等方式，支持社会组织参与社区服务、矛盾调解等工作。企业作为市场经济的主体，在社会治理中承担着一定的社会责任。政府要引导企业依法经营，履行社会责任。同时，要鼓励公民积极参与社会治理，通过建立社区议事会、志愿服务队等形式，让公民参与到社区事务的决策和管理中，提高公民的社会治理意识和能力，运用法治思维化解社会矛盾。建立健全社会矛盾纠纷多元化解机制，综合运用调解、仲裁、行政裁决、行政复议、诉讼等方式，依法及时化解各类社会矛盾。在化解社会矛盾过程中，要严格依法办事，确保调解、仲裁、裁决等结果的合法性和公正性，维护当事人的合法权益。同时，要加强法治宣传教育，形成办事依法、遇事找法、解决问题用法、化解矛盾靠法的良好社会氛围。

五、加强各级组织领导，组织保障稳定的法治化环境

在现代社会治理与法治建设进程中，加强各级组织领导，提供坚实的组织保障，对构建稳定的法治化环境具有关键意义，这是实现国家治理体系和治理能力现代化的重要基础。

“法治当中有政治，没有脱离政治的法治……每一种法治形态背后都有一

套政治理论，每一种法治模式当中都有一种政治逻辑，每一条法治道路底下都有一种政治立场。”[①]明确各级组织职责，构建协同治理格局是首要任务，党委在法治建设中处于领导核心地位，要充分发挥总揽全局、协调各方的作用。党在制定法治建设的总体战略和规划时，应结合地方实际情况，将法治建设纳入地方经济社会发展总体规划。政府作为法治建设的重要主体，要切实履行依法行政的职责，建立健全政府权力清单和责任清单制度，明确政府部门的职责权限，做到法定职责必须为、法无授权不可为。在立法方面，政府应加强立法工作，提高立法质量。严格规范行政执法行为，加强行政执法监督，建立健全行政执法责任制，对执法人员的执法行为进行严格监督和考核，对违法执法行为严肃追究责任。社会组织是法治建设的重要力量，要鼓励社会组织积极参与法治建设，引导社会组织依法开展活动，加强对社会组织的管理与监督，确保社会组织在法治轨道上运行。

要想提升法治文化建设的效能，完善组织工作机制是其重要举措。法治建设涉及多个部门和领域，需要建立健全协调机制，加强部门之间的沟通协作。建立部门间信息共享和协作配合机制，打破部门之间的信息壁垒，实现信息互联互通。在打击网络犯罪工作中，公安、网信、电信等部门建立信息共享和协作配合机制，共同打击网络犯罪，维护网络安全。建立科学合理的法治建设考核评价机制，是推动法治建设的重要手段。制定完善的法治建设考核评价指标体系，从立法、执法、司法、守法等多个方面对各级组织和部门的法治建设工作进行考核评价，加强对考核结果的运用，将考核结果与领导班子和领导干部的奖惩、晋升挂钩，对法治建设工作成绩突出的单位和个人进行表彰奖励，对工作不力的进行问责，形成有效的激励和约束机制。加强对法治建设工作的督促检查，确保法治建设各项任务落到实处。建立定期督促检查制度，由法治建设领导小组办公室牵头，定期对各级组织和部门的法治建设工作进行督促检查，通过实地检查、查阅资料、听取汇报等方式，全面了解法治建设工作进展情况，及时发现存在的问题并提出整改意见。

加强法治工作队伍建设，夯实组织保障基础是根本支撑。法治人才是法治建设的重要支撑，要加强法治人才培养工作。加大对法学教育的投入，提高法学教育质量，培养一批具有扎实法律专业知识、良好职业道德和创新能力的法

① 中共中央文献研究室编《习近平关于全面依法治国论述摘编》，中央文献出版社，2015，第34页。

治人才。加强法治工作队伍的专业化建设，提高法律专业人才在法治工作队伍中的比例，在政府部门中，增加具有法律专业背景的工作人员，提高政府依法行政的能力。同时，注重优化法治工作队伍的年龄结构和性别结构，组建老中青结合、男女比例协调的法治工作队伍。加强法治工作队伍的基层建设，充实基层法治工作力量，提高基层法治建设水平，通过选派优秀法治工作人员到基层挂职锻炼、开展法律志愿服务等方式，加强基层法治工作队伍建设。加强对法治工作队伍的管理，是确保法治工作队伍忠诚、干净、担当的关键。建立健全法治工作队伍管理制度，加强对法治工作人员的日常管理和监督，加强法治工作人员的思想政治教育，提高其政治素质和职业道德水平，确保法治工作人员坚定理想信念，忠诚于党和人民的法治事业。

第四节 拓展社会主义法治文化的交流途径

新时代社会主义法治文化的建设不能停留在“普法宣传”“法治宣传”等传统的交流途径上，应当结合新时代全面依法治国和建设法治中国的战略目标和任务，拓展社会主义法治文化的交流途径。当前，推进社会主义法治文化建设应从以下几个方面努力：深度融合教育体系，创新媒体传播方式，推动公共文化活动渗透，加强国际交流与合作，促进社会力量协同参与，推动文化产品创作与推广，科技赋能法治体验，着力探索法治文化交流的有效途径。

一、深度融合教育体系

社会主义法治文化作为全面依法治国的重要精神支撑，对法治社会的构建起着基础性作用，其核心在于将法治理念、法治精神和法治价值融入社会生活的各个层面。

干部在法治建设中发挥着引领和示范作用，强化干部法治培训是至关重要的。完善培训内容与课程设置，培训内容应涵盖宪法、行政法、经济法等与工作密切相关的法律法规，结合实际案例深入讲解依法决策、依法行政的重要性和实践方法，开设“法治政府建设与依法行政”“领导干部的法律风险防范”等专门课程，针对不同部门、不同层级的干部制定个性化培训方案，满足实际工作需求。采用多样化培训方式，如专题讲座、案例研讨、实地调研等，邀请法律专家、法官、检察官等实务工作者授课，分享实际工作经验和案例，组织干部到法治建设先进地区实地考察，学习借鉴成功经验。建立健全干部法治培训考核机制，将法治培训成绩与干部考核、晋升挂钩，通过考试、撰写心得体会、实际案例分析等方式，全面考核干部对法律知识的掌握程度和运用能力，激励干部积极参与法治培训，提升自身法治素养，依据激励理论激发干部的学习动力。

深化社会法治教育，拓宽社会教育渠道是基础。发挥社区在法治教育中的基础作用，开展“法治文化进社区”活动，通过举办法律讲座、法律咨询、法治文艺演出等形式，向居民普及法律知识。利用图书馆、博物馆、文化馆等公共文化场所，设立法治文化专区，展示法治建设成果、法律历史文物等，举办法治文化展览、法治电影放映等活动，营造浓厚的法治文化氛围。借助新媒体平台，如微信公众号、微博、短视频平台等，发布法律知识科普文章、短视频等，以通俗易懂、生动有趣的方式传播法治文化，扩大法治教育覆盖面。加强法治文化产品的创作与传播，鼓励文化企业、社会组织和个人创作丰富多样的法治文化产品，如法治题材的小说、电影、电视剧、动漫等，通过优秀作品传播法治理念，弘扬法治精神。政府设立法治文化创作专项资金，对优秀作品给予奖励和扶持，推动法治文化产业发展，同时举办法治文化节、优秀法治文化作品评选等活动，提高法治文化产品的知名度和影响力。

二、创新媒体传播方式

在信息时代的大背景下，媒体传播在文化的传播与推广进程中占据着举足轻重的地位，而社会主义法治文化作为法治建设的核心精神要素，其传播与发展对推动法治社会的构建至关重要。

数字化平台的不断创新和推广，挖掘数字化平台的传播潜力是法治文化宣传的一个重要途径。打造多元新媒体矩阵，借助微博、微信等社交平台的强互动性，开设官方账号，定期发布法治新闻资讯、法律知识科普以及法治文化活动预告等内容。注重身边的社会热点事件，在网络新媒体上发布热门法治话题讨论，激发广大网民的参与热情，分享自身生活中与法律相关的经历，从而增强互动性与参与感，能够有效提高受众对法治文化的关注度。在爆火的各类短视频平台，如抖音、快手等，可以制作生动有趣、简洁易懂的法治短视频，将复杂的法律条文以动画、情景短剧等形式呈现。以《中华人民共和国民法典》（以下简称《民法典》）中关于邻里纠纷处理的条款为例，改编成有趣的动画短片，让观众在轻松的氛围中理解法律知识，契合受众的认知特点和信息接收习惯。利用直播平台邀请法律专家、法官、检察官等法律实务工作者进行法律知识讲座直播，实时解答观众疑问，提供专业法律建议，实现知识的即时传播与互动交流。此外，借助人工智能、大数据等技术，开发具有针对性的法治文化传播应用。依据大数据分析用户的浏览习惯、兴趣偏好，精准推送法治文化内容，满足不同用户的个性化需求。开发智能法律咨询应用，用户输入相关法律问题，应用通过人工智能算法给出初步法律建议和解决方案，引导用户进一步寻求专业法律帮助，提高公众对法律的应用能力，顺应智能化时代的发展趋势。

创新法治文化传播不仅要运用数字化媒体，也要促进其与传统媒体的协同联动。传统媒体具有权威性和公信力，新媒体具有传播速度快、互动性强的特点，两者可以实现内容融合与互补。电视台、广播电台等传统媒体与新媒体合作制作法治文化专题节目，电视台制作深度报道的法治节目，新媒体平台负责节目预告、互动话题设置，引导观众在节目播出后进行讨论，扩大节目的影响力，实现优势互补。报纸开设法治文化专栏，与新媒体平台共享专栏内容，新媒体平台对专栏文章进行二次创作，以短视频、图文并茂的形式呈现，吸引不同受众群体，满足多元的信息消费需求。同时，整合传统媒体与新媒体的传播渠道，实现资源共享。在重大法治事件的报道中，传统媒体与新媒体共同参与，电视台进行现场直播报道，新媒体平台同步进行网络直播，并在直播过程中设置互动环节，收集观众的意见和问题，发挥各自优势，增强传播效果。传统媒体的线下活动，如法治文化展览、法律知识竞赛等，通过新媒体平台进行线上宣传推广，吸引更多人参与；新媒体平台将线下活动的精彩瞬间进行线上展示，扩大活动的传播范围，打破传播的时空限制。

强化案例宣传的传播效果，对拓展社会主义法治文化具有重要意义。从海量的法律案例中精选具有代表性、教育意义的典型案例，这些案例涵盖民事、刑事、行政等不同法律领域，且贴近生活实际，容易引起公众共鸣。采用多样化的方式呈现案例，制作案例专题纪录片，以真实画面生动地展现案件的发生、调查、审判全过程，让观众直观感受法律的威严和公正；编写案例故事集，以通俗易懂的语言、引人入胜的情节将案例改编成故事，方便读者阅读和理解；利用漫画、动画等形式将案例进行可视化呈现，使复杂的法律问题简单化、形象化，尤其能吸引青少年群体，提高其学习兴趣。围绕典型案例开展互动活动，组织线上案例讨论活动，在新媒体平台发布案例后设置相关问题，引导公众发表看法和观点，邀请法律专家进行点评和解答；举办线下案例分析讲座，邀请法官、律师等法律实务工作者结合实际案例讲解法律知识和应用技巧，与现场观众互动交流；开展案件模拟活动，如模拟法庭，让公众亲身参与案例审理过程，体验法律程序，增强法律意识，通过互动提高公众对法律知识的理解和应用能力。

三、公共文化活动渗透

社会主义法治文化作为法治社会建设的关键精神支撑，将其有机融入公共文化活动，是推动法治理念深入人心、增强全民法治意识、营造良好法治氛围的重要路径。

在基层法治实践领域，可以开展形式多样的易于民众理解的文化活动。在社区层面，可以定期举办法治宣传活动，设置法律咨询服务点，邀请专业律师、法官、检察官等法律实务工作者，依据《民法典》《物业管理条例》等法律法规，现场解答居民在婚姻家庭纠纷、房产继承、邻里矛盾等日常生活中遇到的法律问题。通过讲解邻里噪音扰民案例，解读《民法典》中关于相邻关系的规定，帮助居民理解如何运用法律手段维护自身合法权益，能让居民更直观地感受法律在生活中的应用。同时，举办法律知识讲座，结合实际案例深入剖析，增强居民对法律条文的理解；组织法治文艺演出，编排法治主题的小品、相声、歌曲等节目，以群众喜闻乐见的形式传播法治文化，在轻松愉快的氛围中增强居民的法治观念。在农村地区，开展法治文化下乡活动，利用农村集市、庙会等人员集中的时机，设立法治宣传摊位，发放涵盖土地承包、民间借贷、农民工权益保护等与农民生产生活紧密相连的通俗易懂的法律知识宣传资料，如法律漫画手册、法律知识折页等。组织法治电影放映活动，播放如《湄公河行动》展现我国在国际执法合作中的法治力量，《我不是药神》引发社会对医药领域法律问题的深度思考等电影，通过电影情节引发村民对法律问题的关注和讨论。培养农村“法律明白人”，从村干部、村民代表中选拔人员进行法律知识培训，使其成为农村法治宣传的骨干力量，带动周边村民学习法律知识，参加法治文化活动，促进乡村法治建设。

习近平特别重视借鉴红色法治文化助力社会主义法治文化在新时代的建设。例如，对于党内法治文化与全社会法治文化之间的关系，习近平明确提出营造党内法治文化对夯实全社会法治文化基础的意义，他指出：“依规治党深入党心，依法治国才能深入民心。”[①]融合红色法治文化开展特色活动，深入挖

① 习近平：《加强党对全面依法治国的领导》，《求是》2019年第4期，第5页。

掘红色法治文化资源，打造红色法治文化教育基地。收集整理革命时期的法治文献、故事、案例等资料，通过实物展示、图文介绍、多媒体演示等方式，展示红色法治文化的发展历程和重要意义。在革命老区建立红色法治纪念馆，展示革命根据地的法律制度、司法实践以及革命先辈为法治事业奋斗的事迹，让参观者了解红色法治文化在革命历史进程中的重要作用，传承红色法治基因。组织开展红色法治文化主题研学活动，吸引学校、机关、企事业单位等团体参与，通过实地参观、现场教学、互动交流等形式，让参与者在沉浸式体验中接受红色法治文化的熏陶，增强法治信仰和法治意识。举办红色法治文化主题展览，在城市博物馆、文化馆、图书馆等公共文化场所巡回展出，全面展示红色法治文化的丰富内涵。以“红色法治之路”为主题的展览，展示不同历史时期红色政权的立法成果、司法实践以及对人民权益的保障，让观众深刻认识到红色法治文化是中国特色社会主义法治文化的重要组成部分和源头活水。在展览过程中，安排专业讲解员进行讲解，设置互动环节，鼓励观众分享自己对红色法治文化的理解和感悟，增强观众的参与感和认同感，提升红色法治文化的影响力。

习近平指出：“中华文明历经数千年而绵延不绝、迭遭忧患而经久不衰，这是人类文明的奇迹，也是我们自信的底气。”①传统节日是我们中华文明几千年的优秀成果，借助传统节日宣传是创新法治文化传播的有效方式。在春节、中秋节、端午节等传统节日期间，开展法治文化宣传活动。在节日庆祝活动现场设置法治宣传展板，展示与节日相关的法律知识，如春节期间的烟花爆竹禁放规定、中秋节期间的食品安全法规、端午节期间的民俗活动安全保障法律法规等，将法律知识与传统节日文化相结合。发放带有法治文化元素的节日纪念品，如印有法律标语的春联、法治主题的月饼包装盒、带有法律知识二维码的香囊等，让群众在享受节日氛围的同时，潜移默化地接受法治文化的熏陶。结合传统节日的民俗活动，举办法治主题民俗活动。在重阳节组织法治文艺会演，表演法治主题的戏曲节目，宣传老年人权益保障法等相关法律法规，弘扬尊老、敬老、爱老的传统美德，同时增强老年人的法治意识和提高其维权能力。通过将法治文化与传统节日民俗活动相结合，丰富节日文化内涵，增强法治文化的传播效果。

① 习近平:《在文化传承发展座谈会上的讲话》,《求是》2023年第17期,第4-11页。

四、国际交流与合作

在全球化深度交融的时代浪潮下，国际交流与合作已然成为文化传播、发展与创新的关键驱动力。社会主义法治文化作为中国特色社会主义文化的核心组成部分，我国积极投身国际交流与合作，不仅能显著提升社会主义法治文化的国际影响力，更能促进不同法治文化间的深度交流、相互学习与借鉴，为构建人类法治文明共同体贡献中国智慧与独特方案。

深入拓展学术交流，定期举办国际法治学术研讨会是增进国际理解与交流的重要举措。邀请国内外知名法学专家、学者、实务工作者参会，围绕社会主义法治文化的内涵、特色、发展路径等关键主题展开深度研讨。中国特色社会主义法治理论研究的开放性，要求以科学态度吸收和借鉴他国法治文化中具有普适性的研究范式、实践经验及理论成果，通过消化吸收与本土转化，推动我国法治建设战略的系统性完善和法治理论体系的持续创新。“法治的精髓和要旨对于各国国家治理和社会治理具有普遍意义，我们要学习借鉴世界上优秀的法治文明成果。”①因此可以以“中国特色社会主义法治文化的国际视野”为主题，组织专家学者深入探讨中国法治文化在国际法治舞台上的角色定位与作用发挥，以及与其他国家法治文化相互融合、共同发展的有效路径。这种高规格的学术交流，不仅能让国际社会深入了解社会主义法治文化蕴含的独特价值与先进理念，还能借助国际学术资源，吸收国际前沿的法治研究成果，为社会主义法治文化的理论发展注入新的活力与思路。与此同时，与国际知名法学院校、研究机构建立长期稳定的学术合作机制同样关键。此外，还可以互派访问学者和交换生，促进学术人员之间的深度交流与互动，让国外学者和学生亲身感受社会主义法治文化的独特氛围，深入了解中国法治建设的实际进展，也为国内学术人员提供拓宽国际视野、学习国际先进法治教育和研究经验的宝贵契机。

习近平指出：“要加强国际传播能力建设，精心构建对外话语体系，发挥好新兴媒体作用，增强对外话语的创造力、感召力、公信力，讲好中国故事，传播好中国声音，阐释好中国特色。”②加大文化输出力度，鼓励国内文化创作者、法律专家等多方联合创作具有国际影响力的法治文化作品。这些作品涵盖

---

① 习近平:《加快建设社会主义法治国家》,《求是》2015年第1期,第3-8页。

② 习近平:《习近平谈治国理政》第3卷,外文出版社,2020,第332页。

关于法治题材的电影、电视剧、纪录片、文学作品等多元形式。例如，精心制作一部以中国法治建设历程为背景的纪录片，通过真实鲜活的案例、生动感人的故事，全方位展现社会主义法治文化的发展脉络与辉煌成就，向国际社会有力展示中国法治建设的坚定决心与显著成果。创作法治题材小说，凭借精彩绝伦的情节和深刻独到的内涵，广泛传播中国法治理念与核心价值观。依据文化传播理论，将这些作品翻译成多种语言，借助国际媒体平台、文化交流活动等多元渠道进行广泛传播，吸引国际观众的关注，有效提升社会主义法治文化的国际传播力。同时，积极参与各类国际文化交流活动，如国际电影节、书展、文化节等。在这些活动中精心设立社会主义法治文化展示专区，全方位展示中国法治文化的特色产品，如古老的法律典籍、创意十足的法治宣传海报、独具匠心的法治文创产品等。组织专业的法治文化表演团队，进行法治主题的文艺演出，如法治话剧、音乐演奏等，以艺术的独特魅力展现社会主义法治文化的深厚底蕴与独特魅力。通过参与国际文化交流活动，让社会主义法治文化在国际舞台上大放异彩，增强国际社会对中国法治文化的认知与认同。

深耕跨国法治实践项目合作，与国际组织、其他国家的法律援助机构合作开展跨境法律援助项目，这不仅是践行国际人道主义精神，而且是传播社会主义法治文化的重要实践。为在海外的中国公民和企业提供专业的法律咨询、法律援助服务，帮助他们妥善解决在国外遇到的法律难题。同时，秉持公平公正与人文关怀的理念，为其他国家的公民和企业在中国遇到的法律问题提供帮助。通过跨境法律援助项目，不仅能切实解决实际法律问题，而且能让国际社会亲身体验社会主义法治文化的实践成果，有效提升中国法治文化的国际形象。此外，积极参与国际法治建设，如参与国际规则的制定、国际争端的解决等关键环节。在国际规则制定过程中，充分发挥中国的大国担当与智慧，将社会主义法治文化的理念和原则深度融入国际规则。在国际网络空间治理规则的制定中，提出中国方案与建议，强调网络主权、数据安全等重要原则，充分体现社会主义法治文化对公平、正义、安全的不懈追求。在国际争端解决方面，派遣优秀的法律专家参与国际仲裁、调解等工作，运用中国的法治智慧和丰富的实践经验，为解决国际争端提供新的思路与有效方法，提升中国法治文化在国际法治实践中的影响力。

五、社会力量协同参与

在社会主义法治文化建设的宏大进程中，社会力量的协同参与扮演着不可或缺的角色。社会组织、企业和志愿者等多元社会主体凭借各自独特的优势与资源，通过联动合作，能够全方位、多层次地拓展社会主义法治文化的传播与发展空间，营造浓厚的法治氛围，有效提升全民法治素养。

推动多方社会组织联动，构建法治文化社会组织联盟是关键举措。推动律师协会、法学会、法治文化研究会等各类与法治文化相关的社会组织建立紧密合作联盟，鼓励各级各类社会组织依据自身特点开展特色活动。大力推动普法类社会组织深入学校、社区、乡村，举办法律知识讲座、法律咨询服务等活动，如在学校开展“模拟法庭”活动，依据体验式学习理论，让学生扮演法官、检察官、律师等角色，亲身体验法律审判程序，增强青少年的法治意识。鼓励文化类社会组织创作并演出法治题材的文艺作品，如话剧、相声、小品等，将法治观念融入艺术表演，以群众喜闻乐见的形式传播法治文化。以邻里纠纷调解为主题的话剧，通过生动的剧情展现法律在解决生活矛盾中的作用，让观众在欣赏艺术的同时，潜移默化地接受法治教育。

企业同样是社会力量的重要成员，落实企业法治责任对于社会主义法治文化建设意义重大。在加强企业法治文化建设方面，引导企业将法治文化纳入企业文化建设体系，制定企业内部的法治规范和行为准则。建立企业法务培训制度，定期组织员工参加法律知识培训，提高员工的法律素养和增强其合规意识。同时，在企业内部营造法治文化氛围，通过张贴法治宣传标语、设置法治宣传栏等方式，让法治理念深入人心。在推动企业参与法治公益活动方面，鼓励企业积极参与，履行社会责任。企业赞助法治文化宣传项目，为法治文化活动提供资金支持。企业还与社会组织合作，开展针对特定群体的法治帮扶活动，如与法律援助机构合作，为困难群众提供免费的法律咨询和法律援助服务，展现企业的社会担当，同时也为法治文化的传播贡献力量。

壮大志愿者服务队伍是拓展社会主义法治文化不可忽视的途径。建立法治文化志愿者招募与培训机制，广泛招募有志于传播法治文化的志愿者，制定完善的招募标准和流程，吸引不同年龄、职业、背景的人员加入。建立系统的培训机制，邀请法律专家、学者对志愿者进行法律知识和宣传技巧培训，培训内容涵盖宪法、民法、刑法等基本法律知识，以及如何运用通俗易懂的语言向公众讲解法律条文、如何组织法治宣传活动等，通过培训提升志愿者的专业能力和服务水平，确保志愿者能够准确、有效地传播法治文化。在丰富志愿者服务形式与内容方面，组织志愿者开展多样化的法治文化服务活动。在社区，志愿者定期举办法治宣传讲座，为居民解答日常生活中的法律问题。志愿者还可以参与法治文化产品的创作与传播，如协助编写法治宣传手册、制作法治宣传短视频等，通过多种渠道将法治文化传递给更广泛的人群。

六、文化产品创作与推广

在当代社会，社会主义法治文化的有效传播与广泛拓展，高度依赖于丰富多样且高质量的文化产品。文化产品作为文化的重要载体，能够以极具吸引力与感染力的方式，将法治理念、法治精神深度融入大众生活，进而在全社会营造浓厚的法治氛围，提升全民法治素养。

在法治文化建设的进程中，不仅需要基本的理论宣传工作和对法治文化传播形式的实践探索工作，同时还需要为辅助前两者打造艺术作品，创作及推广法治文艺产品，打造多元法治文艺产品是关键。鼓励作家、文学爱好者积极投身法治主题文学创作，创作法治题材的小说、诗歌、散文等文学艺术作品。在影视作品创作上，加大法治题材影视作品的创作力度。拍摄法治主题电影，以打击跨国犯罪集团为背景，展现司法机关运用法律手段将犯罪分子绳之以法的过程，彰显法治的威严，满足观众对正义伸张的心理需求。制作法治题材电视剧，围绕社区邻里纠纷、家庭矛盾等日常生活中的法律问题，讲述法律在调解矛盾、维护公平正义中的作用，贴近观众生活实际，增强观众的代入感。制作法治纪录片，记录中国法治建设的发展历程、典型案例和法治人物事迹，让观众直观了解法治建设的成就与挑战。通过电视台、视频网站等平台播放这些影视作品，吸引广大观众观看，提升法治文化的传播力和影响力。

在党的二十大报告中，习近平创造性地提出："坚持把马克思主义基本原理同中国具体实际相结合、同中华优秀传统文化相结合。"[①]地方特色法治文化是我国优秀传统法治文化的重要成果，开展地方特色法治文化创作是其理论与实践相结合的现实运用。在戏曲资源丰富的地区，编排法治题材的京剧、越剧、豫剧等戏曲节目，将法律知识和法治故事融入戏曲唱词和表演中，以独特的艺术形式传播法治文化，传承和创新地方戏曲文化。在民间艺术活跃的地区，创作法治主题的相声、小品、快板等节目，用通俗易懂的语言和幽默风趣的表演，向群众普及法律知识。组织这些地方特色法治文艺表演团队，深入乡村、社区、学校等地演出，让法治文化贴近群众生活。同时，结合地方文化特

① 习近平：《高举中国特色社会主义伟大旗帜　为全面建设社会主义现代化国家而团结奋斗——在中国共产党第二十次全国代表大会上的讲话》，《人民日报》2022年10月26日第1版。

色，设计制作法治文创产品。以剪纸、刺绣、木雕等地方特色手工艺品为载体，融入法治元素，制作法治剪纸作品、法治刺绣手帕、法治木雕摆件等。开发具有地方特色的法治旅游纪念品，如在旅游景点推出印有当地法治故事或法律名言的明信片、钥匙扣、徽章等。这些文创产品不仅具有实用性和艺术性，还能在传播地方文化的同时，传播法治文化，通过旅游景区商店、文创产品店、线上电商平台等渠道销售，扩大法治文化的影响力。

创新数字法治文化产品，顺应了数字化时代的发展趋势。利用现代数字技术，开发法治主题数字游戏。设计法治知识问答类游戏，如“法律知识大闯关”，将法律知识融入游戏关卡，玩家每闯过一关就能解锁新的法律知识，在游戏过程中学习宪法、民法、刑法等法律法规。开发模拟法庭类游戏，让玩家扮演法官、检察官、律师等角色，在模拟法庭审判过程中，体验法律程序的严谨性，增强对法律的理解和应用能力。通过游戏平台、手机应用商店等渠道推广这些数字游戏，吸引青少年等群体参与，以寓教于乐的方式传播法治文化。构建数字法治文化平台，整合各类法治文化资源。在平台上发布法治文学作品、影视作品、文艺表演视频等，方便用户随时观看和阅读。设置法治文化互动社区，用户可以在社区中交流法律知识、分享法治故事、讨论法治热点问题，增强用户的参与感和互动性。利用大数据分析用户的兴趣和需求，精准推送个性化的法治文化内容，提高法治文化传播的针对性和有效性。通过网站、手机客户端等形式，让用户能够便捷地访问数字法治文化平台，提高法治文化的传播效率。

七、科技赋能法治体验

在科技飞速迭代的时代背景下，借助科技力量赋能法治体验，为社会主义法治文化建设的拓展开辟了全新路径。科技凭借其独特优势，打破了传统法治传播的局限，能够让公众更为直观、深入地感受法治文化的内涵与价值，营造浓厚的法治氛围，进而提升全民法治素养。

搭建智慧普法平台是科技赋能法治体验的重要举措。搭建功能强大的智慧普法平台，首要任务是整合各类优质普法资源，广泛收集法律法规文本、法律解读文章、典型案例分析、普法视频等资料，并将其纳入平台资源库。可以定期邀请知名法学教授在平台发布法律专题讲座视频，深入浅出地讲解复杂的法律条文和法律原理。同时，注重收集不同领域、不同行业的法律知识，满足公众多样化的法律需求，涵盖社会生活的各个领域，使平台成为综合性的法律知识宝库，满足分众化传播需求。智慧普法平台应创新互动交流模式，增强用户的实际参与感和体验感。设置在线法律咨询板块，由专业律师实时解答用户提出的法律问题，为用户提供及时、准确的法律建议，满足用户的即时需求；开设法律知识问答社区，鼓励用户之间相互交流、讨论法律问题，分享法律见解和经验，促进知识的共享与传播；依托数字化平台举办一系列大众喜闻乐见的线上法律知识竞赛、法律主题征文等活动，提高用户学习法律知识的积极性。

运用大数据分析技术可以为法治文化的精准传播与效果评估提供有力支持。可以借助大数据分析技术，对用户的浏览行为、搜索记录、参与活动情况等数据进行分析，了解用户的法律需求和兴趣点，实现法治内容的精准推送，给不同群体的用户推送相关的法律内容。利用大数据分析技术，对法治文化传播效果进行全面评估。分析用户对不同类型法治文化产品的关注度、参与度，了解用户对法治文化的认知程度和接受程度；通过分析用户在智慧普法平台上的学习时长、互动频率等数据，评估平台的运营效果和用户体验。根据评估结果，及时调整法治文化传播策略，优化法治文化产品的创作和推广方式。

第五节
创新社会主义法治文化的传播方式

随着科学技术的不断发展，传播方式日新月异，社会主义法治文化的传播手段必须与时俱进，告别过去单一化的传统传播方式，不断创新扩展其传播场域。其一，要探索和利用多元化的现代手段，借助现代化手段创新传播路径，让法治文化以更丰富多元、高效便捷的方式融入大众生活；其二，要创新开展多种建设性法治文化活动，突破传统传播模式的局限，让法治文化深层次地融入大众生活；其三，要引导和参与多种普及化教育，打破法治文化的传播壁垒；其四，要传承和创作法治文化作品，以潜移默化的方式将社会主义法治文化传递给广大民众；其五，要增强法治文化的国际传播力，向世界展示中国特色法治文化建设的成果。

一、探索和利用多种现代化手段

在数字化时代，社会主义法治文化的传播对提升全民法治素养、推进法治社会建设有着关键作用。借助现代化手段创新传播路径，是打破传统传播局限，让法治文化以更丰富多元、高效便捷的方式融入大众生活的重要举措。

在高速发展的现代化社会中，传播社会主义法治文化，构建数字化传播体系是基础。在现实生活中可以搭建综合性法治文化网站，为公众提供全面、权威的法治信息，同时可以搭建“案例库”板块展示各类真实案例，以实际案例阐释法律应用，便于公众轻松理解法律知识。此外，推进数据资源整合与共享，整合分散在各部门、各机构的法治数据资源，建立统一的法治文化数据库。该数据库不仅包含法律法规文本、司法解释，还收录各类法治宣传资料、学术研究成果等。通过数据共享机制，让不同地区、不同层级的政府部门、司法机关、社会组织能够便捷地获取所需信息，提高法治文化传播效率。基层司法部门可从数据库获取最新法律宣传资料用于社区普法活动，高校法学研究机构能借助数据库开展学术研究，为法治文化传播提供理论支持。

在法治文化广泛传播的过程中，推动传统媒体与新兴媒体的融合已成趋势。与传统媒体相比，新兴媒体呈现传播速度快、时效强、载体多、影响广、技术先进等特征，传统媒体如电视、广播、报纸在法治文化传播中具有权威性和公信力，新媒体则以传播速度快、互动性强见长，两者融合能实现优势互补。在媒体深度融合中，法治故事讲述方式、传播手段和呈现形式的创新，对于提升法治故事影响力、覆盖率大有助力，法治文化内容建设的重要性在媒体融合向纵深发展的过程中日益凸显[①]。运用好大众常见常看的电视台、广播电台、报纸等传统传播媒介，整合电视、广播、报纸及新媒体等多种媒体资源，形成宣传合力。

创新智能交互体验传播方式，为法治文化传播开辟了新路径。运用虚拟现实（VR）/增强现实（AR）技术，打造沉浸式法治教育场景。开发VR模拟法庭体验项目，让用户身临其境地感受法庭审判过程，从法官、检察官、律师等不同角色视角，理解法律程序的严谨性和公正性，用户戴上VR设备，仿佛置身法庭，能听到证人的证词、感受到法庭辩论的激烈氛围，增强用户的参与感和体验感；开发AR法治文化导览应用，用户通过手机摄像头扫描特定区域，就能获取相关的法治文化信息，在法治主题公园，用户扫描雕塑、展板等，即可弹出对应的法律知识介绍、法治故事等内容，增加学习的趣味性和互动性。借助人工智能（AI）实现个性化传播，借助AI技术对用户的浏览历史、搜索记录、互动行为等数据进行分析，依据精准传播理论，了解用户的兴趣偏好和法律需求，实现法治文化内容的个性化推送。对于关注知识产权保护的用户，

---

① 林琳：《论如何做好全媒体时代的法治宣传》，《传媒论坛》2020年第19期，第12-13页。

推送相关的法律法规解读、典型案例分析以及最新的政策动态；对于创业者，推送企业合规经营、劳动用工法律风险防范等内容。同时，利用AI智能客服，实时解答用户的法律疑问，提供初步的法律建议，提升用户体验，增强法治文化传播的针对性和有效性。

二、创新和开展多种建设性活动

在法治社会建设的宏伟进程中，社会主义法治文化的有效传播对提升全民法治素养、营造良好法治氛围具有重要意义。创新开展多种建设性活动，能够有效突破传统传播模式的局限，以更具活力和影响力的方式，将社会主义法治文化全方位、深层次地融入大众生活与意识之中。

定期举办法治文化节是传播社会主义法治文化的重要举措。法治文化节期间，应精心设置丰富多元的活动内容，举办法治文艺会演，邀请专业文艺团体与民间艺术爱好者协同参与，编排法治主题的歌舞、小品、相声等节目，通过艺术的感染力生动展现法治理念与法治故事。以反腐倡廉主题小品为例，其借助幽默诙谐的表演形式，深刻揭示违法违纪行为的严重后果，传播廉洁奉公、依法办事的法治精神，使观众在欣赏艺术的过程中，潜移默化地接受法治文化的熏陶；举办法治文化展览，系统展示法治建设的历史进程、重要法律法规的发展演变以及具有代表性的法治案例，让观众通过直观感受，深入理解法治文化的深厚底蕴；设置互动体验区，安排法律知识问答、模拟法庭体验等活动，增强观众的参与感与学习兴趣，能有效提升观众对法治文化的认知与理解。

开展法治主题宣传月活动，同样是行之有效的传播方式。确定特定月份为法治主题宣传月，围绕某一核心法律领域或法治热点问题展开集中宣传。以民法典主题宣传月为例，在宣传月内，组织法律专家深入社区、学校、企业等场所，举办民法典专题讲座，详细解读民法典的重要条款与实际应用；开展民法典知识竞赛，通过线上线下相结合的方式，吸引广大群众参与，激发他们学习民法典的积极性；制作民法典宣传短视频，以通俗易懂的语言和生动形象的案例，在社交媒体平台广泛传播，扩大宣传覆盖面，顺应新媒体传播的趋势。

推进合作联动的法治传播活动，是拓展法治文化传播广度与深度的关键路径。政府部门、企业和社会组织应加强合作，共同开展法治文化传播活动。政府发挥主导作用，制定法治文化传播的政策和规划，提供必要的资金支持和政策保障；企业积极履行社会责任，参与法治文化建设，赞助法治文化活动，为活动提供场地、物资等方面的支持，同时加强内部法治文化建设，开展员工法治培训，提高员工的法律意识和合规经营能力；社会组织充分发挥自身优势，组织专业的法律志愿者团队，开展法治宣传教育、法律援助等活动。律师协会组织律师深入社区，为居民提供免费的法律咨询服务；法学会开展法治学术研究，为法治文化传播提供理论支持。促进区域间合作，不同地区之间应加强法治文化传播的合作与交流，可以定期交流分享各地在法治文化传播方面的经验和做法，开展区域间法治文化交流活动，组织文艺团队互访演出，展示不同地区的法治文化特色。东部沿海地区和西部内陆地区开展法治文化交流活动，东部地区分享在市场经济法治建设方面的经验，西部地区展示在民族地区法治文化融合发展方面的成果，通过区域间的合作与交流，实现资源共享、优势互补，共同推进社会主义法治文化的传播。

建立长效的法治文化活动机制，是保障法治文化持续传播的重要支撑。建立健全法治文化活动的组织与管理机制，成立专门的活动策划与执行团队，负责活动的策划、组织、协调和实施，制定详细的活动计划和流程，明确各部门和人员的职责分工，确保活动顺利开展。加强活动的预算管理，合理安排活动经费，提高资金使用效率；建立活动评估机制，对活动的效果进行科学评估；通过问卷调查、数据分析等方式，了解观众对活动的满意度和意见建议，为后续活动的改进提供依据。

三、引导和参与多种普及化教育

在全面推进依法治国的时代大背景下，社会主义法治文化的有效传播对于提升全民法治素养、营造良好法治氛围有着举足轻重的作用，引导和参与多种形式的普及化教育，是打破法治文化传播壁垒、让法治理念深入人心的关键路径。

在学校教育层面，构建一体化课程体系是关键。要依据不同年龄段学生的特征，将法治教育贯穿学前教育、基础教育、高等教育的全过程。在学前教育阶段，通过绘本、儿歌、游戏等形式传递基本规则意识和文明行为规范。在小学阶段，重点讲解与日常生活紧密相关的法律法规，如《中华人民共和国未成年人保护法》，通过生动的案例引导学生树立自我保护意识。在初中阶段，学生已经开始向抽象逻辑思维过渡，可以逐步引入宪法、民法等基础知识，开展法律知识竞赛、模拟法庭等活动，激发学生学习法律的兴趣，培养其法治思维。在高中阶段，学生通过较长时间的教育培养已经形成了批判性思维，因此可以深入探讨法治理念、法治精神，结合社会热点法律事件组织学生辩论分析，提升学生对法治的理性认识。在高等教育阶段，对于法学专业学生，依据法学教育的专业培养目标，注重培养其专业素养和实践能力，开设丰富的法学专业课程，并通过实习、法律援助等实践活动，让学生接触真实的法律案件。同时，运用现代信息技术创新教学方法与手段，搭建线上法治教育平台，增强教学效果。此外，加强实践教学环节，组织学生参与社区法治宣传和法律咨询服务等活动，增强学生的社会责任感和法律运用能力。

在社区法治教育方面，社区应定期组织法治宣传活动，将法治文化融入居民日常生活。举办法律知识讲座，邀请律师、法律学者为居民讲解婚姻家庭、房产继承、邻里纠纷等常见法律问题，结合实际案例进行分析，提供解决问题的法律思路，满足居民在日常生活中对法律知识的需求；开展法律咨询服务，在社区设立法律咨询点，为居民解答具体的法律疑惑，提供专业法律建议，发放法治宣传资料，如法律知识手册、宣传海报等，内容涵盖与居民生活息息相关的法律法规，以通俗易懂的语言和生动形象的案例，让居民易于接受和理解；打造法治文化阵地，营造社区法治文化氛围，在社区内建设法治文化广场、法治文化长廊等，展示法治名言警句、法律知识、法治故事等内容，让居民在休闲娱乐的同时，潜移默化地接受法治文化的熏陶，营造良好的法治文化环境；组织法治文艺演出，编排法治主题的小品、相声、歌曲等节目，以群众喜闻乐见的形式传播法治文化，创作以邻里纠纷调解为主题的小品，通过生动的剧情展现法律在解决生活矛盾中的作用，让居民在欢笑中增强法治意识，符合“寓教于乐”的教育理念；开展法治文明家庭评选活动，鼓励家庭学习法律知识，依法办事，营造良好的家庭法治氛围，以家庭为单位推动社区法治文化建设，发挥家庭在社会文化传承中的基础作用。

在拓展线上法治教育方面，利用互联网技术，搭建线上法治教育平台，整合优质法治教育资源。深化“互联网+法治文化”的模式，在门户网站、微博、微信公众号、抖音等新媒体宣传平台开设法治学习宣传专题、专栏，实时推送普法资讯，形成“广播有声、电视有影、报刊有文、网络有言”的法治全媒体传播体系，促进优秀法治文艺作品多平台展示、多渠道传输、多终端推送，让群众喜闻乐见的法治文化事业触手可及。

借助线上平台开展多样化的法治教育活动。举办线上法律知识竞赛，设置丰富的奖项，吸引广大用户参与，激发广大用户的学习热情，调动广大用户的学习积极性。开展线上法治征文比赛，鼓励广大用户分享自己的法治故事、对法治的理解和感悟，促进法治文化的传播与交流。组织线上法治讲座直播，邀请知名法律学者、实务工作者进行直播授课，实时解答广大用户的疑问，扩大法治教育的覆盖面，发挥网络传播高效和广泛的优势。通过线上平台发布法治宣传短视频，以生动有趣的动画、情景短剧等形式，传播法律知识，提升法治教育的趣味性和吸引力，满足受众对信息的多元化需求。

四、传承和创作多种法治文化作品

在法治文化建设的进程中，法治文化作品作为独具特色的传播载体，能够以潜移默化的方式将社会主义法治文化传递给广大民众。传承经典法治文艺作品并积极创作新作品，是突破传播局限、让法治理念全方位融入社会生活的重要途径。

从创作方向来看，深入挖掘中华优秀传统文化中的法治元素，对经典文学作品、历史故事、民间传说等进行重新演绎和创作。习近平在强调坚持社会主义文化发展道路时提出："要积极推动中华优秀传统法律文化创造性转化、创新性发展，赋予中华法治文明新的时代内涵，激发起蓬勃生机。"[①]立足当代法治实践创作，紧紧围绕当代法治建设的实际情况，创作反映现实生活的文艺作品。以扫黑除恶专项斗争为背景创作纪实文学、报告文学，真实记录司法机关打击黑恶势力的过程和成果，展现法治在维护社会稳定中的重要作用；可以编写以知识产权保护为主题的电影剧本，讲述创业者运用法律武器维护创新成果的故事，让观众了解知识产权相关法律知识，增强法治意识，满足社会对法治知识普及的需求；创作法治主题的诗歌、散文，抒发对法治社会的赞美和追求，表达对法治建设的思考和感悟，如以"法治之光，照亮生活"为主题创作诗歌，激发人们对法治的向往和尊重，从情感层面引导公众对法治的认同。

完善人才培养与激励机制，是推动法治文艺作品创作与传播的重要保障。加强法治文艺创作人才的培养，建立多元化的培养体系。在高校开设法治文艺创作相关专业或课程，培养既懂法律又具备文艺创作能力的复合型人才，设置法治文学、法治影视创作等课程，邀请法律专家和文艺创作导师共同授课，让学生掌握法律知识和文艺创作技巧，为法治文艺创作提供专业人才储备。组织法治文艺创作培训班，面向社会文艺爱好者和创作者，开展短期培训，提升他们的法治素养和创作水平；邀请知名作家、导演、编剧等分享创作经验，邀请

① 习近平:《加强涉外法制建设　营造有利法治条件和外部环境》,《人民日报》2023年11月29日第1版。

法律专家讲解法律知识和法治理念，为学员提供学习和交流的机会，促进人才成长和发展。建立健全法治文艺作品创作的激励机制，激发创作者的积极性和创造性；设立法治文艺创作专项资金，对优秀的法治文艺作品给予资金支持和奖励。对于创作优秀法治小说、电影、戏剧等作品的创作者，给予一定的奖金和荣誉称号，鼓励他们继续创作；举办法治文艺作品评选活动，对获奖作品进行宣传和推广，提高作品的知名度和影响力；在政府文艺奖项中，增设法治文艺作品奖项，对优秀作品进行表彰和奖励，提升法治文艺作品的社会地位，营造良好的创作氛围。

五、增强法治文化的国际传播力

在全球化深度交融的时代背景下，增强社会主义法治文化的国际传播力，对提升我国文化软实力、塑造良好国际形象、推动构建人类法治文明共同体意义重大。这不仅能向世界展示中国法治建设的成就与特色，还能促进不同法治文化间的交流互鉴。

从传播内容优化层面来看，深入挖掘中国法治文化内涵是关键。中华法治文明源远流长，中华法系是传统法律文化的典范。中华优秀传统法律文化博大精深，为社会主义法治文化建设提供了历史滋养。中国古代从未间断过的法治发展历程积淀了深厚的法律思想，进而塑造了丰富的法治文化理念与制度。从儒家“礼法合一”思想中探寻道德与法律相辅相成的关系，以及其对现代法治精神的滋养，体现了传统思想对现代法治的深远影响；从古代司法实践中总结公正断案、维护社会秩序的智慧，如包拯刚正不阿、办案公正的事迹，展现中国传统法治文化中对公平正义的追求，将这些深厚的文化内涵融入传播内容，向国际社会阐释中国法治文化的历史底蕴和文化根基，有助于世界更好地理解中国法治文化的独特性。同时，以中国特色社会主义法治体系建设为核心，聚焦当代法治建设成就进行传播。宣传我国在立法方面的成果，如《民法典》的颁布实施，详细介绍其在保障公民权利、促进市场经济发展等方面的重要作用，这体现了法律对社会生活的规范和促进作用；展示司法体制改革的成效，如司法责任制改革、以审判为中心的诉讼制度改革等，强调司法公正和效率的提升。通过具体案例和数据，生动展现中国法治建设在维护社会稳定、促进经济发展、保障人权等方面取得的显著成效，增强国际社会对中国法治建设的认可和信任。

在传播渠道拓展方面，强化国际媒体合作是重要途径。积极与国际知名媒体建立合作关系，借助其传播平台和渠道，扩大社会主义法治文化的国际传播范围。可以与国际主流电视台、广播电台合作，制作并播出关于中国法治建设的专题节目、纪录片等。与英国广播公司（BBC）合作制作介绍中国知识产权保护法治建设的纪录片，展示中国在鼓励创新、保护知识产权方面的法律制度和实践成果；与美国有线电视新闻网（CNN）合作开展法治文化访谈节目，邀请中国法律专家解读中国法治政策，解答国际社会的疑问。通过与国际媒体的深度合作，提升中国法治文化在国际舆论场的曝光度。充分发挥新媒体传播速度快、覆盖面广、互动性强的优势，构建多语种的新媒体传播矩阵，在国际社交平台如 Facebook、Twitter、YouTube 等上开设官方账号，定期发布与中国法治文化相关的图文、视频、直播等内容。制作生动有趣的法治动画短视频，以通俗易懂的方式介绍中国的法律知识和法治故事；开展线上直播活动，邀请中国法官、律师分享典型案例的审判和处理过程，实时与国际观众互动交流。利用新媒体平台的算法推荐机制，精准推送法治文化内容，提高传播的针对性和有效性。

深化国际合作，对促进文化交流互鉴起着关键作用。积极参与国际法治论坛、研讨会、学术会议等交流活动，主动设置议题，分享中国法治建设经验和理念。在联合国法治大会上，就全球网络空间法治治理议题发表中国观点，介绍中国在网络安全立法、网络犯罪打击等方面的实践经验；在国际律师协会年会上，展示中国律师行业在服务“一带一路”建设中的法治保障作用，促进国际法律界对中国法治的了解和合作。通过参与国际法治交流活动，提升中国在国际法治领域的话语权和影响力，与其他国家和地区开展法治文化交流项目，增进相互理解和信任；举办“中国法治文化周”等对外文化交流活动，在活动中展示中国法治文化的特色成果，如法治主题的书画展览、文艺演出等；开展法治文化学术交流项目，与国外高校、研究机构互派访问学者，共同开展法治文化研究，促进不同法治文化之间的深度交流与融合。通过国际法治文化交流项目，传播中国法治文化，同时吸收借鉴国际先进的法治文化理念和经验，体现了文化交流的双向性和互利性。

培养专业人才，是夯实传播基础的重要保障。加强法治文化国际传播人才的培养，打造一支既懂法律专业知识又具备国际传播能力的复合型人才队伍。在高校相关专业课程设置中，增加国际传播、跨文化交流等方面的课程，培养学生的跨文化传播意识和能力。选派优秀的法律专业人才进行国际传播培训，邀请国际传播专家、资深媒体人授课，提升其在国际媒体平台上的传播能力。

鼓励人才参与国际法治交流实践，积累国际传播经验，为增强法治文化国际传播力提供人才支撑；建立健全国际传播人才激励机制，激发人才的积极性和创造性；设立专项奖励基金，对在法治文化国际传播中表现突出的个人和团队给予表彰和奖励；提供良好的职业发展空间和晋升机会，吸引更多优秀人才投身法治文化国际传播工作。通过完善激励机制，留住优秀人才，增强人才队伍的稳定性和战斗力，推动法治文化国际传播工作不断发展。

结 论

经过详细的讨论和分析，本研究对新时代社会主义法治文化建设的工作原理有了深刻的认识，并得出以下结论：坚持党对全面依法治国的领导，被确立为新时代社会主义法治文化建设的基石。党的领导不仅可以保证法治建设的正确方向，而且可以为法治建设提供坚实的政治保障和制度保障。这在新时代背景下尤为重要，因为只有坚持党的领导，才能确保法治建设稳步推进，从而为实现中华民族伟大复兴的中国梦奠定坚实的法律基础。强调坚持以人民为中心是新时代社会主义法治文化建设的核心。人民是历史的创造者，是法治的主体。因此，法治建设必须始终以人民群众的利益和需求为中心，确保人民群众的权益得到充分保障，公平正义得以实现。这既是社会主义法治的本质要求，也是推进法治建设的根本动力。以法保天下，以德富民，已被确定为新时代社会主义法治文化建设的重要原则。法治与德治相辅相成，共同构成完整的社会治理体系。在推进法治建设的过程中，既要重视法治的规范作用，又要重视德治的教化作用，从而实现社会的和谐、稳定和快速发展。认识与实践相结合，重视实践是新时代社会主义法治文化建设的基本要求。理论与实践的紧密结合是推进法治建设的必由之路。既要加强理论学习，提高对法治文化的认识和理解，又要把知识运用到实践中去，在实践中检验和发展理论，促进法治文化的繁荣发展。继承发展和推进实践创新被认为是新时代社会主义法治文化建设的重要方向。要在继承传统法治文化优秀元素的基础上，结合时代发展需要进行创新发展，推动法治文化与现代社会深度融合。同时，要坚定走中国特色社会主义法治道路的信念，不断探索创新法治文化建设的方式方法。

新时代社会主义法治文化建设是一项系统工程，需要从多方面入手，全面推进。只有坚持党的领导、以人民为中心、依法治国与以德治国相结合、知行结合、重实践、继承发展、坚持诚信创新，才能在推进新时代社会主义法治文化建设中取得更大成就。